要点ガッチリ

消防設備士 7類

消防設備士問題研究会 著

電気書院

はじめに

　劇場，デパート，ホテルなどの建物は，その用途，規模，収容人員に応じて，漏電火災警報器，スプリンクラー設備，自動火災報知設備などの消防用設備等や特殊消防用設備等の設置が消防法により義務付けられ，それらの工事，整備などを行うためには，消防設備士の資格が必要となる．

　消防設備士には，甲種消防設備士と乙種消防設備士の免状があり，甲種消防設備士については工事，整備および点検を，乙種消防設備士については整備および点検を行うことができる．

　本書は，消防用設備等のうちの漏電火災警報器について，整備および点検を行うことができる乙種第7類消防設備士の試験を初めて受験する方のために，必要な内容を解説したテキストである．

　漏電火災警報器については，消防法令の改正が行われ，平成26年4月より，「検定対象機械器具等」から「自主表示対象機械器具等」へ移行するとともに，その技術上の規格である「漏電火災警報器に係る技術上の規格を定める省令」と設置基準である「消防法施行規則」が見直されたところであり，本書では，その改正に対応したものとしている．

　また，本書では，項目ごとに重要事項を解説し，要点のまとめにより把握していただく形式としており，演習問題の解答の際には，赤シートを利用することにより学習の手助けとなるものとしている．

　消防用設備等は，火災を初期の段階で消し止め，すみやかに火災の発生を報知し，避難を行わせ，または消防隊の活動に利便を提供するためのもので，火災による被害の軽減を図るという消防の主要目的を達成するために必要不可欠のものであり，普段からしっかりと整備などをする必要がある．

　受験する皆様が試験に合格し，この責任のある業務を担っていただけるよう，本書がその助けとなれば幸いである．

　　　　　　　　　　　　　　　　　　2015年9月　消防設備士問題研究会

もくじ

学び方 ････････････････････････････････････ 4
受験案内 ･･････････････････････････････････ 6

❶章　電気に関する基礎的知識

1-1　電気理論 ──────────────── 14
オームの法則など ････････････････････････ 14
合成静電容量 ････････････････････････････ 24
直流 ････････････････････････････････････ 28
ブリッジ回路 ････････････････････････････ 38
ジュールの法則など ･･････････････････････ 42
電気と磁気 ･･････････････････････････････ 48
交流 ････････････････････････････････････ 52
交流回路のインピーダンスなど ････････････ 60

1-2　電気材料・電気計測 ─────────── 64
電気材料 ････････････････････････････････ 64
電気機器 ････････････････････････････････ 70
電気計測 ････････････････････････････････ 76
電気計器 ････････････････････････････････ 80
● 1章のまとめ ─────────────── 90

❷章　漏電火災警報器の構造・機能・工事・整備

2-1　規格に関する部分 ──────────── 96
漏電火災警報器の構成など ････････････････ 96
受信機・変流器の共通構造および変流器の機能など ･･ 106
受信機の機能など ････････････････････････ 124
● 2章のまとめ ─────────────── 142

3章 消防関係法令

3-1 各類に共通する部分 — 146
- 用語とその意義 …… 146
- 火災予防 …… 158
- 防火管理者 …… 166
- 防炎 …… 174
- 危険物施設 …… 180
- 消防用設備等の種類 …… 188
- 消防用設備等の設置の届出および点検・報告 …… 198
- 消防設備士 …… 208
- 検定制度など …… 216

3-2 第7類に関する部分 — 226
- 漏電火災警報器を設置する防火対象物 …… 226
- 設置場所,設置方法など …… 236
- 機能試験の方法 …… 248
- 配線など …… 260
- ● 3章のまとめ — 268

4章 実技試験

4-1 鑑別等試験 — 278
- 重要事項 …… 278
- ● 4章のまとめ — 305

学び方

本書の特徴

　本書は消防設備士試験をはじめて受験される方を対象に，試験に出題される項目を中心に解説しました．

① 基本知識から詳しく解説

　出題される項目ごとに，図や写真を豊富に使い，わかりやすくまとめました．はじめてでもわかりやすくなっています．

② 「要点のまとめ」を赤シートで確認

　項目ごとの「要点のまとめ」を赤シートで確認できます．問題に取り組む前に赤シートで要点の確認を行いましょう．

③ 項目ごとに問題・解説

　毎日１項目ずつ学習することができます．問題・解説が見開きとなっているので，解いたあとはすぐに解答・解説を確認できます．

使用方法

① 項目ごとに学習

　項目ごとに解説した内容を学習しましょう．しっかりと理解できたら次の確認をしてみましょう．

② 「要点のまとめ」を確認

　項目ごとに「要点のまとめ」があります．学習した内容をしっかりと理解できているか，赤シートを使って確認していきましょう．

③ 演習問題

　出題が予想される問題やこれまでに出題された問題を中心にまとめました．これまでに学習してきた内容を踏まえて取り組みましょう．演習後はすぐに解答・解説が確認できます．

赤シートの使い方

❶ 要点のまとめ

項目ごとに「要点のまとめ」があります．赤シートを使い何度も確認し，項目ごとの重要事項をしっかりと押さえましょう．

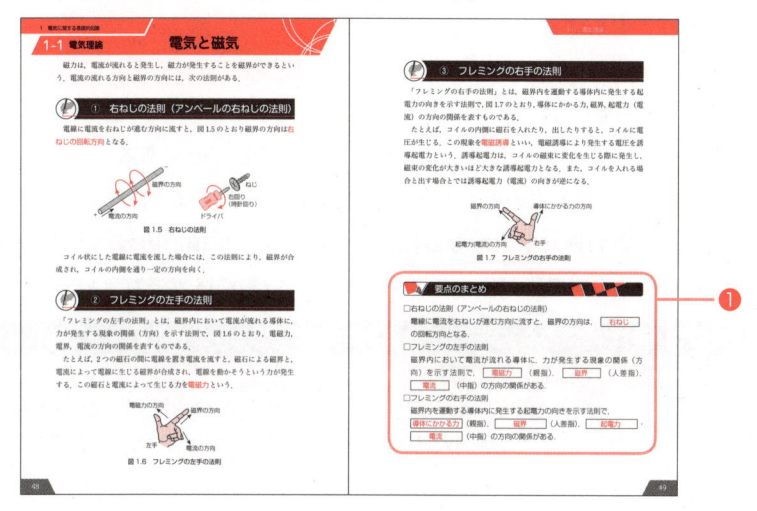

❷ 解答・解説

問題を解く際には赤シートを解答・解説欄に置きましょう．こうすることで，解答を隠して問題に取り組むことができます．

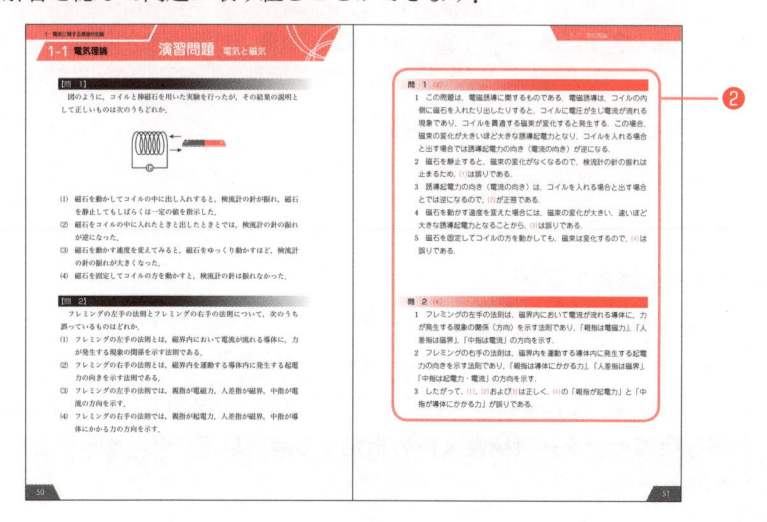

受験案内

1 消防設備士

　消防設備士は，消防法により設置が義務付けられている劇場，デパート，ホテルなどの建物における「消防用設備等」または「特殊消防用設備等」および危険物施設における「消火設備及び警報設備」の工事および整備を行うために必要な資格である．また，この資格者は，「消防用設備等」の法令点検を行うこともできるものである．

　消防設備士には，「甲種消防設備士」と「乙種消防設備士」の免状があり，「甲種消防設備士」にあっては「工事，整備及び点検」を，「乙種消防設備士」にあっては「整備及び点検」を行うことができるものである．

　消防設備士は，下表のとおり，「消防用設備等」または「特殊消防用設備等」の種類（工事整備対象設備等の種類）に応じて，甲種消防設備士については6種の類に，乙種消防設備士については7種の類に区分されている．

免状の種類		工事整備対象設備等の種類
甲種	特類	特殊消防用設備等
甲種 乙種	第1類	屋内消火栓設備，スプリンクラー設備，水噴霧消火設備，屋外消火栓設備，パッケージ型消火設備，パッケージ型自動消火設備，共同住宅用スプリンクラー設備
甲種 乙種	第2類	泡消火設備，パッケージ型消火設備，パッケージ型自動消火設備
甲種 乙種	第3類	不活性ガス消火設備，ハロゲン化物消火設備，粉末消火設備，パッケージ型消火設備，パッケージ型自動消火設備
甲種 乙種	第4類	自動火災報知設備，ガス漏れ火災警報設備，消防機関へ通報する火災報知設備，共同住宅用自動火災報知設備，住戸用自動火災報知設備，特定小規模施設用自動火災報知設備，複合型居住施設用自動火災報知設備
甲種 乙種	第5類	金属製避難はしご，救助袋，緩降機
乙種	第6類	消火器
乙種	第7類	漏電火災警報器

2 消防設備士試験

　消防設備士試験は，消防設備士試験の種類ごとに，毎年1回以上，都道府県知事により行われるものである．現在，消防設備士試験の実施に関する事務については，その事務について，すべての都道府県知事が一般財団法人消防試験研究センター（総務大臣の指定する者．以下「センター」という．）に委任している．

消防設備士試験を実施するセンターの住所などは，次のとおりである．

```
一般財団法人消防試験研究センター
  【本部】
    〒 100-0013
    東京都千代田区霞が関 1-4-2 大同生命霞が関ビル 19 階
    TEL：03-3597-0220
    FAX：03-5511-2751
    ホームページ：http://www.shoubo-shiken.or.jp/
    モバイルサイト：http://www.shoubo-shiken.or.jp/m/
  【中央試験センター】
    〒 151-0072
    東京都渋谷区幡ヶ谷 1-13-20
    TEL：03-3460-7798
    FAX：03-3460-7799
  【各道府県支部】
    ホームページ参照
```

3 受験資格

乙種消防設備士の試験の受験資格は，特にはなく，誰でも受験できる．

甲種消防設備士の試験は，受験資格があり，学歴によるものと，一定の国家資格・実務経験によるものの 2 種類があり，たとえば，①学校教育法による大学，短期大学または高等専門学校（5 年制）において機械，電気，工業化学，土木または建築に関する学科または課程を修めて卒業した者，②乙種消防設備士免状の交付を受けた後 2 年以上消防設備士でなければならない消防用設備等の整備の経験を有する者，③工事整備対象設備等の工事の補助者として 5 年以上の実務経験を有する者，④電気工事士法第 2 条第 4 項に規定する電気工事士免状の交付を受けている者などがある．

4 受験の申請など

(1) 受験案内，受験願書などについては，センターの各支部等および関係機関の窓口で受験希望者に無料で配布している．

各道府県	センター各道府県支部および関係機関・各消防本部
東京都	センター本部・中央試験センター・都内の各消防署

(2) 申請方法は，「書面申請（願書の提出による申請）」と「電子申請」がある．
　「書面申請」により行う場合は，受験する試験の種類ごとに必要な書類（願書など）を揃えた上，受付期間内に行う．

「電子申請」により行う場合は，センターホームページの「電子申請はこちらから」より受付期間内に行う．

申請手続および試験会場などの詳細については，センター各支部などへ問い合わせて確認する．

(3) 受験する場所は，現住所，勤務地にかかわらず，希望する都道府県において受験できる．

(4) 試験日程，試験会場などは，都道府県ごとに異なるので，センターホームページなどにより確認する．

5 試験の方法など

試験科目には，大別すると，「筆記試験」と「実技試験」があり，その方法は，筆記試験については四肢択一式のマーク・カードを使い解答するもの，実技試験については写真・イラスト・図面などについて記述式により解答するものである．

試験時間は，合計1時間45分で，筆記試験にあっては90分，実技試験にあっては15分となっている．試験科目の一部が免除される者の試験時間は，免除される問題の数に応じて短縮される．

乙種第7類消防設備士の問題数などは，次のとおりである．

試験科目			問題数
筆記試験	消防関係法令	共通部分	6
		漏電火災警報器に関する部分	4
		小計	10
	基礎的知識	電気に関する部分	5
	構造・機能・整備	電気に関する部分	9
		規格に関する部分	6
		小計	15
実技試験		漏電火災警報器に関する鑑別等	5

(1) 消防関係法令（共通部分）は，消防設備士として，どの類であっても共通的な事項で，この科目の範囲としては，「消防法」を中心として，「消防法施行令」，「消防法施行規則」，「危険物の規制に関する政令」および「危険物の規制に関する規則」とされ，広範囲の事項となっている．

これらから出題される部分は，「消防法令の用語の意義」，「消防機関の立入検査」，「建築許可等についての消防長等の同意」，「防火管理制度」，「消

防設備士制度」,「消防用設備等の点検制度」,「消防用設備等の規制（消防用設備等の種類，防火対象物の用途，消防用設備等の設置単位，既存防火対象物・用途変更した防火対象物の取扱い等）」,「検定制度」,「危険物の範囲」,「危険物製造所」などである．
(2) 消防関係法令（漏電火災警報器に関する部分）は,「消防法施行令第22条」に定める漏電火災警報器を設置しなければならない「防火対象物の規模・契約電流容量」,「消防法施行規則第24条の3」に定める漏電火災警報器の「設置及び維持に関する技術上の基準の細目」から出題されている．
(3) 基礎的知識（電気に関する部分）は,「電気理論」,「電気計測」,「電気機器」について出題され，高等学校卒業程度の事項となっている．
(4) 構造・機能・整備（電気に関する部分）は，構造・機能については「漏電火災警報器に係る技術上の規格を定める省令」に定められている事項が，整備については「消防法施行規則」に定める「消防用設備等の届出・検査」,「消防用設備等の点検・報告」と「消防用設備等の設置完了時に行う消防機関の検査の方法を定めた試験基準」,「消防用設備等の点検の方法を定めた点検要領」から出題されている．
(5) 構造・機能・整備（規格に関する部分）は，漏電火災警報器の変流器と受信機について,「用語の意義」,「一般構造」,「装置・部品の構造・機能」,「変流器・受信機の機能」,「周囲温度試験等各種の試験」であり,「漏電火災警報器に係る技術上の規格を定める省令」に定められている事項から出題されている．
(6) 実技試験（漏電火災警報器に関する鑑別等）は,「漏電火災警報器の変流器と受信機の写真等，試験基準・点検要領で使用する試験器・測定器等の写真等についてその内容を文章で解答するもの」,「漏電火災警報器の配線図について誤接続等を指摘するもの」,「点検方法の手順について文章で解答するもの」である．

　この試験は，漏電火災警報器の規格，その機能・構造，整備（点検など）に深く関連していること，また，漏電火災警報器の製造者によってその外観・構造が異なっていることから，機会をとらえて，いろいろな漏電火災警報器に接するよう心がけ，点検などの際に使用する騒音計，漏電火災警報器試験器，絶縁抵抗計などの名称・使用方法を理解しておく必要がある．

6 試験手数料

試験手数料は，乙種の場合にあっては，3 400円（非課税）である．

7 試験の一部免除

乙種第7類消防設備士の試験を受験する者が，「甲種第4類消防設備士」，「電気工事士」の資格などを有している者であれば，試験の一部が免除されるので，センターに確認し，必要な書類の準備を行う必要がある．

8 合格基準

合格基準は，筆記試験において，各科目ごとに40％以上で全体の出題数の60％以上，かつ，実技試験において60％以上の成績を修めた者である．また，試験の一部免除がある場合は，免除を受けた以外の問題で上記の成績を修めた者が合格となる．

受験者には，郵便ハガキで合否の結果が直接通知される．

合格者は，センター支部別に，受験番号が公示されるとともに，センターホームページの「消防設備士試験合格発表」で確認することもできる．

9 試験当日の準備など

(1) 試験当日は，「写真を貼付した受験票」，「鉛筆（HBまたはB）」，「消しゴム」を必ず持参する．

(2) 「受験票を持参しない場合」，「適合サイズの写真を貼っていない場合」または「本人確認ができない写真を貼っている場合」には，受験できないので，注意する．

(3) 写真の大きさなど

　① 大きさ　縦4.5 cm × 横3.5 cm

　② 無帽，無背景，正面，上三分身像（身体の三分の一上のもの）

　③ 枠なし，鮮明なもの

　④ 裏面に氏名，年齢および撮影年月日を記入したもの

　⑤ 受験日前6ヶ月以内に撮影したもの

(4) 試験会場では，電卓・テンプレートなどの定規類およびポケットベル・携帯電話その他の機器の使用が禁止されている．

(5) 願書に虚偽の記載または虚偽の証明書などを添付した場合は受験できない．

(6) 過去に出題された問題は，センターホームページで公開されている．

(7) 受験票は，試験実施日の1週間から10日前までに郵送される予定なので，

到着しない場合は，受験願書を提出したセンター支部などに照会する．
(8) 合格者は，消防設備士免状の交付申請（免状申請手数料 2 800 円）を行う．申請に必要な書類は免状交付申請書および試験結果通知書であり，提出先は受験した道府県のセンター支部（東京都の場合は，中央試験センター）となる．

法令関係略語例

　本文中に出てくる法令関係略語例は下のとおりである．

○　消防組織法（昭和 22 年法律第 226 号）　→　「組織法」
○　消防法（昭和 23 年法律第 186 号）　→　「法」
○　消防法施行令（昭和 36 年政令第 37 号）　→　「令」
○　危険物の規制に関する政令（昭和 34 年政令第 306 号）　→　「危政令」
○　消防法施行規則（昭和 36 年自治省令第 6 号）　→　「規則」
○　危険物の規制に関する規則（昭和 34 年総理府令第 55 号）　→　「危規則」
○　漏電火災警報器に係る技術上の規格を定める省令（平成 25 年総務省令第 24 号）　→　「規格省令」
○　漏電火災警報器の設置基準の細目について（昭和 61 年 3 月 13 日消防予第 30 号）　→　「設置基準細目」
○　工業標準化法（昭和 24 年法律第 185 号）第 17 条第 1 項に定める日本工業規格　→　「JIS」

1 電気に関する基礎的知識

1 電気理論 …………………… P 14
2 電気材料・電気計測 …… P 64

1-1 電気理論 — オームの法則など

　すべての物質は,「分子」からできている．さらに分子は, 多数の「原子」から構成されている．この原子には, 中心となる「原子核」と, そのまわりを回転する「電子」がある．原子核は,「陽子」と「中性子」からできており, 陽子はプラスの, 電子はマイナスの電気を帯びている．多くの物質は, 陽子と電子の数が常に等しく, 電子は原子核の周囲を回転するだけであるが, 何かの拍子に軌道を離れる場合がある．この軌道を離れた電子を「自由電子」といい,「電気」とはこの「自由電子の動き」をいうのである．たとえば, 電線の中を自由電子が移動すれば, それが電気の流れ（電流）となる．電流とは電子の移動により生じる．

① オームの法則

　「オームの法則」とは, 抵抗に流れる電流とそれによって発生する電位差に関する法則で, 1-1式により表す.

$$V = R \times I \qquad \text{1-1 式}$$

$$\rightarrow \quad I = \frac{V}{R}, \quad R = \frac{V}{I}$$

　　　V: 電圧（V: ボルト）, R: 抵抗（Ω: オーム）, I: 電流（A: アンペア）

　1-1式によると, 抵抗Rを定数とすると電圧Vは電流Iに比例することが, 電流Iを定数とすると電圧Vは抵抗Rに比例することが, さらに, 電圧Vを定数とすると電流Iは抵抗Rに反比例することがそれぞれわかる．

　なお,「$\frac{1}{R}$」を電気伝導度（コンダクタンス）といい, 単位は（S: ジーメンス）である．

② 電気の単位

1 単位

　電気に使用する主な単位は, 表1.1のとおりである．

表 1.1 単位の例

量	単位の名称	記号
電圧	ボルト	V
電流	アンペア	A
電気抵抗	オーム	Ω
リアクタンス	オーム	Ω
インピーダンス	オーム	Ω
電気量，電荷	クーロン	C
照度	ルクス	lx

量	単位の名称	記号
光束	ルーメン	lm
コンダクタンス	ジーメンス	S
インダクタンス	ヘンリー	H
静電容量	ファラド	F
周波数	ヘルツ	Hz
電力	ワット	W
電力量	ワットアワー	W·h

2 量

大きな量や小さな量を表す場合は，使用する単位に 10 の累乗倍の数を示す接頭語（接頭辞，補助単位）を付けて表示する．主な接頭語を表 1.2 に示す．

表 1.2 接頭語の例

名　称	係数
テラ T	10^{12}
ギガ G	10^{9}
メガ M	10^{6}
キロ k	10^{3}
ヘクト h	10^{2}
デカ da	10^{1}

名　称	係数
デシ d	10^{-1}
センチ c	10^{-2}
ミリ m	10^{-3}
マイクロ μ	10^{-6}
ナノ n	10^{-9}
ピコ p	10^{-12}

③ 合成抵抗

合成抵抗とは，複数の抵抗を組み合わせたときの抵抗の大きさをいう．

1 直列接続

直列接続されている場合の合成抵抗は，1-2 式のとおり，**各抵抗の和**となる．

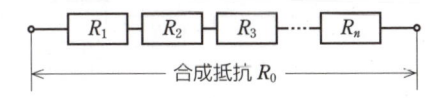

○─[R_1]─[R_2]─[R_3]─⋯─[R_n]─○
　　　　　　合成抵抗 R_0

　　　合成抵抗 $R_0 = R_1 + R_2 + R_3 + \cdots + R_n$ 　　　　1-2 式

直列に接続される抵抗は，長い 1 本の抵抗のようなもので，長さが伸びる（数が増える）ほど，合成抵抗は**大きくなる**．

2 並列接続

並列接続されている場合の合成抵抗は，1-3式のとおり，**各抵抗の逆数の和の逆数**となる．

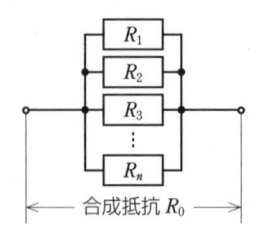

$$\frac{1}{R_0} = \frac{1}{R_1} + \frac{1}{R_2} + \frac{1}{R_3} + \cdots + \frac{1}{R_n} \qquad \text{1-3 式}$$

3個の場合は，

$$\frac{1}{R_0} = \frac{1}{R_1} + \frac{1}{R_2} + \frac{1}{R_3} \rightarrow R_0 = \frac{R_1 \times R_2 \times R_3}{R_1 \times R_2 + R_2 \times R_3 + R_3 \times R_1} \qquad \text{1-4 式}$$

2個の場合は，

$$\frac{1}{R_0} = \frac{1}{R_1} + \frac{1}{R_2} \rightarrow R_0 = \frac{R_1 \times R_2}{R_1 + R_2} \qquad \text{1-5 式}$$

となり，**和分の積（分子が積／分母が和）** で求めることができる．

並列に接続される抵抗は，太い1本の抵抗のようなもので，面積が大きくなる（数が増える）ほど，直列の場合とは逆に合成抵抗は**小さくなる**．

3 直列接続と並列接続

直列接続と並列接続されている場合の合成抵抗は，直列部分の合成抵抗を求め，次に並列部分の合成抵抗を求める．

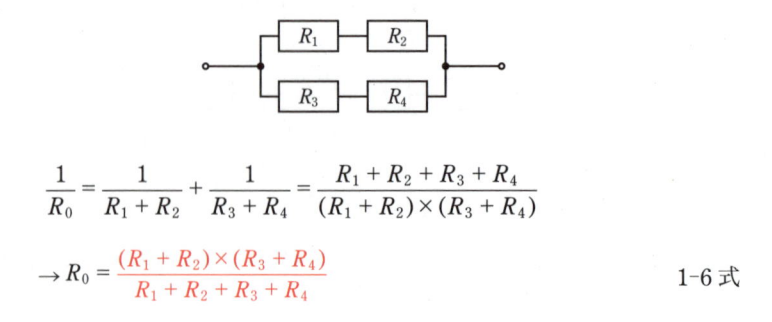

$$\frac{1}{R_0} = \frac{1}{R_1 + R_2} + \frac{1}{R_3 + R_4} = \frac{R_1 + R_2 + R_3 + R_4}{(R_1 + R_2) \times (R_3 + R_4)}$$

$$\rightarrow R_0 = \frac{(R_1 + R_2) \times (R_3 + R_4)}{R_1 + R_2 + R_3 + R_4} \qquad \text{1-6 式}$$

要点のまとめ

□オームの法則は，電圧 V は電流 I と抵抗 R に 比例 し，電流 I は抵抗 R に 反比例 するという法則である．

□オームの法則の式

$$V = R \times I \ [\text{V}], \quad I = \frac{V}{R} \ [\text{A}], \quad R = \frac{V}{I} \ [\Omega]$$

である．

オームの法則を覚える方法例

関係を図にして，

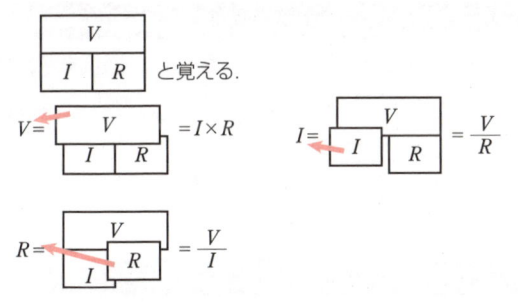

$\boxed{\begin{array}{c} V \\ \hline I \ \ R \end{array}}$ と覚える．

$V = \boxed{\begin{array}{c} V \\ \hline I \ \ R \end{array}} = I \times R$ 　　$I = \boxed{\begin{array}{c} V \\ \hline I \ \ R \end{array}} = \dfrac{V}{R}$

$R = \boxed{\begin{array}{c} V \\ \hline I \ \ R \end{array}} = \dfrac{V}{I}$

□直列接続回路の合成抵抗 $R_0\ [\Omega]$ 　求め方 → 各抵抗の 和

$$R_0 = R_1 + R_2 + R_3 + \cdots + R_n$$

□並列接続回路の合成抵抗 $R_0\ [\Omega]$ 　求め方 → 各抵抗の 逆数の和の逆数

$$\frac{1}{R_0} = \frac{1}{R_1} + \frac{1}{R_2} + \frac{1}{R_3} + \cdots + \frac{1}{R_n}$$

□3個並列接続回路の合成抵抗 $R_0\ [\Omega]$ 　求め方 → 和 分の 積
（ 積 / 和 ）

$$R_0 = \frac{R_1 \times R_2 \times R_3}{R_1 \times R_2 + R_2 \times R_3 + R_3 \times R_1}$$

□2個並列接続回路の合成抵抗 $R_0\ [\Omega]$ 求め方 → 和 分の 積
（ 積 / 和 ）

$$R_0 = \frac{R_1 \times R_2}{R_1 + R_2}$$

□抵抗の抵抗値は，長さが伸びるほど 大きく なる．
□抵抗の抵抗値は，面積が大きくなるほど 小さく なる．

1-1 電気理論 演習問題 オームの法則など

【問 1】

オームの法則について，次のうち誤っているものはどれか．
(1) 電流は，電圧に比例し，抵抗に反比例する．
(2) 電圧は，電流に比例し，抵抗に反比例する．
(3) 抵抗は，電圧を電流で除したものである．
(4) 電流は，電圧を抵抗で除したものである．

【問 2】

オームの法則を表す式は，次のうちどれか．ただし，抵抗を R，電流を I，電圧を V とする．

(1) $I = \dfrac{R}{V}$ 　　(2) $V = I \times R$ 　　(3) $V = \dfrac{I}{R}$ 　　(4) $R = V \times I$

【問 3】

ファラドを単位として用いるものとして，正しいものは次のうちどれか．
(1) 静電容量　　　(2) 周波数
(3) リアクタンス　(4) インピーダンス

問 1 (2)

1　オームの法則は，① $I = \dfrac{V}{R}$，② $V = R \times I$，③ $R = \dfrac{V}{I}$ で表すので，①式により電流は電圧に比例し抵抗に反比例すること及び電流は電圧を抵抗で除すことが，②式により電圧は抵抗および電流に比例することが，③式により抵抗は電圧を電流で除すことが，わかる．

2　したがって，(1)，(3)および(4)は正しく，(2)の「抵抗に反比例」が誤りである．

問 2 (2)

電圧，抵抗および電流の関係は，オームの法則（電圧 ＝ 抵抗 × 電流）で表す．
したがって，(2)が正答である．

問 3 (1)

1　(1)の静電容量の単位は（F: ファラド），(2)の周波数の単位は（Hz: ヘルツ），(3)のリアクタンスの単位は（Ω: オーム），(4)のインピーダンスの単位は（Ω: オーム）である．したがって，(1)が正答である．

2　なお，リアクタンスとは交流回路におけるインダクタ（コイル）やキャパシタ（コンデンサ）における抵抗であり，コイルによる抵抗を誘導リアクタンス，コンデンサによる抵抗を容量リアクタンスという．

3　また，インピーダンスとは，交流回路における抵抗，誘導リアクタンスおよび容量リアクタンスの合成抵抗をいう．

【問 4】
図の回路において，AB間の合成抵抗の値として，正しいものは次のうちどれか．

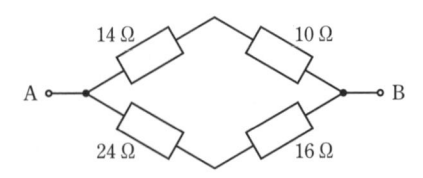

(1)　15Ω　　(2)　16Ω　　(3)　30Ω　　(4)　64Ω

【問 5】
図の回路において，AB間の合成抵抗の値として，正しいものは次のうちどれか．

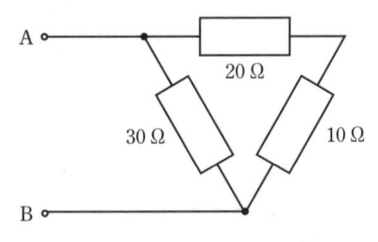

(1)　60Ω　　(2)　30Ω　　(3)　15Ω　　(4)　7.5Ω

問 4 (1)

1 この回路は，「抵抗を直列接続したもの」と「並列接続したもの」を組み合わせたものである．したがって，直列接続の場合には各抵抗の「和」を，並列接続の場合には各抵抗の「逆数の和の逆数」を求めればよい．

2 最初に，直列接続されている 14Ω と 10Ω の合成抵抗および 24Ω と 16Ω の合成抵抗を求めると，それぞれ，14Ω + 10Ω = 24Ω，24Ω + 16Ω = 40Ω となる．

3 次に，並列接続されているこの 24Ω と 40Ω の合成抵抗 R は，$\frac{1}{R} = \frac{1}{R_1} + \frac{1}{R_2}$ より求められる．

$$\frac{1}{R} = \frac{1}{24} + \frac{1}{40} = \frac{40}{24 \times 40} + \frac{24}{24 \times 40} = \frac{64}{960} = \frac{1}{15}$$ となり，

$R = $ 15 [Ω] となる．

ほかの算出方法

和分の積 ($\frac{積}{和}$) → $\frac{24 \times 40}{24 + 40}$ = 15 [Ω]

問 5 (3)

1 設問の回路図は，次のとおり描き直すことができる．

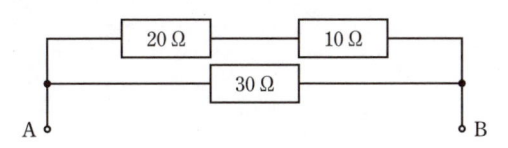

2 この回路は，「抵抗を直列接続したもの」と「並列接続したもの」を組み合わせたものである．したがって，直列接続の場合には各抵抗の「和」を，並列接続の場合には各抵抗の「逆数の和の逆数」を求めればよい．

3 最初に，直列接続されている 20Ω と 10Ω の合成抵抗を求めると，20Ω + 10Ω = 30Ω となる．

次に，並列接続されている 30Ω と 30Ω の合成抵抗 R は，$1/R = 1/R_1 + 1/R_2$ より求まる．

$1/R = 1/30 + 1/30 = 2/30$ となり，$R = 15$ [Ω] となる．

ほかの算出方法

和分の積（積 / 和）→ $30 \times 30 / (30 + 30)$ = 15 [Ω]

【問 6】

次のような抵抗の接続で合成抵抗が 18 Ω となるのはどれか．

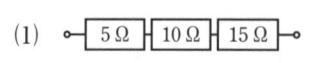

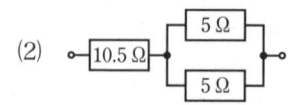

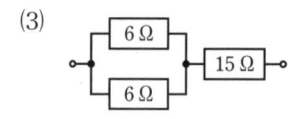

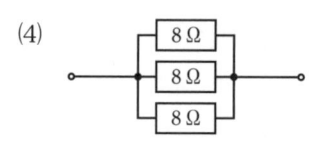

(1) 5 Ω — 10 Ω — 15 Ω

(2) 10.5 Ω — (5 Ω ∥ 5 Ω)

(3) (6 Ω ∥ 6 Ω) — 15 Ω

(4) 8 Ω ∥ 8 Ω ∥ 8 Ω

問 6 (3)

1　合成抵抗は，直列接続の場合には各抵抗の和を，並列接続の場合には各抵抗の逆数の和の逆数を求めればよい．

2　(1)は，直列接続なので，$R = R_1 + R_2 + R_3 = 5 + 10 + 15 = 30\,[\Omega]$ となる．

3　(2)は，最初に，並列接続された $5\,[\Omega]$ と $5\,[\Omega]$ の合成抵抗 R を求めると，

$$\frac{1}{R} = \frac{1}{R_1} + \frac{1}{R_2} = \frac{1}{5} + \frac{1}{5} = \frac{2}{5}$$ より，$R = 2.5\,[\Omega]$ となり，

次に直列接続された $10.5\,[\Omega]$ と $2.5\,[\Omega]$ の合成抵抗 R を求めると，

$$R = R_1 + R_0 = 10.5 + 2.5 = 13\,[\Omega]$$ となる．

4　(3)は，(2)と同様に，並列接続であり，合成抵抗 R は，

$$\frac{1}{R} = \frac{1}{R_1} + \frac{1}{R_2} = \frac{1}{6} + \frac{1}{6} = \frac{2}{6}$$ より，$R = 3\,[\Omega]$ となる．

次に，直列接続された $3\,[\Omega]$ と $15\,[\Omega]$ の合成抵抗 R を求めると，

合成抵抗 $R = R_1 + R_2 = 3 + 15 = 18\,[\Omega]$ となり，これが正答である．

5　(4)は，並列接続であり，合成抵抗 R は，

$$\frac{1}{R} = \frac{1}{R_1} + \frac{1}{R_2} + \frac{1}{R_3} = \frac{1}{8} + \frac{1}{8} + \frac{1}{8} = \frac{3}{8}$$ より，$R = \frac{8}{3} = 2.67\,[\Omega]$ となる．

ほかの算出方法

和分の積 → (2)の場合の合成抵抗 R は，

$$R = \frac{R_2 \times R_3}{R_2 + R_3} = \frac{5 \times 5}{5 + 5} = \frac{25}{10} = 2.5\,[\Omega]$$

(3)の場合の合成抵抗 R は，

$$R = \frac{R_1 \times R_2}{R_1 + R_2} = \frac{6 \times 6}{6 + 6} = \frac{36}{12} = 3\,[\Omega]$$

ほかの算出方法

値が同じ抵抗を並列接続した場合の合成抵抗 → $R = \dfrac{\text{抵抗値}}{\text{個数}}$

(2)の場合の合成抵抗 R は，$R = \dfrac{5\,[\Omega]}{2\,[個]} = 2.5\,[\Omega]$

(3)の場合の合成抵抗 R は，$R = \dfrac{6\,[\Omega]}{2\,[個]} = 3\,[\Omega]$

(4)の場合の合成抵抗 R は，$R = \dfrac{8\,[\Omega]}{3\,[個]} = 2.67\,[\Omega]$

1-1 電気理論 — 合成静電容量

「コンデンサ」とは，静電容量（キャパシタンス）により，電荷（電気エネルギー）を蓄えたり，放出したりする機能を有するものであり，蓄えることができる電気の量を「静電容量」といい，その単位は「F：ファラド」である．

複数のコンデンサを組み合わせたときの静電容量を合成静電容量といい，次により求める．

① 合成静電容量の求め方

1 並列接続

並列接続されている場合の合成静電容量は，1-7式のとおり，**各静電容量の和**となる．

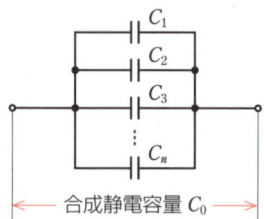

$$合成静電容量\ C_0 = C_1 + C_2 + C_3 + \cdots + C_n \quad \text{1-7 式}$$

並列に接続されるコンデンサは，2枚の金属板の面積を大きくしたようなもので，静電容量が金属板の面積に反比例することから，面積が大きくなる（数が増える）ほど，直列の場合とは逆に合成静電容量は**大きく**なる．

2 直列接続

直列接続されている場合の合成静電容量は，1-8式のとおり，**各静電容量の逆数の和の逆数**となる．

$$\frac{1}{C_0} = \frac{1}{C_1} + \frac{1}{C_2} + \frac{1}{C_3} + \cdots + \frac{1}{C_n} \quad \text{1-8 式}$$

3つの場合は，

$$\frac{1}{C_0} = \frac{1}{C_1} + \frac{1}{C_2} + \frac{1}{C_3} \quad \rightarrow \quad C_0 = \frac{C_1 C_2 C_3}{C_1 C_2 + C_2 C_3 + C_3 C_1} \quad \text{1-9 式}$$

2つの場合は，

$$\frac{1}{C_0} = \frac{1}{C_1} + \frac{1}{C_2} \quad \rightarrow \quad C_0 = \frac{C_1 \times C_2}{C_1 + C_2} \qquad \text{1-10 式}$$

となり，和分の積（分子が積／分母が和）で求めることができる．

直列に接続されるコンデンサは，2枚の金属板の間の距離を離したようなもので，静電容量が金属板の間の距離に反比例することから，距離が離れる（数が増える）ほど，合成静電容量は小さくなる．

要点のまとめ

□直列接続の合成静電容量 C_0 [F]

　求め方 → 各静電容量の 逆数 の和の 逆数

$$\frac{1}{C_0} = \frac{1}{C_1} + \frac{1}{C_2} + \frac{1}{C_3} + \cdots + \frac{1}{C_n}$$

□3つを直列接続の合成静電容量 C_0 [F]

　求め方 → 和 分の 積 （ 積 / 和 ）

$$C_0 = \frac{C_1 \times C_2 \times C_3}{C_1 \times C_2 + C_2 \times C_3 + C_3 \times C_1}$$

□2つを直列接続回路の合成静電容量 C_0 [F]

　求め方 → 和 分の 積 （ 積 / 和 ）

$$C_0 = \frac{C_1 \times C_2}{C_1 + C_2}$$

□並列接続の合成静電容量 C_0 [F]

　求め方 → 各静電容量の 和

$$C_0 = C_1 + C_2 + C_3 + \cdots + C_n$$

□コンデンサの静電容量は，距離が離れるほど 小さく なり，面積が大きくなるほど 大きく なる．

1-1 電気理論　演習問題　合成静電容量

【問 1】

静電容量が C_1, C_2, C_3 の3つのコンデンサを直列に接続した場合の合成静電容量を求める式として，正しいものは次のうちどれか．

(1) $C_1 + C_2 + C_3$　　(2) $\dfrac{1}{C_1 + C_2 + C_3}$

(3) $\dfrac{C_1 + C_2 + C_3}{C_1 C_2 C_3}$　　(4) $\dfrac{1}{\dfrac{1}{C_1} + \dfrac{1}{C_2} + \dfrac{1}{C_3}}$

【問 2】

静電容量がそれぞれ 5 μF，12 μF 及び 20 μF のコンデンサを並列に接続した場合の合成静電容量 [μF] の値として，正しいものは次のうちどれか．

(1) 3　　(2) 9　　(3) 18　　(4) 37

【問 3】

静電容量がそれぞれ 6 μF 及び 12 μF のコンデンサを直列に接続した場合の合成静電容量 [μF] の値として，正しいものは次のうちどれか．

(1) 2　　(2) 4　　(3) 18　　(4) 36

【問 4】

図の回路において，AB 間の合成静電容量が 10 μF であるとき，C の値として正しいものは次のうちどれか．

```
         60 μF   C    30 μF
  A ○────┤├────┤├────┤├────○ B
```

(1) 10 μF　　(2) 20 μF　　(3) 30 μF　　(4) 40 μF

問 1 (4)

1 直列接続の合成静電容量は，各静電容量の逆数の和の逆数なので，(4) が正答である．

2 直列接続の合成静電容量と並列接続の合成抵抗は「逆数の和の逆数」，並列接続の合成静電容量と直列接続の合成抵抗は「和」で算出することを覚える必要がある．

問 2 (4)

並列に接続されたコンデンサの合成静電容量は，各静電容量の「和」で求めることができるので，$C = C_1 + C_2 + C_3 = 5 + 12 + 20 =$ 37 μF となる．

問 3 (2)

2つのコンデンサを直列に接続した場合の合成静電容量は，各静電容量の「逆数の和の逆数」で求めることができるので，

$$\frac{1}{C} = \frac{1}{C_1} + \frac{1}{C_2} = \frac{1}{6} + \frac{1}{12} = \frac{3}{12} = \frac{1}{4}$$ より，$C =$ 4 μF となる．

問 4 (2)

1 直列に接続した場合の合成静電容量は，各静電容量の「逆数の和の逆数」で求めることができる．

2 計算を簡単にするため，60 μF と 30 μF の合成静電容量を求めると，

$$\frac{1}{C_{60 \cdot 30}} = \frac{1}{C_{60}} + \frac{1}{C_{30}} = \frac{1}{60} + \frac{1}{30} = \frac{3}{60} = \frac{1}{20}$$ より，

$C_{60 \cdot 30} = 20$ μF となる．

3 AB 間の合成静電容量は，この 20 μF と直列に接続されている C の合成静電容量と同じである．設問により AB 間の合成静電容量は 10 μF とされているので，次の式が成り立ち，求めることができる．

$$\frac{1}{C_{AB}} = \frac{1}{C_{60 \cdot 30}} + \frac{1}{C} \rightarrow \frac{1}{10} = \frac{1}{20} + \frac{1}{C} \rightarrow \frac{1}{C} = \frac{1}{10} - \frac{1}{20}$$

$C =$ 20 μF となる．

1　電気に関する基礎的知識

1-1 電気理論　　直　流

① 直流回路

　直流回路とは，直流電源のみを有する電気回路であり，その回路例は，次のとおりである．

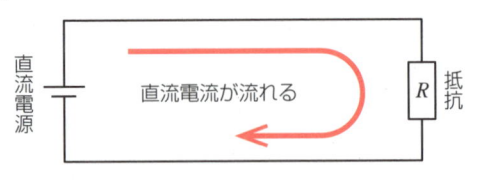

図 1.1　直流回路

　直流は，狭義にいうと，電流の大きさと流れの方向が常に一定である．正確には，時間によって大きさが変化しても流れる方向（正負）が変化しないものをいい，次の電圧・電流波形を有するものも直流という．

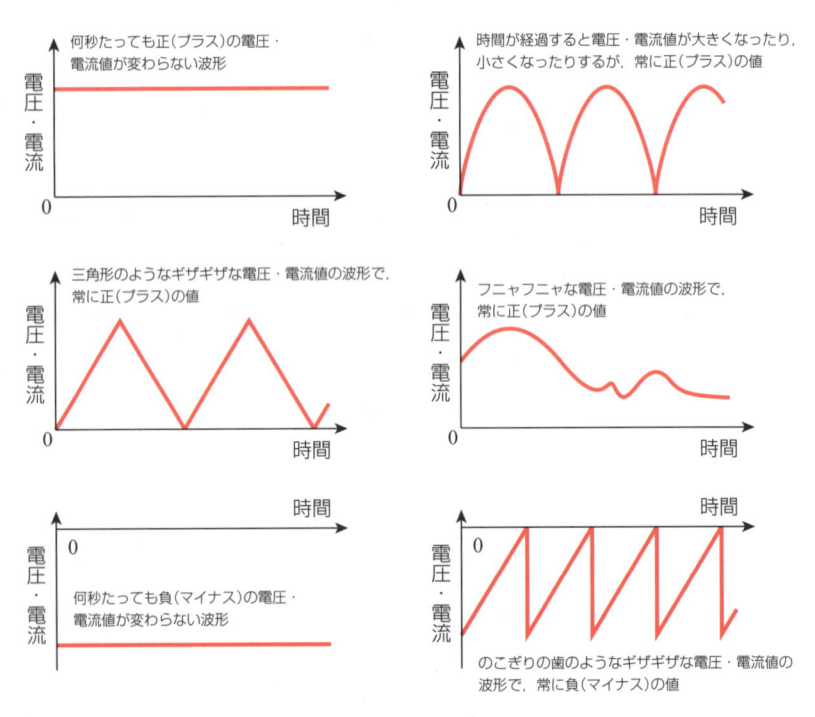

図 1.2　直流回路の例

このため，①電圧・電流値が変化しない（直線）波形で常に正（プラス）または負（マイナス）のもの，②電圧・電流値が変化する波形で常に正（プラス）または負（マイナス）のものが直流電圧・電流となる．

② 直列回路

直列接続された各抵抗には，同じ値の電流が流れ，各抵抗に加わる電圧は，回路全体の電圧を各抵抗値の比にしたがって分圧される．

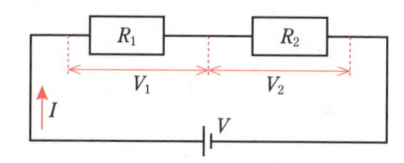

この抵抗 R_1 に加わる電圧 V_1 は，$V_1 = R_1 \times I$ となる．

また，直列接続された合成抵抗 R は，$R = R_1 + R_2$ となり，さらに，$I = \dfrac{V}{R}$ という関係が成立することから，次のように表すことができる（V_2 も同様）．

$$V_1 = R_1 \times I = R_1 \frac{V}{R} = R_1 \frac{V}{R_1 + R_2} = \frac{R_1}{R_1 + R_2} \times V$$

したがって，この回路には，オームの法則により次の関係がある．

$$V_1 = R_1 \times I = \frac{R_1}{R_1 + R_2} \times V, \quad V_2 = R_2 \times I = \frac{R_2}{R_1 + R_2} \times V,$$

$$V = V_1 + V_2$$

③ 並列回路

並列接続された各抵抗には，同じ値の電圧が加わり，各抵抗に流れる電流は，回路全体の電流を逆の抵抗値の比にしたがって分流する．

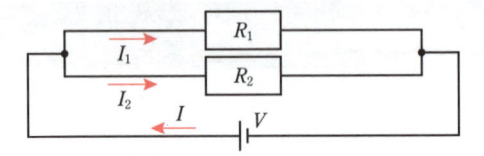

この抵抗 R_1 に流れる電流 I_1 は，$I_1 = \dfrac{V}{R_1}$ となる．また，並列接続された合成抵抗 R は，$R = \dfrac{R_1 \times R_2}{R_1 + R_2}$ となり，さらに，$V = I \times R$ という関係が成立することから，

$$I_1 = \frac{V}{R_1} = \frac{I \times R}{R_1} = I\frac{\dfrac{R_1 \times R_2}{R_1 + R_2}}{R_1} = \frac{R_2}{R_1 + R_2} \times I$$

となる（I_2 も同様）．

したがって，この回路には，オームの法則により次の関係がある．

$$I_1 = \frac{R_2}{R_1 + R_2} \times I, \quad I_2 = \frac{R_1}{R_1 + R_2} \times I, \quad I = I_1 + I_2$$

要点のまとめ

□直列接続された各抵抗には，同じ値の　電流　が流れ，各抵抗に加わる電圧は，回路全体の電圧を各抵抗値の比にしたがって　分圧　する．

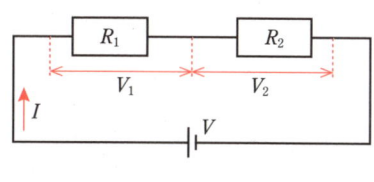

$$V_1 = R_1 \times I = \frac{R_1}{R_1 + R_2} \times V$$

$$V_2 = R_2 \times I = \frac{R_2}{R_1 + R_2} \times V$$

$$V = V_1 + V_2$$

□並列接続された各抵抗には，同じ値の　電圧　が加わり，各抵抗に流れる電流は，回路全体の電流を逆の抵抗値の比にしたがって　分流　する．

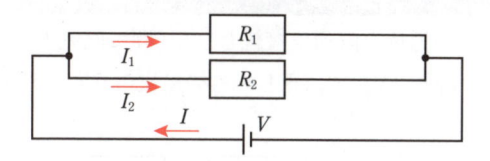

$$I_1 = \frac{R_2}{R_1 + R_2} \times I$$

$$I_2 = \frac{R_1}{R_1 + R_2} \times I$$

$$I = I_1 + I_2$$

1-1 電気理論　演習問題　直流

【問 1】

起電力 1.2 V，内部抵抗 0.1 Ω の電池に抵抗 0.5 Ω の導線をつないだときの電流 [A] について，正しいものは次のうちどれか．

(1) 6　　(2) 2.4　　(3) 2　　(4) 1

【問 2】

図のような 3 つの抵抗を直列に接続し，AB 間に直流 100 V の電圧を加えたときの電圧計の読み [V] で，正しいものは次のうちどれか．

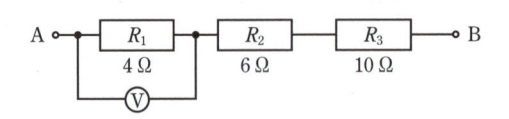

```
A ─[ R_1 ]─[ R_2 ]─[ R_3 ]─ B
    4 Ω     6 Ω     10 Ω
    (V)
```

(1) 50　　(2) 30　　(3) 20　　(4) 10

問 1 (3)

1 電流を求めるためには，この回路の合成抵抗がわかればオームの法則により求めることができる．設問を回路図で表すと，次のとおり2つの抵抗が直列接続となることがわかる．直列接続の場合の合成抵抗は各抵抗の和である．

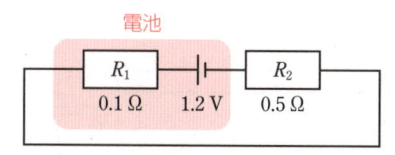

電池

R_1 0.1 Ω　1.2 V　R_2 0.5 Ω

2 求める電流をI，電池の起電力をV，電池の内部抵抗をR_1，導線の抵抗をR_2とすると，この回路の抵抗R_1とR_2は直列なので，その合成抵抗は$R_1 + R_2$となる．

3 オームの法則 $I = \dfrac{V}{R}$ より，次のとおり，答は(3)となる．

$$I = \frac{V}{R} = \frac{V}{R_1 + R_2} = \frac{1.2}{0.1 + 0.5} = \frac{1.2}{0.6} = 2 \text{ A}$$

問 2 (3)

1 R_1の電圧を求めるには，このR_1に流れる電流がわかれば，オームの法則により求めることができる．3つの抵抗は，直列接続なので，流れる電流は同じである．

2 最初に，AB間に流れる電流をI [A]，抵抗R_1の電圧をV_1，抵抗R_2の電圧をV_2，抵抗R_3の電圧をV_3とすると，オームの法則により，① $V_1 = R_1 \times I$，② $V_2 = R_2 \times I$，③ $V_3 = R_3 \times I$となる．また，AB間の電圧Vは，この3つの電圧の和であることから，④ $V = V_1 + V_2 + V_3$となる．この④式に①〜③式を代入して，Iを求める．

$$V = V_1 + V_2 + V_3 = R_1 \times I + R_2 \times I + R_3 \times I$$
$$= (R_1 + R_2 + R_3) \times I$$
$$\rightarrow I = \frac{V}{R_1 + R_2 + R_3} = \frac{100}{4 + 6 + 10} = 5$$

3 この求めたIを①式に代入すると，$V_1 = R_1 \times I = 4 \times 5 = 20$ Vとなる．

【問 3】
図の回路の AB 間の電圧 [V] として，正しいものは次のうちどれか．
(1) 30　　(2) 40　　(3) 50　　(4) 60

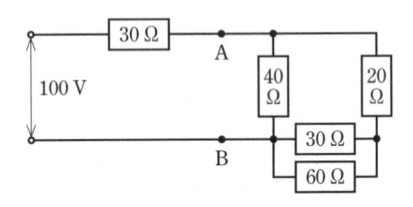

問 3 (2)

1. AB 間の電圧 V_{AB} は，AB 間の合成抵抗 R とこの抵抗に流れる電流 I を求め，オームの法則により求めることができる．
2. 合成抵抗は，次の順番で求める．

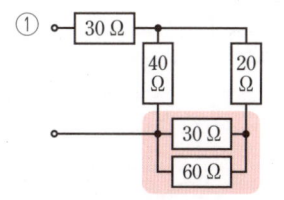

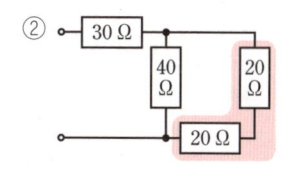

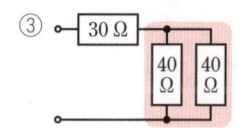

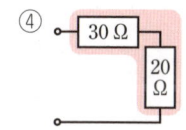

① [回路図: 30Ω, 40Ω, 20Ω, 30Ω, 60Ω]
② [回路図: 30Ω, 40Ω, 20Ω, 20Ω]
③ [回路図: 30Ω, 40Ω, 40Ω]
④ [回路図: 30Ω, 20Ω]

3. 並列接続されている 30 Ω と 60 Ω の合成抵抗 R_1 は $\dfrac{1}{R_1} = \dfrac{1}{30} + \dfrac{1}{60}$ より，

$R_1 = 20$ Ω となる．この R_1 と 20 Ω の合成抵抗 R_2 は直列接続なので，

$$R_2 = R_1 + 20 = 20 + 20 = 40 \text{ Ω}$$

4. この R_2 と 40 Ω の合成抵抗 R は並列接続なので，

$$\dfrac{1}{R} = \dfrac{1}{R_2} + \dfrac{1}{40} = \dfrac{1}{40} + \dfrac{1}{40} \text{ より，} R = 20 \text{ Ω}$$

この R と 30 Ω の合成抵抗 R_0 は直列接続なので，

$$R_0 = R + 30 = 20 + 30 = 50 \text{ Ω}$$

5. A 点を流れる電流 I は，オームの法則より，$I = \dfrac{V}{R_0} = \dfrac{100}{50} = 2$ A となる．

6. したがって，$V_{AB} = I \times R = 2 \times 20 = $ **40** V となる．

【問 4】
図に示す回路を流れる全電流 I [A] の値で，正しいものは次のうちどれか．
(1) 2.2　　(2) 4.4　　(3) 5　　(4) 10

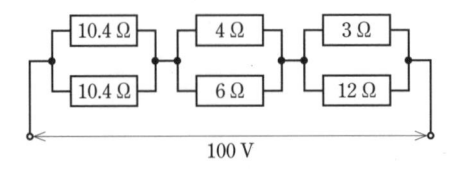

問 4 (4)

1 全体の合成抵抗を求めるため，3つの並列接続された部分の合成抵抗を左からそれぞれ R_1，R_2 および R_3 とすると，「和分の積」で求められるので，

$$R_1 = \frac{10.4 \times 10.4}{10.4 + 10.4} = 5.2 \ \Omega$$

$$R_2 = \frac{4 \times 6}{4 + 6} = 2.4 \ \Omega$$

$$R_3 = \frac{3 \times 12}{3 + 12} = 2.4 \ \Omega$$

2 全体の合成抵抗は，R_1，R_2 および R_3 が直列接続なので，

$$R_1 + R_2 + R_3 = 5.2 + 2.4 + 2.4 = 10 \ \Omega$$

となる．

3 したがって，回路電圧は 100 V なので，オームの法則により，求める電流は次のとおりである．

$$I = \frac{V}{R} = \frac{100}{10} = 10 \ \text{A}$$

1-1 電気理論　ブリッジ回路

ブリッジ回路とは

図 1.3 のような回路，たとえると，4 つの抵抗を並列に接続した回路の間に橋をかけたような回路を「ブリッジ回路」という．

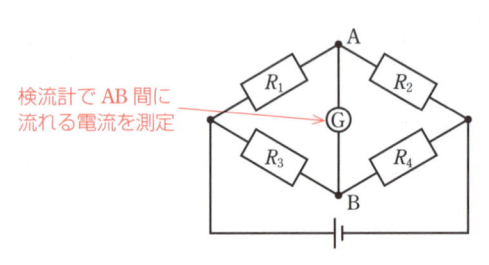

検流計で AB 間に流れる電流を測定

図 1.3　ブリッジ回路

このブリッジ回路には，次の関係があり，この条件を「ブリッジの平衡条件」という．

ブリッジの平衡とは，図 1.3 の A 点と B 点が同電位（AB 間の電圧 = 0），すなわち，AB 間には電流が流れない状態をいう．

$R_1 \times R_4 = R_2 \times R_3$ が成立　→　AB 間（ブリッジ部分）には電流が流れない．

ブリッジ回路は，中間点（AB 間）の電位差を測定し，ブリッジの平衡条件とすることにより，未知の抵抗値を測定できる．このような未知の抵抗値を測定する回路を「ホイートストンブリッジ」という．

ホイートストンブリッジとは，次のような回路である．

R_1 および R_3：抵抗値がわかる抵抗器
R_2：可変抵抗器
R_X：未知の抵抗器
Ⓖ：検流計

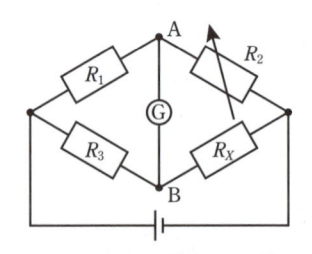

検流計とは，ガルバノメータともいい，微小な電流，電位を測定するための機器で，電流の大きさを測定する電流計とは異なり，電流が流れているかどうか，その流れの方向を測定するものである．

抵抗値を変えることができる可変抵抗器 R_2 を調節し，検流計の値が 0（ブ

リッジ部分に電流が流れていない状態）とする．この場合には，ブリッジの平衡条件が成立しているので，4つの抵抗器には，次の関係がある．

$$R_1 \times R_X = R_2 \times R_3$$

$$\therefore R_X = \frac{R_2 \times R_3}{R_1}$$

1-11 式

要点のまとめ

□ホイートストンブリッジ

R_1 および R_3：抵抗値がわかる抵抗器

R_2：可変抵抗器

R_X：未知の抵抗器

Ⓖ：検流計

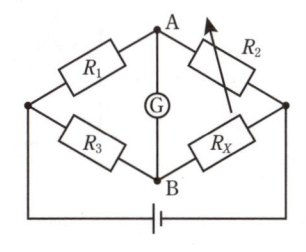

□ブリッジの平衡条件

$\boxed{R_1}$ × $\boxed{R_X}$ = $\boxed{R_2}$ × $\boxed{R_3}$

この場合のブリッジ部分には $\boxed{電流}$ が流れない．

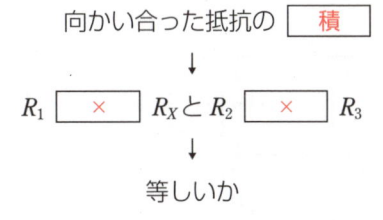

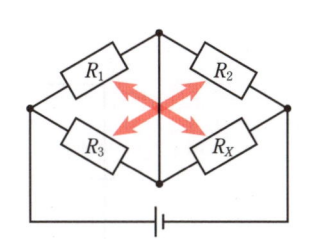

向かい合った抵抗の $\boxed{積}$
↓
R_1 $\boxed{×}$ R_X と R_2 $\boxed{×}$ R_3
↓
等しいか

1-1 電気理論　演習問題　ブリッジ回路

【問 1】

図に示すホイートストンブリッジ回路において，各抵抗が P = 4Ω，Q = 3Ω，R = 6Ωのとき，検流計Ⓖの指示値が0Aを示した．このときの抵抗Xの値として正しいものは次のうちどれか．

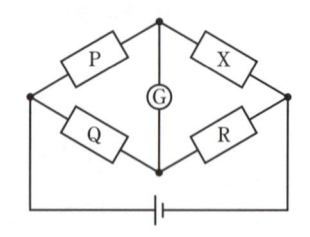

(1)　2Ω　　(2)　4Ω　　(3)　8Ω　　(4)　10Ω

【問 2】

図に示す回路において，検流計Ⓖの指示値が0Aを示した．このときの抵抗Dの値を計算する式は次のうちどれか．

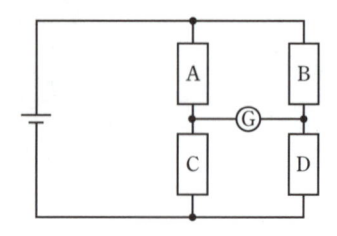

(1)　$D = \dfrac{BC}{A}$　　(2)　$D = \dfrac{AB}{C}$

(3)　$D = \dfrac{CA}{B}$　　(4)　$D = \dfrac{A}{BC}$

問 1 (3)

設問の検流計に電流が流れないという条件から，ブリッジの平衡条件が成立することになる．

したがって，向かい合う抵抗の積を比較（P × R と Q × X）し，

$$X = \frac{P \times R}{Q} = \frac{4 \times 6}{3} = 8 \, \Omega$$

となる．

問 2 (1)

1 ブリッジ回路の図には，設問の図のような形をしている場合もあるので，注意する．

2 ブリッジの平衡条件は，向かい合う抵抗の積（A × D と B × C）の比較なので，(1)が正答である．

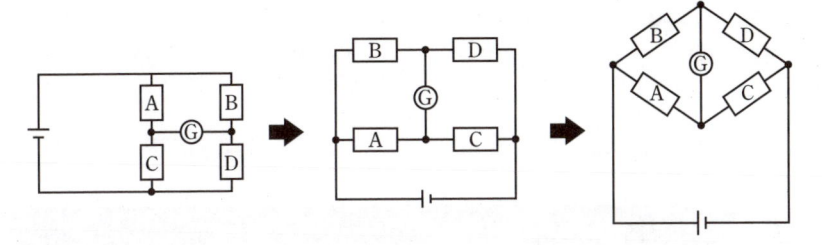

1-1 電気理論 ジュールの法則など

① ジュールの法則

「ジュールの法則」とは，正確には，「ジュールの第1法則」または「ジュール効果」といい，電流によって発生する熱量は，電流 I の2乗に，抵抗 R と時間 t に比例するという法則で，1-12式により表す．

$$Q = I^2 \times R \times t \qquad \text{1-12 式}$$

Q：熱量（J：ジュール），I：電流［A］，R：抵抗［Ω］，t：時間［秒］

② クーロンの法則

「クーロンの法則」とは，電荷間に働く力（反発または引き合う力）は電荷の積に比例し，電荷間の距離の2乗に反比例するという法則で，1-13式により表す．

$$F = K \times \frac{q_1 \times q_2}{r^2} = \frac{1}{4 \times \pi \times \varepsilon_0} \times \frac{q_1 \times q_2}{r^2} \qquad \text{1-13 式}$$

F：クーロン力（N：ニュートン），q_1, q_2：電荷量（C：クーロン），
r：電荷間の距離［m］，K：比例定数（9×10^9），
ε_0：誘電率（8.854×10^{-12}）

異なる種類の電荷の場合　　　　　同じ種類の電荷の場合

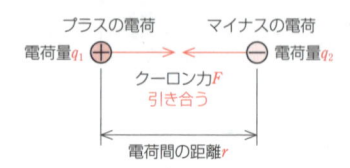

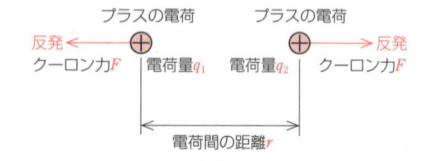

プラスの電荷　マイナスの電荷　　プラスの電荷　　プラスの電荷
電荷量q_1 ⊕ → ← ⊖ 電荷量q_2　反発 ← ⊕ → ⊕ → 反発
　　　　クーロン力F　　　　　クーロン力F 電荷量q_1 電荷量q_2 クーロン力F
　　　　引き合う
　　　電荷間の距離r　　　　　　　　　電荷間の距離r

③ 電力と電力量

電力 P は，電気が時間当たりに仕事する力（エネルギー）のことであり，その力は，1-14式のとおり，電圧と電流の積で求められる．

$$P = V \times I = I^2 \times R = \frac{V^2}{R} \qquad \text{1-14 式}$$

P：電力（W：ワット），V：電圧［V］，I：電流［A］，R：抵抗［Ω］

1-12式に1-14式を代入すると，ジュールの法則は，$Q = P \times t$［J］となる．

この式は，電力をどのくらいの間使用したかを表すので，電力量という．

電力量は，1-15 式のとおり，電力と使用時間の積で求め，その単位にはワット時 [W・h]，ワット秒 [W・s] が用いられる．

$$Pt = P \times t = V \times I \times t \qquad \text{1-15 式}$$

Pt: 電力量（W・h または W・s），t: 時間 [h] または秒 [s]

電力と電力量の違いは，水でいうと，流量とたまった水の水量のとなる．水を容器にためる場合の流量（1 時間に流れる水の量）を x（リットル / 時間），たまった水の水量を y（リットル）とすると，流量 x が電力に，水量 y が電力量に相当する．

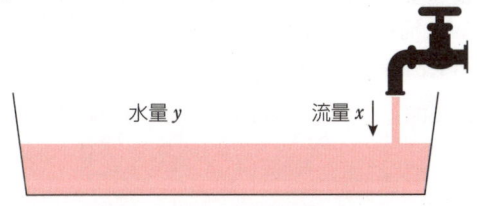

図1.4 電力と電力量の考え方

要点のまとめ

□ ジュールの法則　電流によって発生する熱量 Q は，電流の 2乗 ， 抵抗 と 時間 に比例するという法則で，Q [J] $=$ $I^2 \times R \times t$

□ クーロンの法則　電荷間に働く力 F（反発または引き合う力）は，電荷の積に 比例 ，電荷間の距離の2乗に 反比例 するという法則で，

$$F \text{ [N]} = \frac{K \times q_1 \times q_2}{r^2}$$

□ 電力 P [W] は， 電圧 と 電流 の積であり，

$$P = V \times I = I^2 \times R = \frac{V^2}{R}$$

□ 電力量 Pt（W・h または W・s）は， 電力 と 使用時間 の積であり，

$$Pt = V \times I \times t = I^2 \times R \times t$$

$$= \frac{V^2 \times t}{R}$$

1-1 電気理論 演習問題 ジュールの法則など

【問 1】

抵抗10Ωの電線に5Aの電流が流れている場合に，1時間に何［kJ］の熱量が発生するか．正しいものは次のうちどれか．

(1) 0.25　　(2) 15　　(3) 900　　(4) 1 800

【問 2】

200Vで1 000Wを消費する電熱線を1/2に切り，100Vで使用すると何［W］になるか．正しいものは次のうちどれか．

(1) 200　　(2) 500　　(3) 800　　(4) 1 000

【問 3】

磁気に関するクーロンの法則として，正しいものは次のうちどれか．

(1) 磁極間に働く力は，2つの磁極の強さの和に比例し，両磁極間の距離に反比例する．
(2) 磁極間に働く力は，2つの磁極の強さの和に比例し，両磁極間の距離の2乗に反比例する．
(3) 磁極間に働く力は，2つの磁極の強さの積に比例し，両磁極間の距離の2乗に反比例する．
(4) 磁極間に働く力は，2つの磁極の強さの積に比例し，両磁極間の距離に反比例する．

問 1 (3)

この設問は，ジュールの法則の公式より求めることができる．

ジュールの法則は，1-12 式のとおり，熱量を Q [J]，電流を I [A]，抵抗を R [Ω]，時間を t [秒] とすると，

$$Q = I^2 \times R \times t = 5^2 \times 10 \times 3\,600 = 900\,000\,\text{J} = 900\,\text{kJ}$$

となり，(3)が正答である．

問 2 (2)

1　この設問は，電力と電圧がわかっていることから，切る前の抵抗値がわかれば，1-14 式を使い求めることができるものである．

2　切る前の抵抗を R_1 とし，そのときの電流を I_1 とすると，

$$I = \frac{P}{V} \text{ および } R = \frac{V}{I} \text{ より,}$$

$$I_1 = \frac{P}{V} = \frac{1\,000}{200} = 5\,\text{A}$$

$$R_1 = \frac{V}{I} = \frac{200}{5} = 40\,\Omega$$

となる．

3　半分に切った抵抗を R_2 とすると，抵抗は長さに比例することから，

$$R_2 = \frac{R_1}{2} = 20\,\Omega$$

4　したがって，求める電力 P は，

$$P = V \times I = V \times \frac{V}{R_2} = \frac{V^2}{R_2} = \frac{100^2}{20} = 500\,\text{W}$$

問 3 (3)

クーロンの法則は，1-13 式のとおり，「電荷間に働く力」は「電荷の積に比例」し，「電荷間の距離の 2 乗に反比例」するというものであることから，(3)が正答である．

【問 4】
　4Ωと12Ωの抵抗を並列に接続した直流回路がある．この回路に30Vの電圧を加えた場合の消費電力[W]の値として，正しいものは次のうちどれか．
(1)　900　　(2)　300　　(3)　100　　(4)　60

【問 5】
　電力100Wの電球を毎日8時間点灯させた場合の30日間の電力量の値として，正しいものは次のうちどれか．
(1)　864 000 kW・h　　(2)　24 000 kW・h
(3)　8 640 kW・h　　(4)　24 kW・h

問 4 (2)

1　設問を回路図で表すと，次のとおりである．

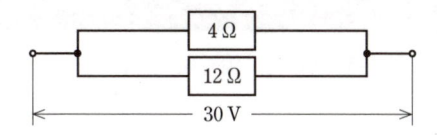

```
         ┌──[ 4 Ω ]──┐
    ○────┤           ├────○
         └──[ 12 Ω ]─┘
    ├────────── 30 V ──────────┤
```

2　並列接続された 4 Ω と 12 Ω の合成抵抗を，和分の積（積／和）で求める．この合成抵抗 R は，次のとおりである．

$$R = \frac{4 \times 12}{4 + 12} = \frac{48}{16} = 3 \ \Omega$$

3　消費電力は，1-14 式のとおり，$P = V \times I = \dfrac{V^2}{R}$ である．

したがって，$V = 30$，求めた $R = 3$ を代入すると，次のとおりである．

$$P = \frac{V^2}{R} = \frac{30^2}{3} = \frac{900}{3} = 300 \ \text{W}$$

問 5 (4)

1　電力量は，1-15 式のとおり，電力と使用時間の積である．
　したがって，1 日の電力量は $100 \times 8 = 800 \ \text{W·h}$ となり，30 日間の電力量は，$800 \times 30 = 24\,000 \ \text{W·h} = 24 \times 10^3 \ \text{W·h} = 24 \ \text{kW·h}$ となる．

2　なお，この設問では，接頭語に留意し回答する必要がある．

1-1 電気理論　電気と磁気

磁力は，電流が流れると発生し，磁力が発生することを磁界ができるという．電流の流れる方向と磁界の方向には，次の法則がある．

① 右ねじの法則（アンペールの右ねじの法則）

電線に電流を右ねじが進む方向に流すと，図1.5のとおり磁界の方向は右ねじの回転方向となる．

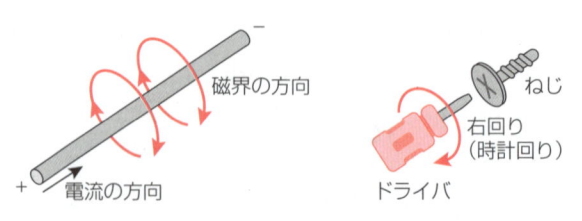

図1.5　右ねじの法則

コイル状にした電線に電流を流した場合には，この法則により，磁界が合成され，コイルの内側を通り一定の方向を向く．

② フレミングの左手の法則

「フレミングの左手の法則」とは，磁界内において電流が流れる導体に，力が発生する現象の関係（方向）を示す法則で，図1.6のとおり，電磁力，電界，電流の方向の関係を表すものである．

たとえば，2つの磁石の間に電線を置き電流を流すと，磁石による磁界と，電流によって電線に生じる磁界が合成され，電線を動かそうという力が発生する．この磁石と電流によって生じる力を電磁力という．

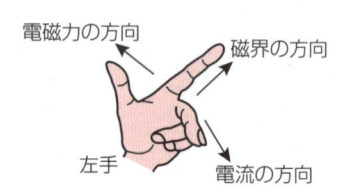

図1.6　フレミングの左手の法則

③ フレミングの右手の法則

「フレミングの右手の法則」とは，磁界内を運動する導体内に発生する起電力の向きを示す法則で，図1.7のとおり，導体にかかる力，磁界，起電力（電流）の方向の関係を表すものである．

たとえば，コイルの内側に磁石を入れたり，出したりすると，コイルに電圧が生じる．この現象を**電磁誘導**といい，電磁誘導により発生する電圧を誘導起電力という．誘導起電力は，コイルの磁束に変化を生じる際に発生し，磁束の変化が大きいほど大きな誘導起電力となる．また，コイルを入れる場合と出す場合とでは誘導起電力（電流）の向きが逆になる．

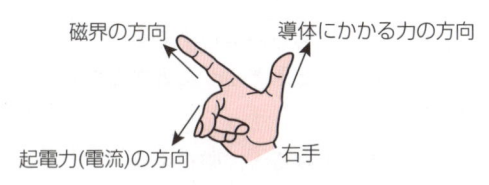

図 1.7 フレミングの右手の法則

要点のまとめ

□右ねじの法則（アンペールの右ねじの法則）
　電線に電流を右ねじが進む方向に流すと，磁界の方向は， **右ねじ** の回転方向となる．

□フレミングの左手の法則
　磁界内において電流が流れる導体に，力が発生する現象の関係（方向）を示す法則で， **電磁力** （親指）， **磁界** （人差指）， **電流** （中指）の方向の関係がある．

□フレミングの右手の法則
　磁界内を運動する導体内に発生する起電力の向きを示す法則で， **導体にかかる力** （親指）， **磁界** （人差指）， **起電力**・**電流** （中指）の方向の関係がある．

1-1 電気理論 — 演習問題 電気と磁気

【問 1】

図のように，コイルと棒磁石を用いた実験を行ったが，その結果の説明として正しいものは次のうちどれか．

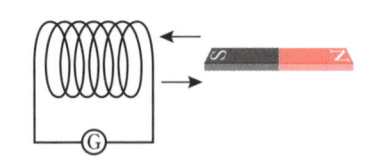

(1) 磁石を動かしてコイルの中に出し入れすると，検流計の針が振れ，磁石を静止してもしばらくは一定の値を指示した．
(2) 磁石をコイルの中に入れたときと出したときとでは，検流計の針の振れが逆になった．
(3) 磁石を動かす速度を変えてみると，磁石をゆっくり動かすほど，検流計の針の振れが大きくなった．
(4) 磁石を固定してコイルの方を動かすと，検流計の針は振れなかった．

【問 2】

フレミングの左手の法則とフレミングの右手の法則について，次のうち誤っているものはどれか．
(1) フレミングの左手の法則とは，磁界内において電流が流れる導体に，力が発生する現象の関係を示す法則である．
(2) フレミングの右手の法則とは，磁界内を運動する導体内に発生する起電力の向きを示す法則である．
(3) フレミングの左手の法則では，親指が電磁力，人差指が磁界，中指が電流の方向を示す．
(4) フレミングの右手の法則では，親指が起電力，人差指が磁界，中指が導体にかかる力の方向を示す．

問 1 (2)

1　この問題は，電磁誘導に関するものである．電磁誘導は，コイルの内側に磁石を入れたり出したりすると，コイルに電圧が生じ電流が流れる現象であり，コイルを貫通する磁束が変化すると発生する．この場合，磁束の変化が大きいほど大きな誘導起電力となり，コイルを入れる場合と出す場合では誘導起電力の向き（電流の向き）が逆になる．

2　磁石を静止すると，磁束の変化がなくなるので，検流計の針の振れは止まるため，(1)は誤りである．

3　誘導起電力の向き（電流の向き）は，コイルを入れる場合と出す場合とでは逆になるので，(2)が正答である．

4　磁石を動かす速度を変えた場合には，磁束の変化が大きい，速いほど大きな誘導起電力となることから，(3)は誤りである．

5　磁石を固定してコイルの方を動かしても，磁束は変化するので，(4)は誤りである．

問 2 (4)

1　フレミングの左手の法則は，磁界内において電流が流れる導体に，力が発生する現象の関係（方向）を示す法則であり，「親指は電磁力」，「人差指は磁界」，「中指は電流」の方向を示す．

2　フレミングの右手の法則は，磁界内を運動する導体内に発生する起電力の向きを示す法則であり，「親指は導体にかかる力」，「人差指は磁界」，「中指は起電力・電流」の方向を示す．

3　したがって，(1)，(2)および(3)は正しく，(4)の「親指が起電力」と「中指が導体にかかる力」が誤りである．

1　電気に関する基礎的知識

1-1 電気理論

交　　流

① 交流回路

　交流回路とは，交流電源を有するもので，電流の大きさと流れの方向が変化する電気回路である．

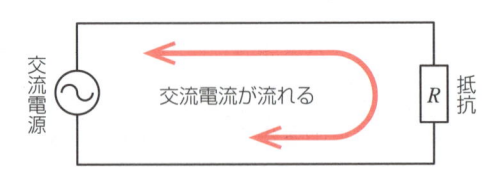

図 1.8　交流回路

② 周期と周波数

　交流は，直流とは異なり，電流の向きと大きさが周期的に変化するもので，代表的な交流波形の時間と電流の変化を表すと図 1.9 のとおりとなる．

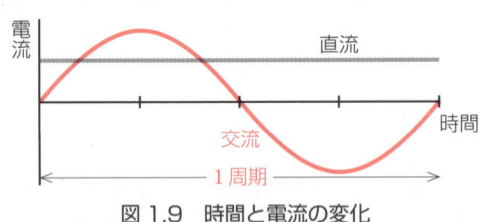

図 1.9　時間と電流の変化

　このような波形は，三角関数の正弦（サイン）を使う式で求めることができるので，正弦波交流という．正弦波交流は，同じ波形を繰り返すもので，1 回分にかかる時間を「周期」と，1 秒間の繰り返し回数を「周波数［Hz］」といい，1-16 式の関係がある．

$$T = \frac{1}{f}　　　　1\text{-}16 式$$

　　T：周期［秒］，f：周波数［Hz］

③ 角速度と位相

　「角速度」とは，回転の速さを示すもので，角度と単位時間の商で表し，その単位はラジアン毎秒［rad/s］である．

ラジアン（rad）は，角度の単位で，360° = 2π rad である．

正弦波の1周期は，円運動の1回転分に相当し，たとえば，周波数 50 Hz の正弦波は，1秒間に 50 回転するので，角速度でいうと 2π × 50 = 100π [rad/s] となる．

なお，角速度と周波数の関係は，角速度 = 2π × 周波数 である．

周波数が同じ正弦波であっても図 1.10 のとおり，波形がずれている場合がある．この「ずれ」を「位相」という．

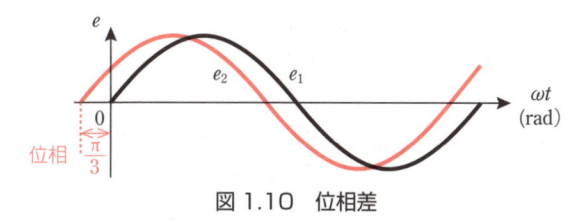

図 1.10 位相差

位相のずれは，角度の差により生じる．たとえば，図 1.10 では，e_2 が e_1 より $\frac{\pi}{3}$ rad（60°）進んでいるので，「e_2 は e_1 より $\frac{\pi}{3}$ rad（60°）位相が進んでいる」，「e_1 は e_2 より $\frac{\pi}{3}$ rad（60°）位相が遅れている」という．

④ 正弦波交流の瞬時値

正弦波交流の電圧は，1-17 式で求めることができる．

瞬時値 $e = E_m \times \sin(\omega t \pm \theta)$　　　　　1-17 式

e: 瞬時値 [V]，E_m: 最大値 [V]，ω: 角速度 [rad/s]，t: 時間 [秒]，θ: 位相 [rad]

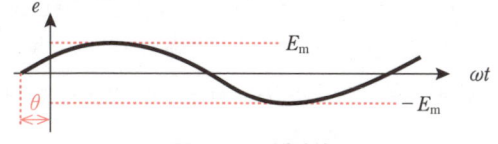

図 1.11 瞬時値

1-17 式で求める電圧は，図 1.11 のとおり常時変化している電圧のある時間での電圧値なので，この e を「瞬時値」という．

⑤ 正弦波交流の実効値

正弦波交流における電圧と電流は，常に変化しているため，その大きさを表す場合には，直流のときと同じ仕事をする大きさの交流値に換算し使用される．その値を「実効値」といい，実効値は 1-18 式で最大値より求めることができる．

$$\text{実効値 } E = \frac{E_\mathrm{m}}{\sqrt{2}} \qquad \text{1-18 式}$$

1-17 式に実効値を使用すると 1-19 式となる．

$$e = \sqrt{2} \times E \times \sin(\omega t \pm \theta) \qquad \text{1-19 式}$$

なお，平均値 E_AV は，1-20 式となる．

$$\text{平均値 } E_\mathrm{AV} = \frac{2}{\pi} \times E_\mathrm{m} \qquad \text{1-20 式}$$

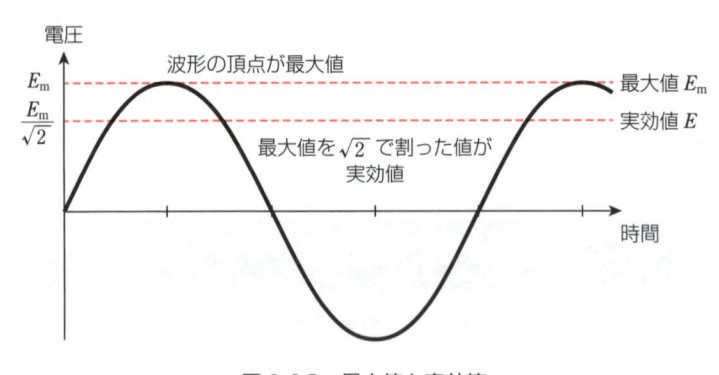

図 1.12　最大値と実効値

一般家庭やオフィスにあるコンセントは，単相交流 100 [V] 用のもので，この電圧 100 [V] とは，「実効値」のことである．このため，コンセント電圧の「最大値」は，最大値 = $\sqrt{2}$ × 実効値 = 1.41 × 100 = 141 [V] となる．

⑥ 誘導リアクタンスと容量リアクタンス

図 1.13 および図 1.14 のような交流回路では，抵抗だけではなく，コイルやコンデンサも電流の流れを妨げる働きをする．

図 1.13　交流回路（コイル）　　図 1.14　交流回路（コンデンサ）

　この抵抗を，コイルの場合には「**誘導リアクタンス**」，コンデンサの場合には「**容量リアクタンス**」といい，単位は，抵抗と同じオーム（Ω）である．
　誘導リアクタンス X_L の大きさは，1-21 式により求める．

$$\text{誘導リアクタンス } X_L = 2\pi \times f \times L \qquad \text{1-21 式}$$

X_L: 誘導リアクタンス[Ω]，f: 周波数[Hz]，L: インダクタンス[H]

　誘導リアクタンスは，周波数・インダクタンスが大きいほど大きくなることがわかる．また，コイルを使用する交流回路（インダクタンス回路）では，図 1.15 のとおり，電流の位相が電圧より $\frac{\pi}{2}$ rad（90°）**遅れる**．

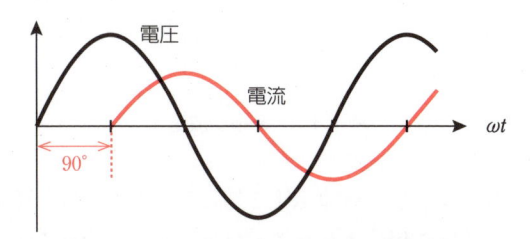

図 1.15　電流と電圧の位相差（電流遅れ）

　容量リアクタンス X_C の大きさは，1-22 式により求める．

$$\text{容量リアクタンス } X_C = \frac{1}{2\pi \times f \times C} \qquad \text{1-22 式}$$

X_C: 容量リアクタンス[Ω]，f: 周波数[Hz]，C: 静電容量[F]

　誘導リアクタンスは，周波数・静電容量が小さいほど大きくなる．
　また，コンデンサを使用する交流回路（静電容量回路）では，図 1.16 のとおり，電流の位相が電圧より $\frac{\pi}{2}$ rad（90°）**進む**．

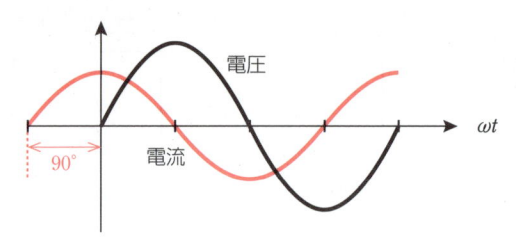

図1.16 電流と電圧の位相差（電流進み）

　なお，コンデンサは，直流電圧を加えても直流電流を通さないが，交流電圧を加えると半周期ごとに電圧の方向が変化し，充電と放電が繰り返され，交流電流を通すこととなる．

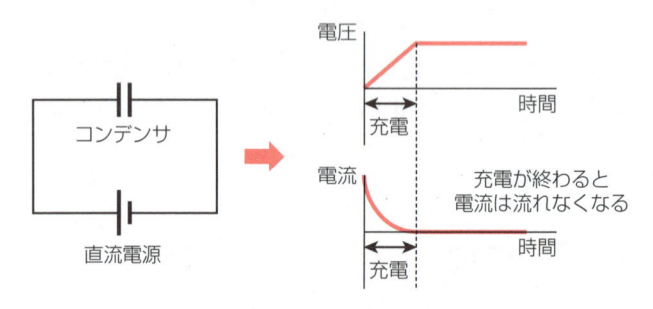

図1.17 充電と放電

　インダクタ（コイル）は，直流電圧を加えると直流電流を通すが，交流電圧を加えると自己誘電作用によりコイル自身に電流の流れを妨げる起電力が発生し交流電流を通さない．

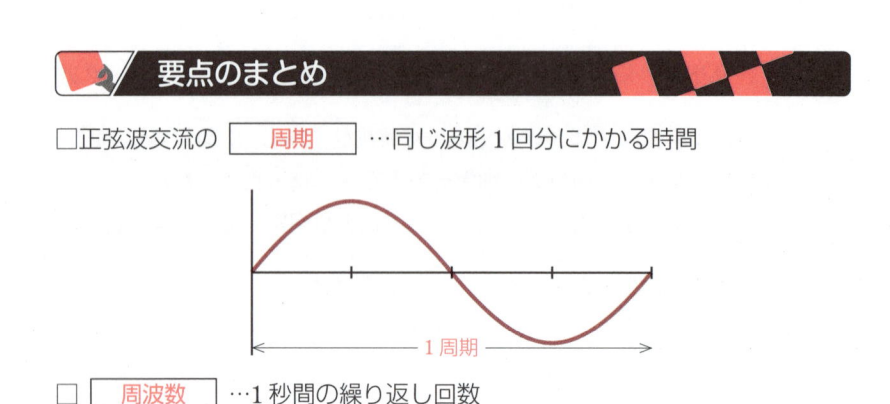

要点のまとめ

□正弦波交流の 周期 …同じ波形1回分にかかる時間

□ 周波数 …1秒間の繰り返し回数

□周期と周波数の関係…$T = \boxed{\dfrac{1}{f}}$　　T: 周期［秒］，f: 周波数［Hz］

□正弦波交流の瞬時値 e と最大値 E_m の関係…
$e = \boxed{E_m} \times \boxed{\sin(\omega t \pm \theta)}$

□正弦波交流の実効値 E と最大値 E_m の関係… $E = \boxed{\dfrac{E_m}{\sqrt{2}}}$

□正弦波交流の平均値 E_{AV} と最大値 E_m の関係… $E_{AV} = \boxed{\dfrac{2 \times E_m}{\pi}}$

□誘導リアクタンス $X_L = \boxed{2\pi} \times \boxed{f} \times \boxed{L}$

□容量リアクタンス $X_C = \dfrac{\boxed{1}}{\boxed{2\pi} \times \boxed{f} \times \boxed{C}}$

□インダクタンス回路では，電流の位相が電圧より $\boxed{90°}$（$\dfrac{\pi}{2}$ rad）遅れる．

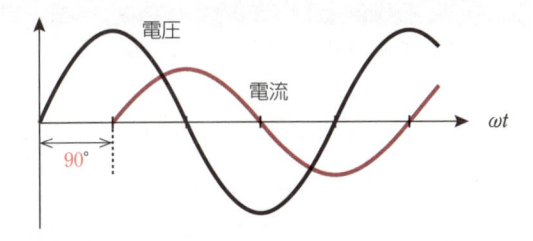

□静電容量回路では，電流の位相が，電圧より $\boxed{90°}$（$\dfrac{\pi}{2}$ rad）進む．

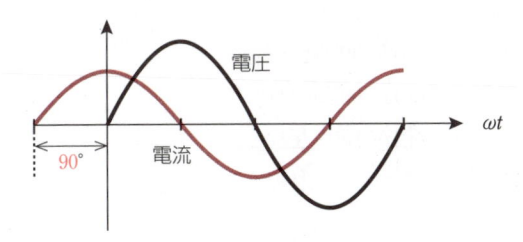

1-1 電気理論　演習問題　交流

【問 1】
正弦波交流について，誤っているものは次のうちどれか．
(1) 正弦波交流の電圧の平均値は，その最大値の 2/π 倍である．
(2) 正弦波交流の電圧の実効値は，その最大値の $\sqrt{2}$ /π 倍である．
(3) インダクタンスだけをもつ回路に，正弦波交流の電圧を加えると，電流の位相は電圧の位相よりも $\frac{\pi}{2}$ rad だけ遅れる．
(4) 静電容量だけをもつ回路に，正弦波交流の電圧を加えると，電流の位相は電圧の位相よりも $\frac{\pi}{2}$ rad だけ進む．

【問 2】
実効値 110 V の正弦波交流の最大電圧値 [V] の値として，正しいものは次のうちどれか．
(1) 144　　(2) 155　　(3) 190　　(4) 220

【問 3】
負荷が誘導リアクタンスのみの交流回路における電圧と電流の関係について，正しいものは次のうちどれか．
(1) 電流は，電圧より位相が 90° 遅れる．
(2) 電流は，電圧より位相が 90° 進む．
(3) 電流は，電圧より位相が 180° 遅れる．
(4) 電流は，電圧より位相が 180° 進む．

【問 4】
静電容量が 2 μF のコンデンサを 50 Hz の交流回路で使用する場合の容量リアクタンスについて，正しいものは次のうちどれか．
(1) 160 kΩ　　(2) 1.6 kΩ　　(3) 630 mΩ　　(4) 6.3 mΩ

問 1 (2)

1　正弦波交流の平均値 E_{AV} と最大値 E_m の関係は，1-20 式のとおり，
$E_{AV} = \dfrac{2E_m}{\pi}$ であるので，(1)は正しい．

2　正弦波交流の実効値 E と最大値 E_m の関係は，1-18 式のとおり，
$E = E_m/\sqrt{2}$ であるので，(2)の「最大値の $\sqrt{2}/\pi$ 倍」が誤りである．

3　コイルによる誘導リアクタンス回路では，電流の位相が電圧より 90° $\left(\dfrac{\pi}{2}\,\text{rad}\right)$ 遅れ，コンデンサによる容量リアクタンス回路では，電流の位相が電圧より 90° $\left(\dfrac{\pi}{2}\,\text{rad}\right)$ 進むので，(3)と(4)は正しい．

問 2 (2)

1　正弦波交流の実効値と最大値の関係は，1-18 式のとおり，$E = E_m/\sqrt{2}$ であることから，最大値 E_m は実効値 E の $\sqrt{2}$ 倍となる．

2　したがって，最大電圧値は，$110 \times \sqrt{2} \fallingdotseq 155\ \text{V}$ となる．

問 3 (1)

誘導リアクタンスのみの交流回路（インダクタンス回路）では，電流の位相が電圧より 90° $\left(\dfrac{\pi}{2}\,\text{rad}\right)$ 遅れるので，(1)が正答である．

問 4 (2)

1　容量リアクタンス X_C は，1-22 式のとおり，$X_C = 1/(2\pi f C)$ により求める．

2　$X_C = \dfrac{1}{2\pi \times 50 \times 2 \times 10^{-6}} \fallingdotseq \dfrac{1}{6.28 \times 100 \times 10^{-6}} = \dfrac{1}{6.28 \times 10^{-4}}$

　　$\fallingdotseq 1\,592\ \Omega \fallingdotseq 1.6 \times 10^3\ \Omega = 1.6\ \text{k}\Omega$

となり，(2)が正答である．

1-1 電気理論 　交流回路のインピーダンスなど

① インピーダンス

図 1.18 のような抵抗，コイルおよびコンデンサが接続されている場合の交流回路における合成抵抗を「**インピーダンス**」といい，単位は，抵抗，誘導リアクタンス，容量リアクタンスと同じオーム［Ω］である．

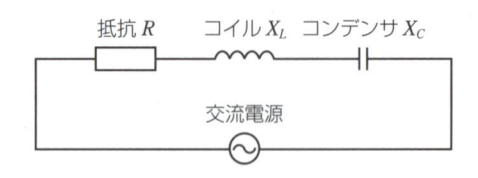

図 1.18　インピーダンス

交流回路における電流の流れにくさの量であるインピーダンス Z は，1-23 式により求める．

$$\text{インピーダンス } Z = \sqrt{R^2 + (X_L - X_C)^2} \qquad \text{1-23 式}$$

　　Z: インピーダンス［Ω］，R: 抵抗［Ω］，
　　X_L: 誘導リアクタンス［Ω］，X_C: 容量リアクタンス［Ω］

オームの法則により，交流回路の実効値電流 I は，1-24 式により求める．

$$I = \frac{E}{Z} \qquad \text{1-24 式}$$

　　I: 実効値電流［A］，E: 実効値電圧［V］，Z: インピーダンス［Ω］

② 交流回路の電力と力率

交流回路は，リアクタンスにより，電圧と電流に位相のずれが生じ，電気的な仕事をしない無効電力が発生する．

したがって，交流回路における電力は，単純に電圧 × 電流では電力を求められなく，電圧と電流の積である「見かけの電力」から「無効電力」を減じた「有効電力」により求める．この「見かけの電力」を交流回路では「**皮相電力**」という．有効電力 P は，この皮相電力と力率の積であり，1-25 式により求める．

有効電力 $P = E \times I \times \cos\theta$ 　　　　　　　　　　1-25 式

　P: 有効電力 [W]，E: 実効値電圧 [V]，I: 実効値電流 [A]，$\cos\theta$: 力率

図 1.19　電力の考え方

　なお，力率とは，有効電力と皮相電力の比（見かけの電力のうちの有効な電力の割合）であり，100 を乗じた％でも表す．力率（$\cos\theta$）は，電圧と電流の位相のずれが小さいほど大きくなり，$\theta = 0°$ の場合に最大の 1 に，反対に，電圧と電流の位相のずれが大きいほど小さくなり，$\theta = 90°$ の場合に最小の 0 になる．

　力率 $\cos\theta$ は，1-26 式によりインピーダンスから求める．

$$\text{力率}\cos\theta = \frac{R}{Z} = \frac{R}{\sqrt{R^2 + (X_L - X_C)^2}}$$ 　　1-26 式

要点のまとめ

□インピーダンスとは，抵抗，コイルおよびコンデンサが接続されている場合の交流回路における　合成抵抗　をいう．

□インピーダンス Z [Ω]　$Z = \sqrt{R^2 + (X_L - X_C)^2}$

□有効電力 P と力率 $\cos\theta$ の関係　$P = $ E × I × $\cos\theta$

□力率 $\cos\theta$ とインピーダンス Z の関係

$$\cos\theta = \frac{R}{Z} = \frac{R}{\sqrt{R^2 + (X_L - X_C)^2}}$$

1-1 電気理論　演習問題　交流回路のインピーダンスなど

【問 1】

図のような回路に流れる電流［A］の値として，正しいものは次のうちどれか．

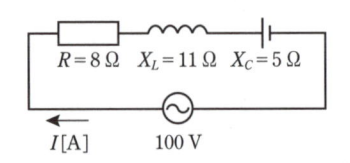

$R=8\,\Omega$　$X_L=11\,\Omega$　$X_C=5\,\Omega$　$I\,[\mathrm{A}]$　$100\,\mathrm{V}$

(1) 10　　(2) 15　　(3) 20　　(4) 24

【問 2】

消費電力600Wの電動機を100Vで運転したところ10Aの電流が流れた．電動機の力率［%］の値として，正しいものは次のうちどれか．

(1) 50　　(2) 60　　(3) 90　　(4) 100

【問 3】

100Vの単相交流電源に有効電力1400W，力率70%の負荷を接続した場合に流れる電流［A］の値として，正しいものは次のうちどれか．

(1) 20　　(2) 10　　(3) 2　　(4) 1

問 1 (1)

1 直列接続された抵抗，コイルおよびコンデンサの合成抵抗 Z（インピーダンス）は，1-23 式のとおり，$Z = \sqrt{R^2 + (X_L - X_C)^2}$ で求めることができる．

2 したがって，
$$Z = \sqrt{R^2 + (X_L - X_C)^2} = \sqrt{8^2 + (11-5)^2} = \sqrt{64 + 36} = \sqrt{100} = 10\ \Omega$$
となり，電流は，オームの法則により，
$$I = \frac{V}{Z} = \frac{100}{10} = 10\ \text{A}$$

問 2 (2)

1 設問の「消費電力」とは実際の電力のロスを含まない数値である「有効電力」のことである．

2 有効電力 P，電圧，電流および力率は，1-25 式のとおり，
$$P = E \times I \times \cos\theta\ \text{という関係がある．}$$

3 この式に値を当てはめると，次のとおり力率を求めることができる．
$$\cos\theta = \frac{P}{E \times I} = \frac{600}{100 \times 10} = 0.6 = 60\ \%\ \text{となる．}$$

問 3 (1)

1 有効電力 P，電圧，電流および力率は，1-25 式のとおり，$P = E \times I \times \cos\theta$ という関係がある．

2 したがって，求める電流 I は，$I = P/E\cos\theta$ で求められ，
$$I = \frac{1\,400}{100 \times 0.7} = \frac{1\,400}{70} = 20\ \text{A となる．}$$

1-2 電気材料・電気計測　電気材料

物質は，電気を通すことができるかどうかによって，導体・絶縁体・半導体に区分される．電気をよく通す物質が「導体」，通さない物質が「絶縁体」で，導体と絶縁体の中間に位置しているものが「半導体」である．

① 導体

アルミニウム，銅などの電線によく使用される物質は「導体」とよばれ，自由電子の数が多く，電気をよく通す物質である．導体のうち，電気抵抗率が小さいほど電気をよく通す．

② 絶縁体

自由電子の移動が特に少ない物質は，「絶縁体」として位置付けられ，電気を流すことができない．ガラス，ゴム，プラスチック，木などは，電気を通さない物質であり，絶縁体に分類されている．

水は，一般的に，電気を通す物質と位置付けられているが，不純物をまったく含まない純水は絶縁体となり，電気が流れないが，純水に食塩を混ぜることで，イオンが電離してプラス極とマイナス極に分かれ，電流が流れるようになる．

絶縁体は，電気の流れを止め，回路を絶縁するために用いられる材料として位置付けられている．

また，絶縁体は，絶縁耐力性能や電気絶縁システムの耐熱性能が高いことも重要な要素である．耐熱性能は，JIS C 4003 において，最高連続使用温度に応じた耐熱クラスが定められている．耐熱クラスは，最高連続使用温度 90℃のYが最も低く，そのよび方は，表 1.3 のとおりである．

表 1.3　耐熱クラス

耐熱クラス [℃]	90	105	120	130	155	180	200	220	250
指定文字	Y	A	E	B	F	H	N	R	−

③ 半導体

半導体は，導体と絶縁体の両方の特性を有し，温度，電圧などにより絶縁

性能が変化する特殊なものとして位置付けられる．一般的には，温度，電圧などが上がることによって，自由電子の移動が活発になり電流が流れやすくなるという性質がある．

半導体の代表的な物質には，シリコン，セレン，ゲルマニウムなどの単結晶，亜酸化銅などがあり，ダイオード，トランジスタ，サーミスタ，バリスタ，ICなどの素材として広く使用されている物質である．

④ 導体の電気抵抗

導体の電気抵抗 R は，長さに比例し，断面積に反比例するという関係（電気が流れる距離が長いほど大きくなり，断面積が大きいほど小さくなるという性質）を有し，1-27式で表すことができる．

$$R = \rho \frac{L}{A} \qquad \text{1-27 式}$$

R：電気抵抗 [Ω]，ρ（ロー）：電気抵抗率 [Ω・m]，L：長さ [m]，A：断面積 [m^2]

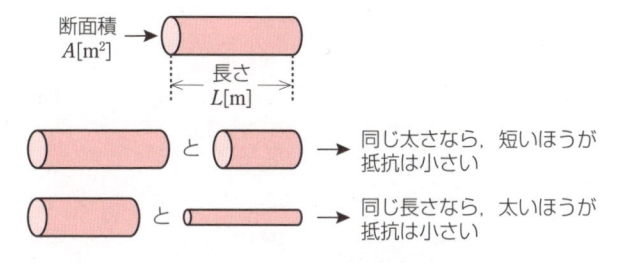

図 1.20　導体の電気抵抗

また，断面が円形な導線の場合の抵抗は，その半径を r とすると，1-28式で表すこともできる．

$$R = \rho \frac{L}{\pi \times r^2} \qquad \text{1-28 式}$$

この式より，抵抗値は，長さを2倍にすると2倍，太さを2倍にすると1/4倍となることがわかる．

導体は，電気抵抗率（抵抗率，比抵抗）が小さいものほど電気をよく通すことになる．

主な導体の電気抵抗率を小さい順に示すと次のとおりである．
銀＜銅＜金＜アルミニウム＜タングステン＜亜鉛＜
ニッケル＜黄銅＜鉄＜白金＜すず＜鉛＜水銀＜海水＜
紙＜純水＜乾燥木材＜ガラス＜ポリエステル＜磁器
たとえば，銀は，銅よりも電気をよく通すこととなる．
また，主な導体の電気抵抗率の目安は，表1.4のとおりである．
電気抵抗率は，温度，不純物の量などの条件により変化する．一般的に，抵抗値は，温度が高くなると金属では**大きく**，半導体では**小さく**なる．

表1.4 主な導体の電気抵抗率（室温20℃）

導体材料	電気抵抗率 [Ω·m]	導体材料	電気抵抗率 [Ω·m]
銀	1.59×10^{-8}	鉛	2.08×10^{-7}
銅	1.68×10^{-8}	ステンレス	7.2×10^{-7}
金	2.21×10^{-8}	水銀	9.62×10^{-7}
アルミニウム	2.65×10^{-8}	海水	2.0×10^{-1}
タングステン	5.29×10^{-8}	紙	$10^{4} \sim 10^{10}$
コバルト	5.81×10^{-8}	純水	2.5×10^{5}
亜鉛	6.02×10^{-8}	乾燥木材	$10^{10} \sim 10^{13}$
ニッケル	6.99×10^{-8}	ガラス	$10^{10} \sim 10^{14}$
黄銅	$5 \sim 7 \times 10^{-8}$	ポリエステル	$10^{12} \sim 10^{13}$
カリウム	7.19×10^{-8}	雲母	$10^{13} \sim 10^{16}$
リチウム	9.26×10^{-8}	磁器	3×10^{14}
鉄	1.00×10^{-7}	硫黄	2.00×10^{15}
白金	1.04×10^{-7}	ポリエチレン	$10^{16} \sim$
すず	1.09×10^{-7}	石英ガラス	7.5×10^{17}

要点のまとめ

□導体の電気抵抗

$$R = \rho \frac{L}{A}$$

長さに 比例 ，断面積に 反比例

□断面が円形な導線の電気抵抗

$$R = \rho \frac{L}{\pi \times r^2}$$

この場合の抵抗値は，長さを2倍にすると 2 倍に，

太さを2倍にすると $\frac{1}{4}$ 倍になる．

□主な導体の電気抵抗率（室温20℃）

導体材料	電気抵抗率 [Ω·m]
銀	1.59×10^{-8}
銅	1.68×10^{-8}
金	2.21×10^{-8}
アルミニウム	2.65×10^{-8}
亜鉛	6.02×10^{-8}
ニッケル	6.99×10^{-8}

導体材料	電気抵抗率 [Ω·m]
黄銅	$5 \sim 7 \times 10^{-8}$
鉄	1.00×10^{-7}
白金	1.04×10^{-7}
すず	1.09×10^{-7}
鉛	2.08×10^{-7}
水銀	9.62×10^{-7}

□電気は，電気抵抗率が 小さい ものほどよく通す．

□抵抗値は，一般的に，金属では温度が高くなると 大きく ，半導体では温度が高くなると 小さく なる．

1-2 電気材料・電気計測 演習問題 電気材料

【問 1】

抵抗率 ρ，断面積 A，長さ L の導線とその抵抗 R との関係を表す式として，正しいものは次のうちどれか．

(1) $R = \rho \dfrac{L}{A}$　　(2) $R = \rho \dfrac{A}{L}$　　(3) $R = A \dfrac{L}{\rho}$　　(4) $R = \dfrac{L}{\rho A}$

【問 2】

次のうち，最もよく電気を通す導体はどれか．

(1) アルミニウム　　(2) ニッケル　　(3) 銅　　(4) 銀

【問 3】

AとBの2本の同質の銅線において，AはBと比較して直径が3倍で，長さが9倍であるとき，Aの抵抗値として，次のうち正しいものはどれか．

(1) Bの抵抗値 $\times \dfrac{1}{9}$　　(2) Bの抵抗値 $\times 1$

(3) Bの抵抗値 $\times 3$　　(4) Bの抵抗値 $\times 9$

問 1 (1)

1 　導体の電気抵抗は，長さに比例し，断面積に反比例する関係を有していることから，(1)が正答である．

2 　導体の電気抵抗は，R: 電気抵抗 [Ω]，ρ: 電気抵抗率 [Ω·m]，L: 長さ [m]，A: 断面積 [m²] とすると，$R = \rho \dfrac{L}{A}$ である．

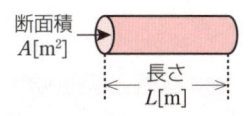

問 2 (4)

1 　電気材料には，電気を通しにくいかを比較するための値があり，それを電気抵抗率という．問題の 4 つの金属の電気抵抗率は，下表のとおりである．電気抵抗率が小さいものほど電気をよく通すことから，答は銀となる．

2 　なお，樹脂などの分野では，体積抵抗率ともいう．

電気材料	アルミニウム	ニッケル	銅	銀
電気抵抗率 [Ω·m]	2.65×10^{-8}	6.99×10^{-8}	1.68×10^{-8}	1.59×10^{-8}

問 3 (2)

1 　電気抵抗 R は，ρ: 電気抵抗率，L: 長さ，πr^2: 断面積とすると，

$R = \rho \dfrac{L}{\pi r^2}$ となり，この半径 r を直径 l に換算すると，$r = \dfrac{l}{2}$ なので，

$$R = \rho \dfrac{L}{\pi r^2} = \dfrac{4\rho L}{\pi l^2}$$ となる．

2 　これを B の銅線の電気抵抗を R_B とすると，R_A は，

$$R_A = 4\rho \dfrac{9L}{\pi (3l)^2} = \dfrac{9 \times 4\rho L}{9\pi l^2} = \dfrac{4\rho L}{\pi l^2}$$ となり，R_B と等しくなる．

したがって，(2)が正答である．

1-2 電気材料・電気計測　電気機器

① 変圧器

　変圧器は，1次巻線，2次巻線および鉄心から構成され，相互誘導（①1次巻線に交流電圧を加え電流を流すと鉄心の中に磁束が発生，②磁束は鉄心を通じ2次巻線の中を通る，③2次巻線は誘導起電力を発生）の現象を活用したもので，交流電圧を上げ下げできるものである．このため，直流に関しては，電流が一定なので相互誘導が起こらず，変圧器を用いても電圧を変化させることはできない．

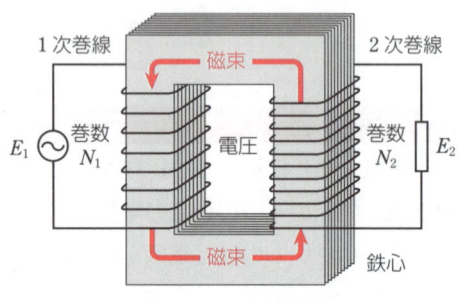

図 1.21　変圧器

1 変圧比・巻線比・変流比

　1次巻線の電圧 E_1，巻数 N_1，電流 I_1 をそれぞれ1次電圧，1次巻数，1次電流という．また，2次巻線の電圧 E_2，巻数 N_2，電流 I_2 をそれぞれ2次電圧，2次巻数，2次電流という．さらに，それらの比をそれぞれ「**変圧比**」，「巻線比」，「変流比」という．

　これには，変圧比 a は巻数比と等しく，変圧比は変流比の逆数と等しいという関係がある．

$$変圧比\ a = \frac{E_1}{E_2} = \frac{N_1}{N_2} = \frac{I_2}{I_1} \qquad 1\text{-}29 式$$

2 効率

　変圧器の出力（2次側の電力）は，図1.22のとおり，「無負荷損」と「負荷損」という損失があるため，1次側の電力より小さくなる．

　「**無負荷損**」とは，鉄心で発生するため「**鉄損**」ともいい，鉄心の磁化により発生する損失である．無負荷損は，ヒステリシス損と渦電流損からなっている．

「負荷損」とは，巻線（銅）に発生するため「銅損」ともいい，巻線の発熱により発生する損失である．負荷損は，巻線抵抗損と漂遊負荷損からなっている．

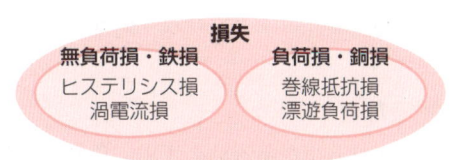

損失
- 無負荷損・鉄損
  - ヒステリシス損
  - 渦電流損
- 負荷損・銅損
  - 巻線抵抗損
  - 漂遊負荷損

図 1.22　損失

変圧器の効率とは，変圧器の入力に対する出力の割合（％）であり，η（イータ）といい，1-30 式により求める．

$$効率\ \eta = \frac{出力}{入力} \times 100 = \frac{出力}{出力 + 無負荷損 + 負荷損} \times 100 \quad \text{1-30 式}$$

② 電池

1 種類

電池は，何らかのエネルギーによって直流の電力を生み出すものであり，化学反応によって電気をつくる「化学電池」と，熱や光といった物理エネルギーから電気をつくる「物理電池」の2種類に大別される．

主な「化学電池」には，マンガン乾電池，アルカリマンガン乾電池，水銀電池，リチウム電池などの「一次電池」，鉛蓄電池，リチウムイオン蓄電池，ニッケル・カドミウム蓄電池，ナトリウム・硫黄電池，レドックスフロー電池，ニッケル・水素蓄電池，ニッケル・亜鉛蓄電池などの「二次電池」がある．

主な「物理電池」には，太陽電池などがある．

2 一次電池と二次電池

「一次電池」とは，放電とよばれる化学エネルギーを電気エネルギーに一方向に変換することのみが一度だけ可能な電池のことである．

「二次電池」とは，放電過程では内部の化学エネルギーが電気エネルギーに変換されるが，放電時とは逆方向に電流を流すことで，電気エネルギーを化学エネルギーに変換して充電という蓄積が可能な電池のことであり，正極，負極および電解液で構成され，一般的に「蓄電池」といわれている．

消防用設備等に使用される蓄電池は，蓄電池設備の基準（昭和48年消防庁告示第2号）に定められ，①鉛蓄電池，②アルカリ蓄電池（ニッケル・カドミウム蓄電池，ニッケル・水素蓄電池など），③リチウムイオン蓄電池，④ナトリウム・硫黄電池，⑤レドックスフロー電池のうちの一定のものとされている．

3 蓄電池の電解液など

消防用設備等に使用される主な蓄電池の正極，負極および電解液の組合せは，次のとおりである．

表1.5 蓄電池の正極，負極および電解液

種類	正極	負極	電解液
鉛蓄電池	二酸化鉛	鉛	希硫酸
ニッケル・カドミウム蓄電池	水酸化ニッケル	水酸化カドミウム	水酸化カリウム水溶液
ニッケル・水素蓄電池	水酸化ニッケル	水素吸蔵合金	水酸化カリウム水溶液
リチウムイオン蓄電池	リチウム金属酸化物	グラファイトなどの炭素材	高分子ゲル
ナトリウム・硫黄電池	硫黄	ナトリウム	βアルミナ

蓄電池の充電・放電の仕組みは，次のとおりである．

充電・放電時の反応式
$$PbO_2 + Pb + 2H_2SO_4$$
$$充電 \uparrow \downarrow 放電$$
$$2PbSO_4 + 2H_2O$$

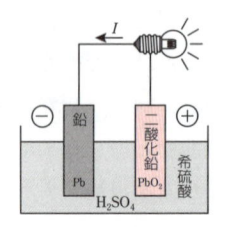

図1.23 鉛蓄電池の例

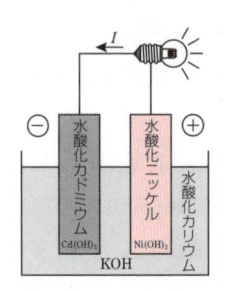

充電・放電時の化学反応
$$Cd + 2NiO(OH) + 2H_2O$$
$$充電 \uparrow \downarrow 放電$$
$$Cd(OH)_2 + 2Ni(OH)_2$$

図1.24 ニッケル・カドミウム蓄電池の例

要点のまとめ

□変圧器の変圧比 a

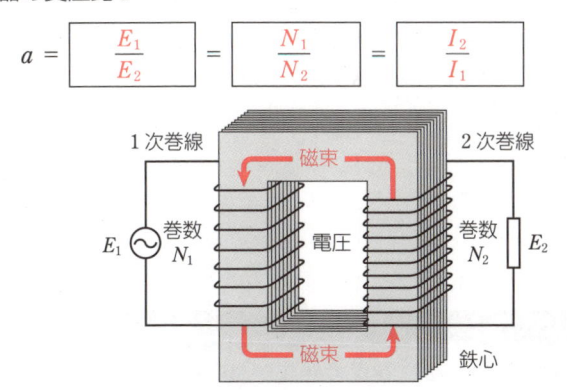

$$a = \frac{E_1}{E_2} = \frac{N_1}{N_2} = \frac{I_2}{I_1}$$

1次巻線　磁束　2次巻線
巻数 N_1　電圧　巻数 N_2
E_1　　　　　　　　E_2
磁束　鉄心

□変圧器の損失は，無負荷損（鉄損）と 負荷損（銅損）がある．

□変圧器の効率 η

$$\eta = \frac{出力}{入力} \times 100 = \frac{出力}{出力 + 無負荷損 + 負荷損} \times 100$$

□蓄電池の正極，負極および電解液

種類	正極	負極	電解液
鉛蓄電池	二酸化鉛	鉛	希硫酸
ニッケル・カドミウム蓄電池	水酸化ニッケル	水酸化カドミウム	水酸化カリウム水溶液
ニッケル・水素蓄電池	水酸化ニッケル	水素吸蔵合金	水酸化カリウム水溶液
リチウムイオン蓄電池	リチウム金属酸化物	グラファイトなどの炭素材	高分子ゲル
ナトリウム・硫黄電池	硫黄	ナトリウム	βアルミナ

1-2 電気材料・電気計測 演習問題 電気機器

【問 1】

1次コイルの巻数が600回，2次コイルの巻数が420回の変圧器がある．1次コイルに100Vの交流電源をつないだとき，2次コイルに生じる電圧［V］として，正しいものは次のうちどれか．

(1) 100　　(2) 70　　(3) 60　　(4) 40

【問 2】

1次巻線の巻数が2 000，2次巻線の巻数が100の変圧器を用いて，2次端子から150Vの電圧を取り出す場合，1次端子に加える電圧［V］として，正しいものは次のうちどれか．

(1) 1 500　　(2) 2 000　　(3) 3 000　　(4) 5 000

【問 3】

ニッケル・カドミウム蓄電池に用いられる正極，負極，電解液の組合せとして，正しいものは次のうちどれか．

	正極	負極	電解液
(1)	水酸化ニッケル	鉛	水酸化カリウム
(2)	二酸化鉛	鉛	希硫酸
(3)	二酸化鉛	水酸化カドミウム	希硫酸
(4)	水酸化ニッケル	水酸化カドミウム	水酸化カリウム

問 1 (2)

1　変圧器の1次コイルの巻数を N_1，2次コイルの巻数を N_2，巻数比を a，1次側の電圧を E_1，2次側の電圧を E_2 とすると，これらには，次の関係がある．

$$N_2 = a \times N_1, \quad E_2 = a \times E_1$$

2　これより，巻数比 $a = \dfrac{N_2}{N_1} = \dfrac{420}{600} = 0.7$ となり，

$$E_2 = a \times E_1 = 0.7 \times 100 = 70\,\text{V}\ \text{となる．}$$

問 2 (3)

1　変圧器の1次巻線の電圧 E_1 と2次巻線の電圧 E_2 の比（変圧比）は，1次巻線の巻数 N_1 と2次巻線の巻数 N_2 の比（巻線比）と等しくなる．設問の変圧器を図で描くと次のとおりである．

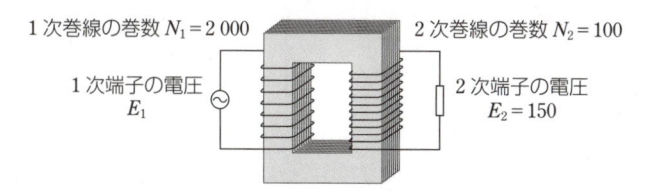

1次巻線の巻数 $N_1 = 2\,000$　　2次巻線の巻数 $N_2 = 100$
1次端子の電圧 E_1　　2次端子の電圧 $E_2 = 150$

2　$\dfrac{E_1}{E_2} = \dfrac{N_1}{N_2}$ より，E_1 を算出すると，

$$E_1 = \dfrac{N_1 \times E_2}{N_2} = \dfrac{2\,000 \times 150}{100} = 3\,000\,\text{V}$$

問 3 (4)

ニッケル・カドミウム蓄電池は，正極には水酸化ニッケル（NiOH）が，負極には水酸化カドミウム（Cd(OH)$_2$）が，電解液には水酸化カリウム（KOH）が用いられた2次電池であるので，(4)が正答である．

1-2 電気材料・電気計測　電気計測

① 電流の測定

負荷に流れる電流を測る場合には，図 1.25 のとおり，電流計を負荷と**直列**に接続する．

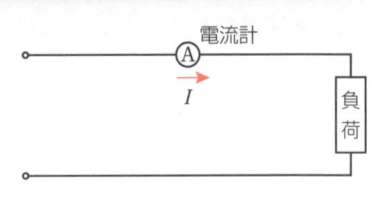

図 1.25　電流の測定

1 使用する電流計の最大目盛を超える電流の測定

たとえば，50 A の電流を，最大目盛が 10 A で内部抵抗（電流計自体の抵抗）4 Ω の電流計では，測定できない．このような場合には，図のとおり「**分流器**」という 1 Ω の抵抗器を電流計と並列に接続して測る．

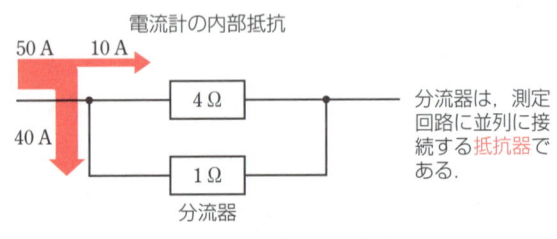

分流器は，測定回路に並列に接続する**抵抗器**である．

図 1.26　分流器の接続

この場合の電流計に流れる電流は，抵抗に比例して分流されることから，10 A となり，この数値を 5 倍した値の 50 A を測定したこととなる．

最大目盛の n 倍の電流を測定するために必要な分流器の抵抗値 R は，1-31 式により求める．

$$R = \frac{r}{n-1}$$

　　　　　　　　　　　　　　　　　　1-31 式

R: 分流器の抵抗値 [Ω]，r: 内部抵抗 [Ω]

最大目盛の n 倍の電流測定　→　抵抗値が内部抵抗の $\frac{1}{n-1}$ 倍の分流器

② 電圧の測定

負荷にかかる電圧を測る場合には，図 1.27 のとおり，電圧計を負荷と**並列**に接続する．

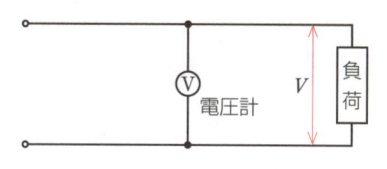

図 1.27　電圧の測定

1　使用する電圧計の最大目盛を超える電圧の測定

たとえば，300 V の電圧を，最大目盛が 100 V で内部抵抗（電圧計自体の抵抗）100 Ω の電圧計では，測定できない．このような場合には，「倍率器（直列抵抗器）」という抵抗器を電圧計と直列に接続して測る．この場合の回路図は，次のとおりとなる．

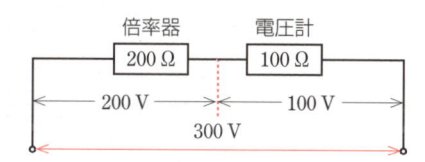

図 1.28　倍率器の接続

この場合の電圧計にかかる電圧は，抵抗に比例して分圧されることから，100 V となり，この数値を 3 倍した値の 300 V を測定したこととなる．

最大目盛の n 倍の電圧を測定するために必要な倍率器の抵抗値 R は，1-32 式により求める．

$$R = (n - 1) \times r \qquad \text{1-32 式}$$

　　R: 倍率器の抵抗値 [Ω]，r: 内部抵抗 [Ω]

最大目盛の n 倍の電圧測定　→　倍率器の抵抗値を内部抵抗の $n - 1$ 倍

要点のまとめ

□電流の測定は，電流計を負荷と　直列　に接続する．
□電圧の測定は，電圧計を負荷と　並列　に接続する．
□分流器の抵抗値 R

$$R = \frac{r}{n - 1} \qquad r: 内部抵抗 [Ω]$$

□直列抵抗器（倍率器）の抵抗値 R

$$R = (n - 1) \times r$$

1-2 電気材料・電気計測 演習問題 電気計測

【問 1】

電流と電圧を測定するために，電流計Ⓐと電圧計Ⓥを接続する方法として，正しいものは次のうちどれか．

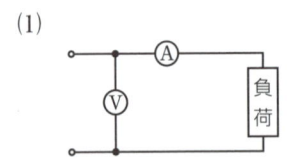

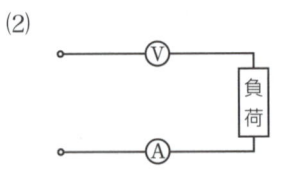

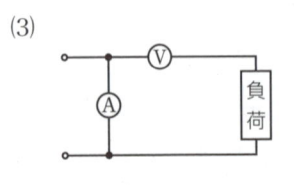

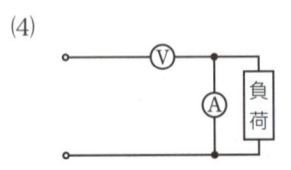

(1)

(2)

(3)

(4)

【問 2】

最大目盛が3 V，内部抵抗20 kΩ の直流電圧計を，最大30 V まで測定できるようにするために必要な倍率器の抵抗値 [kΩ] として，正しいものは次のうちどれか．

(1) 180 　(2) 193 　(3) 200 　(4) 212

問 1 (1)

電流計は負荷と直列に接続し，電圧計は負荷と並列に接続して測定するので，(1)が正答である．

問 2 (1)

1 倍率器の公式（1-32 式）を覚えていれば，$R = (n - 1) \times r$ により求めることができる．

2 最大目盛が 3 V で，最大 30 V を測定するので $n = 10$ となり，内部抵抗 $r = 20\,\text{k}\Omega$ をそれぞれ代入すると，

$$R = (10 - 1) \times 20\,000 = 9 \times 20\,000 = 180\,000 = 180\,\text{k}\Omega$$

となる．

3 公式を忘れた場合には，次のような回路図を考えて求めることができる．

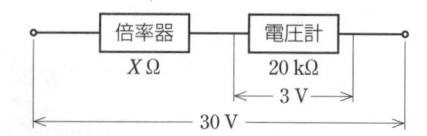

```
○─[倍率器]─[電圧計]─○
     X Ω    20 kΩ
            ─3 V─
   ─────30 V─────
```

この回路に流れる電流 I は，オームの法則により，

$$I = \frac{V}{R} = \frac{30}{X + 20\,000}$$

倍率器に印加させたい電圧 $V_{倍率器}$ は，$30 - 3 = 27\,\text{V}$ とすればよいことから，$V_{倍率器} = I \times R_{倍率器}$ により，$27 = I \times X \rightarrow I = 27/X$ となる．

これを前式に代入すると，

$$\frac{27}{X} = \frac{30}{X + 20\,000}$$

となり，X を求めることができる．

$$27 \times (X + 20\,000) = 30X \rightarrow 27X + 27 \times 20\,000 = 30X \rightarrow$$
$$540\,000 = 3X \rightarrow X = 180\,000 = 180\,\text{k}\Omega$$

1-2 電気材料・電気計測　電気計器

① 電気計器

電気計器とは，電気的手段を用いて電気的量または非電気的量を測定する計器とされている．

1 絶縁抵抗計（メガー）

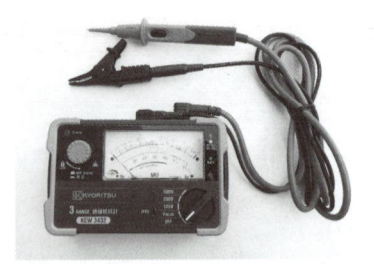

電気機器の回路は，漏電による火災や感電の原因とならないように，一定の絶縁性能を有する必要がある．

絶縁抵抗計は，その電気回路の対地間や線路間の絶縁が保たれているかどうかを，250Vや500Vの直流電圧による電流で測定し，抵抗値（絶縁抵抗値）を表示するものである．

2 接地抵抗計（アーステスタ）

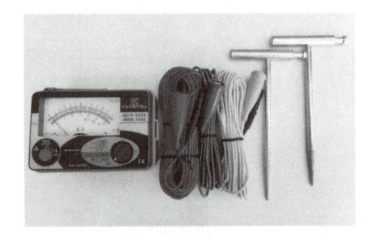

接地抵抗計とは，接地極として使用する各種電気機器などに対する接地抵抗（接触抵抗）を測定するもので，一般的に，0Ωから1 000Ωの測定ができる．

接地は，電気機器の故障や絶縁劣化により，電気機器の外箱などが充電され，触れたときに感電の原因とならないようにするためのものである．

3 クランプメータ

クランプメータ（架線電流計）は，単に電線を挟み，電線に流れる電流による磁界を測ることによって電流を測定できるものである．電圧や電気抵抗の測定機能を有するものもある．

4 計器用変流器

　計器用変流器は，交流回路の高電圧，大電流を低電圧，小電流に変換（変成）する機器で，**測定したい交流電流の測定範囲拡大**に使われるもので，電流変成器，カレントトランス，変流器ともいう．

5 騒音計

　音の客観的な物理的性質を数値化するもので，**受信機の音響装置の音圧を測定**する際に用いる．集音用のマイクロフォンがあり，サウンドレベルメータともいう．その単位は，dB（デシベル）である．

6 回路計

　スイッチなどによって内部の計測回路を切り換えて，**電圧，電流，抵抗などの値を測定**する際に用いる．回路試験器，マルチメータ，テスタともいう．

7 検電器

　電路が電気を帯びているか否かを判別する行為（検電）の際に用いる．

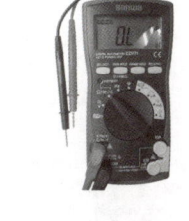

② 指示電気計器

指示電気計器とは，測定量を記録せずに常時表示するもので，電気諸量を直接に指針などでアナログ表示する電気計器である．動作原理により，表1.6のように分類される．

表1.6 指示電気計器の分類

名称	記号	動作原理	用途（目盛）	用途（指示値）	使用回路
可動コイル形		電磁力 永久磁石の磁界中に可動コイルがあり，コイルに電流を流し回転させ，その回転力と渦巻きばねとのつり合いで回転が止まり，測定値の大きさを示すもの	電圧計，電流計，抵抗計	直流用	
			平等目盛	平均値	
可動鉄片形		電磁力 電流を流すコイルの中に鉄片を入れて固定し，別の鉄片を可動状態にしてばねを取り付けたもので，電流を流すとその量に応じて鉄片が同じ方向に磁化されて反発する力をばねでつり合わせて指示するもの	電圧計，電流計，抵抗計	交流用	
			2乗目盛	実効値	
整流形		電磁力 整流器（ダイオード）を内蔵し，その整流器によって交流を整流し，直流とした後に測定するもの その多くは可動コイル形	電圧計，電流計	交流用	
			平等目盛	平均値	
電流力計形		電磁力 電流を流すことができるコイルを2つ有しているもので，2つのコイルに電流を流し，2つのコイル間に働く電磁力で測定値の大きさを示すもの	電圧計，電流計，電力計，力率計，周波数計	交流／直流両用	
			電力計は平等目盛 電流計，電圧計は2乗目盛	実効値	
熱電形		熱起電力 熱線と熱電対を有するもので，電流を熱線に流し熱線を発熱させ，その発熱で熱起電力を起こし，熱起電力により指示値を得るもの	電圧計，電流計	交流／直流両用	
			不平等目盛	実効値	

名称	記号	動作原理	用途 目盛	使用回路 指示値
静電形		静電力 高電圧の電極間に働く静電力を利用するもので，電極間に働く静電力を指示値とするもの	電圧計	交流/直流両用
			不平等目盛	実効値
誘導形		電磁力 電動機（モータ）の回転力で測定値の大きさを示すもの	電圧計，電流計，電力計	交流用
			電力計は平等目盛 電流計，電圧計は不平等目盛	実効値

　指示電気計器には，表1.6の名称に応じた記号を含め，使用回路（直流・交流回路用の別）の記号，測定の際の計器の置き方を示す記号などが表示される．

1 使用回路の記号

測定できる回路の電源の種類をいう．

直流回路用	交流回路用	直流・交流回路用
---	∼	≂

2 測定の際の計器の置き方を示す記号

測定時における指示電気計器の姿勢をいう．

鉛直	水平	傾斜
⊥	⊓	∠60°

3 精度階級の記号

　精度階級とは，測定値上限に対する許容誤差の値の割合をいう．たとえば，100 Vレンジで測定し，許容誤差が0.5 Vであれば，精度階級は0.5級となる．
　精度階級には，0.5級，1.0級，1.5級，2.5級などがある．
　たとえば，直流電流計，交流電圧計には，次の記号が表示されている．

1 電気に関する基礎的知識

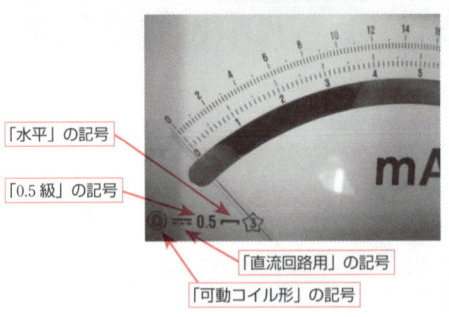

直流電流計の例　　　　　　交流電圧計の例

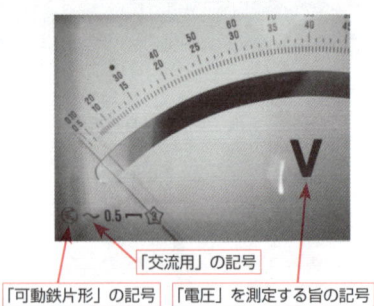

「水平」の記号
「0.5級」の記号
「直流回路用」の記号
「可動コイル形」の記号
「交流用」の記号
「可動鉄片形」の記号
「電圧」を測定する旨の記号

図 1.29　記号の表示例

③　測定誤差と補正

「誤差 ε」とは，測定などで得られた値 M と，理論的に正しい値や真値 T の差をいい，1-33 式により求める．

$$\text{誤差}\ \varepsilon = M - T \qquad \text{1-33 式}$$

真値 T に対する誤差の割合を「相対誤差」，「誤差率」といい，1-34 式により求める．

$$\text{相対誤差（誤差率）}\ \varepsilon_0 = \frac{\varepsilon}{T} = \frac{M-T}{T} \qquad \text{1-34 式}$$

また，相対誤差をパーセント（百分率）で表したものを「百分率誤差」などといい，1-35 式により求める．

$$\text{百分率誤差}\ \varepsilon_{\text{百分率}} = \frac{\varepsilon}{T \times 100} = \frac{M-T}{T} \times 100 \qquad \text{1-35 式}$$

たとえば，真値が 5 A の電流を測定したところ，測定値が 4.8 A となった場合の誤差 ε，誤差率 ε_0，百分率誤差 $\varepsilon_{\text{百分率}}$ は，次のとおりである．

$$\text{誤差}\ \varepsilon = M - T = 4.8 - 5 = -0.2$$

$$\text{誤差率}\ \varepsilon_0 = \frac{\varepsilon}{T} = \frac{-0.2}{5} = -0.04$$

$$\text{百分率誤差}\ \varepsilon_{\text{百分率}} = \frac{\varepsilon}{T} \times 100 = -0.04 \times 100 = -4\%$$

「補正」とは，「誤差」を「真値」に正すことをいい，測定値を M，真値を T とすると，1-36 式により求める．

$$\text{補正}\ \alpha = T - M = -\varepsilon \qquad \text{1-36 式}$$

要点のまとめ

□指示電気計器の種類

名称	記号	使用回路
可動コイル形		直流用
可動鉄片形		交流用
整流形		
誘導形		

名称	記号	使用回路
電流力計形		交流/直流両用
熱電形		
静電形		

□指示電気計器の目盛と指示値

名称	目盛	指示値
可動コイル形	平等目盛	平均値
整流形		
誘導形	電力計：平等目盛 電流計，電圧計：不平等目盛	実効値
電流力計形	電力計：平等目盛 電流計，電圧計：2乗目盛	
熱電形	不平等目盛	
静電形		
可動鉄片形	2乗目盛	

□誤差 ε

$$\varepsilon = M - T$$

□相対誤差（誤差率）ε_0

$$\varepsilon_0 = \frac{\varepsilon}{T} = \frac{M-T}{T}$$

□百分率誤差 $\varepsilon_{百分率}$

$$\varepsilon_{百分率} = \frac{\varepsilon}{T} \times 100 = \frac{M-T}{T} \times 100$$

1-2 電気材料・電気計測 演習問題 電気計器

【問 1】
直流では作動しない指示電気計器は，次のうちどれか．
(1) 可動コイル形　　(2) 可動鉄片形
(3) 電流力計形　　　(4) 熱電形

【問 2】
可動コイル形の目盛に関する記述として，正しいものは次のうちどれか．
(1) すべての目盛が2乗目盛となる．
(2) すべての目盛が平等目盛となる．
(3) 電流計では平等目盛となるが，電圧計では不平等目盛となる．
(4) 最大付近の目盛が平等目盛となる．

【問 3】
指示電気計器の名称とその記号の組合せとして，正しいものは次のうちどれか．
(1) 可動コイル形　　(2) 電流力計形　　(3) 可動鉄片形　　(4) 誘導形

問 1 (2)

1 この問題では，交流回路のみで作動する指示電気計器を選べばよい．
2 (1)の可動コイル形は直流専用，(2)の可動鉄片形は交流専用，(3)の電流力計形は交直流両用，(4)の熱電形は交直流両用であり，正答は(2)の可動鉄片形となる．
3 なお，交流回路のみで作動する指示電気計器には4種類（可動鉄片形，整流形，誘導形，振動片形）が，直流回路のみで作動する指示電気計器には1種類（可動コイル形）がある．その他の形は，交流／直流両用と覚えればよい．

問 2 (2)

1 可動コイル形は，平均値を示し，目盛は等間隔の平等目盛であるので，(2)が正答である．
2 なお，各指示電気計器の目盛と指示値は，次のとおりである．

名称	目盛	指示値
可動コイル形	平等目盛	平均値
整流形		
誘導形	電力計：平等目盛 電流計，電圧計：不平等目盛	実効値
電流力計形	電力計：平等目盛 電流計，電圧計：2乗目盛	
熱電形	不平等目盛	
静電形		
可動鉄片形	2乗目盛	

問 3 (3)

正しい組合せは，次のとおりであるので，(3)が正答となる．

(1) 可動コイル形　(2) 電流力計形　(3) 可動鉄片形　(4) 誘導形

【問 4】
交直両用に使用できる機器で，正しいものは次のうちどれか．
(1) 振動片形計器　　(2) 電流力計形計器
(3) 誘導形計器　　　(4) 永久磁石可動コイル形計器

【問 5】
絶縁抵抗を測定するのに適した電気計器として，正しいものは次のうちどれか．
(1) 回路計　　(2) アーステスタ　　(3) 検電器　　(4) メガー

【問 6】
真値が100Vの電圧を測定したところ，その値が103Vであった．このときの百分率誤差の値として，正しいものは次のうちどれか．
(1) －3%　　(2) －0.3%　　(3) ＋0.3%　　(4) ＋3%

問 4 (2)

1 (1)の整流形は交流専用, (2)の電流力計形は交直流両用, (3)の誘導形は交流専用, (4)の永久磁石可動コイル形は直流専用であり, (2)が正答となる.

2 なお, 一般的なテスタ (回路計) は, 永久磁石可動コイル形を使用しており, 交流電圧も直流電圧も測定できることから, (4)が正答だと思い込むおそれがある. しかし, テスタは, 永久磁石可動コイル形に整流器を組み合わせて交直流両用としたものである. したがって, この設問については, 原理的に, あるいは整流器のような別の部品を使用せずに両用となっているものはどれか考える必要がある.

問 5 (4)

1 (1)の回路計 (テスタ) は電圧, 電流, 抵抗などを測定するもの, (2)のアーステスタ (接地抵抗計) は接地抵抗 (地面に対する抵抗) を測定するもの, (3)の検電器は電路の充電の有無を確認するもの, (4)のメガー (絶縁抵抗計) は記述のとおり絶縁抵抗値を測定するものである.

2 したがって, (4)が正答である.

問 6 (4)

1 百分率誤差 $\varepsilon_{百分率}$ は, 測定値を M, 真値を T とすると,

$\varepsilon_{百分率} = \dfrac{M - T}{T} \times 100$ で求められる.

2 したがって, 百分率誤差 $\varepsilon_{百分率}$ は次のとおりである.

$$百分率誤差 \quad \varepsilon_{百分率} = \dfrac{M - T}{T} \times 100 = \dfrac{103 - 100}{100} \times 100 = 3\ \%$$

1章のまとめ

1章の確認　電気理論

☐ **オームの法則**

オームの法則とは，電圧 V は電流 I と抵抗 R に　比例　し，電流 I は抵抗 R に　反比例　するという法則

$V =$ R $\times$ I [V], $I = \dfrac{V}{R}$ [A], $R = \dfrac{V}{I}$ [Ω]

☐ **直列接続回路の合成抵抗 R_0 [Ω]**

求め方　→　各抵抗の　和

$R_0 =$ $R_1 + R_2 + R_3 + \cdots + R_n$

抵抗値は，長さが伸びるほど　大きく　なる

☐ **並列接続回路の合成抵抗 R_0 [Ω]**

求め方　→　各抵抗の　逆数　の和の　逆数

$\dfrac{1}{R_0} = \dfrac{1}{R_1} + \dfrac{1}{R_2} + \dfrac{1}{R_3} + \cdots + \dfrac{1}{R_n}$

抵抗値は，面積が大きくなるほど　小さく　なる

⇒ P.14, 15, 16 参照

☐ **直列接続の合成静電容量 C_0 [F]**

求め方　→　各静電容量の　逆数　の和の　逆数

$\dfrac{1}{C_0} = \dfrac{1}{C_1} + \dfrac{1}{C_2} + \dfrac{1}{C_3} + \cdots + \dfrac{1}{C_n}$

静電容量は，距離が離れるほど　小さく　なる

☐ **並列接続の合成静電容量 C_0 [F]**

求め方　→　各静電容量の　和

$C_0 =$ $C_1 + C_2 + C_3 + \cdots + C_n$

静電容量は，面積が大きくなるほど　大きく　なる

⇒ P.24, 25 参照

1章のまとめ

□ **ブリッジの平衡条件**

$$R_1 \times R_X = R_2 \times R_3$$

⇒ P.38, 39 参照

□ **ジュールの法則**

$$Q \text{ [J]} = I^2 \times R \times t$$

Q：熱量（[J]：ジュール），I：電流 [A]，R：抵抗 [Ω]，t：時間 [秒]

□ **クーロンの法則**

$$F \text{ [N]} = \frac{K \times q_1 \times q_2}{r^2}$$

F：クーロン力（[N]：ニュートン），q_1, q_2：電荷量（[C]：クーロン），r：電荷間の距離 [m]，K：比例定数（9×10^9），ε_0：誘電率（8.854×10^{-12}）

□ **電力 P [W]**

$$P = V \times I = I^2 \times R = \frac{V^2}{R}$$

□ **電力量 Pt（W・h または W・s）**

$$Pt = V \times I \times t$$
$$= I^2 \times R \times t$$
$$= \frac{V^2 \times t}{R}$$

⇒ P.42, 43 参照

□ **右ねじの法則（アンペールの右ねじの法則）**

電線に電流を右ねじが進む方向に流すと，磁界の方向は，　右ねじ　の回転方向となる

□ **フレミングの左手の法則**

磁界内において電流が流れる導体に，力が発生する現象の関係（方向）を示す法則

　電磁力　（親指），　磁界　（人差指），　電流　（中指）

□ **フレミングの右手の法則**

磁界内を運動する導体内に発生する起電力の向きを示す法則

　導体にかかる力　（親指），　磁界　（人差指），　起電力

| 電流 | （中指）

P.48, 49 参照

□周期と周波数の関係

$$T = \boxed{\dfrac{1}{f}} \qquad T：周期［秒］, f：周波数［Hz］$$

□正弦波交流の瞬時値 e と最大値 E_m の関係

$$e = \boxed{E_m} \times \boxed{\sin(\omega t \pm \theta)}$$

e：瞬時値［V］, E_m：最大値［V］, ω：角速度［rad/s］, t：時間［秒］, θ：位相［rad］

□正弦波交流の実効値 E と最大値 E_m の関係

$$E = \boxed{\dfrac{E_m}{\sqrt{2}}}$$

□正弦波交流の平均値 E_{AV} と最大値 E_m の関係

$$E_{AV} = \boxed{\dfrac{2 \times E_m}{\pi}}$$

□誘導リアクタンス X_L ［Ω］

$$X_L = \boxed{2\pi} \times \boxed{f} \times \boxed{L}$$

f：周波数［Hz］, L：インダクタンス［H］

□容量リアクタンス X_C ［Ω］

$$X_C = \boxed{\dfrac{1}{2\pi \times f \times C}} \qquad f：周波数［Hz］, C：静電容量［F］$$

□インダクタンス回路

電流の位相が電圧より $\boxed{90°}$ $\left(\dfrac{\pi}{2}\,\mathrm{rad}\right)$ 遅れる

□静電容量回路

電流の位相が, 電圧より $\boxed{90°}$ $\left(\dfrac{\pi}{2}\,\mathrm{rad}\right)$ 進む

P.52, 53, 54, 55, 56 参照

□インピーダンス Z [Ω]
$$Z = \boxed{\sqrt{R^2 + (X_L - X_C)^2}}$$

□有効電力 P と力率 $\cos\theta$ の関係
$$P = \boxed{E} \times \boxed{I} \times \boxed{\cos\theta}$$

□力率 $\cos\theta$ とインピーダンス Z の関係
$$\cos\theta = \boxed{\frac{R}{Z}} = \boxed{\frac{R}{\sqrt{R^2 + (X_L - X_C)^2}}}$$

⇨ P.60, 61 参照

1 章の確認　電気材料・電気計測

□導体の電気抵抗
$$R = \boxed{\rho \frac{L}{A}} = \boxed{\rho \frac{L}{\pi \times r^2}}$$

R：電気抵抗 [Ω]，ρ（ロー）：電気抵抗率 [Ω·m]，L：長さ [m]，
A：断面積 [m²]，r：半径 [m]

⇨ P.64, 65, 66 参照

□変圧器の変圧比 a
$$a = \boxed{\frac{E_1}{E_2}} = \boxed{\frac{N_1}{N_2}} = \boxed{\frac{I_2}{I_1}}$$

□変圧器の損失
$\boxed{無負荷損}$ （鉄損）と $\boxed{負荷損}$ （銅損）

□変圧器の効率 η
$$\eta = \frac{\boxed{出力}}{\boxed{入力}} \times \boxed{100}$$
$$= \frac{\boxed{出力}}{\boxed{出力 + 無負荷損 + 負荷損}} \times 100$$

⇨ P.70, 71, 72 参照

□乙種第7類消防設備に関係する電気計器

乙種第7類消防設備士に関係する主な電気計器には，絶縁抵抗計（メガー），接地抵抗計（アーステスタ），クランプメータ，計器用変流器，騒音計，回路計，クランプメータ（架線電流計）がある

□指示電気計器の種類

名称	記号	使用回路
可動コイル形		直流用
可動鉄片形		
整流形		交流用
誘導形		

名称	記号	使用回路
電流力計形		
熱電形		交流/直流両用
静電形		

□指示電気計器の目盛と指示値

名称	目盛	指示値
可動コイル形	平等目盛	平均値
整流形		
誘導形	電力計：平等目盛 電流計・電圧計：不平等目盛	実効値
電流力計形	電力計：平等目盛 電流計・電圧計：2乗目盛	
熱電形	不平等目盛	
静電形		
可動鉄片形	2乗目盛	

⇒ P.80，81，82，83，84 参照

2 漏電火災警報器の構造・機能・工事・整備

1 規格に関する部分 ……… P 96

2-1 規格に関する部分　漏電火災警報器の構成など

① 漏電火災警報器

漏電火災警報器とは，警報設備の1つであり，電圧 600 V 以下 の警戒電路の 漏洩電流 を検出し，防火対象物の関係者に報知する設備であり，図 2.1 のとおり 変流器 および 受信機 で構成され，その設置概要は，図 2.2 のとおりである．

受信機は，変流器から送信された信号を受信した場合，赤色の表示 および 音響信号 により漏電が発生した旨を自動的に表示する．

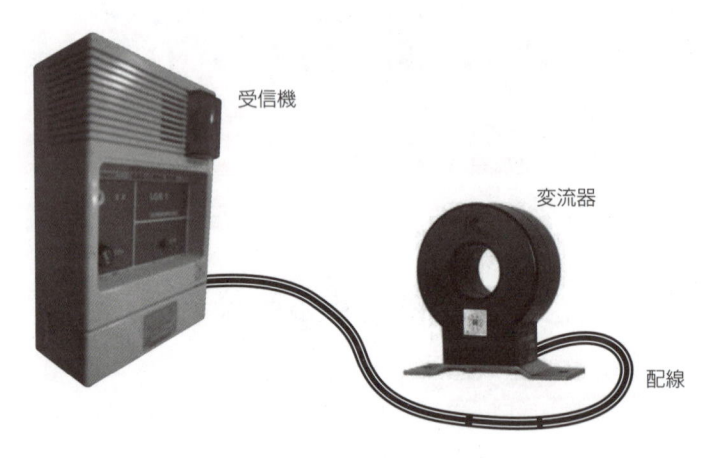

図 2.1　漏電火災警報器の構成

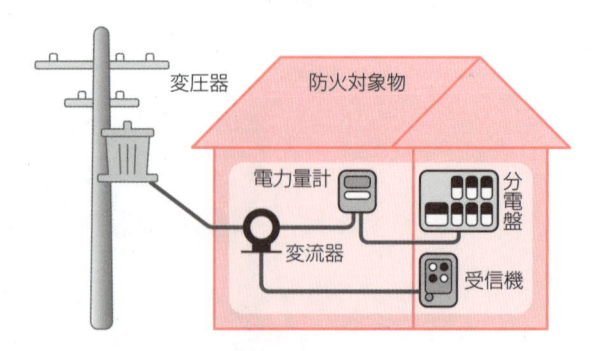

図 2.2　漏電火災警報器の設置概要

② 漏電検出の原理

図 2.3 のとおり，漏洩電流 I_g が発生すると，復路の電流を I とすると，往路の電流は $I + I_g$ となる．変流器の貫通孔の中を通る警戒電路に係る配線の往路と復路に流れる電流の方向は反対であることから，変流器には，漏洩電流 I_g による磁束が働く．その磁束により変流器の 2 次巻線に誘導起電力が発生し，その大きさを受信機が判断して警報を発するものが漏電火災警報器である．

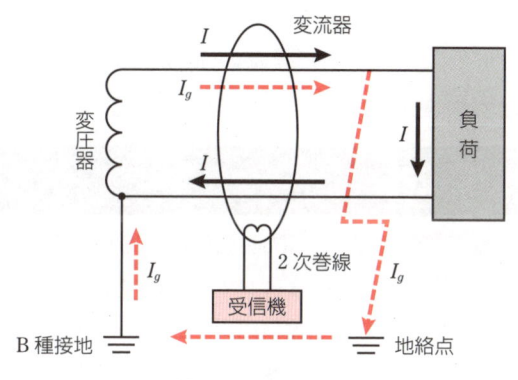

図 2.3　漏電検出

図 2.4 のように負荷回路の電線に変流器を設置する方法を「回路方式」という．また，図 2.5 のように B 種接地線（B 種接地線工事を施した接地線）に変流器を設置する方法を「接地線方式」という．

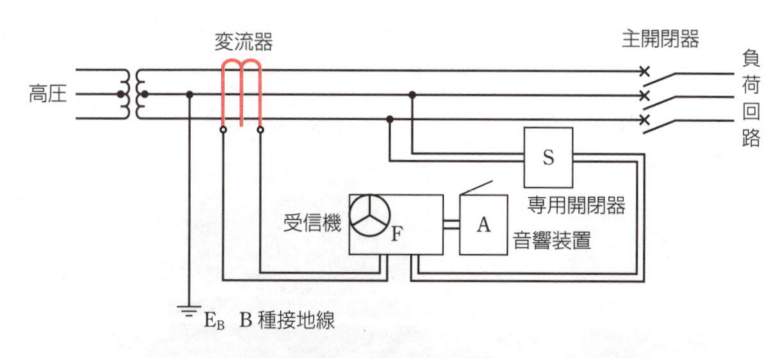

図 2.4　回路方式の例

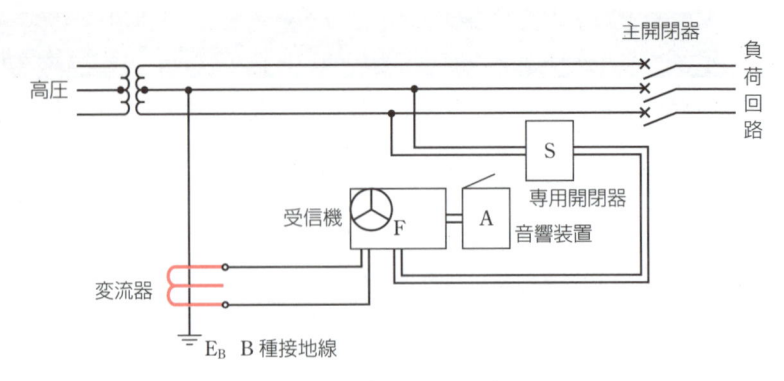

図 2.5　接地線方式の例

③　変流器

　変流器とは，警戒電路の漏洩電流を自動的に検出し，これを受信機に送信するものをいい，零相変流器ともよばれる，一種の変圧器である．

　変流器は，環状の鉄心に漏洩電流検出用の２次巻線を施して，ケース（外箱）に収めるか，または樹脂をモールドしてあるのが通常である．中央の孔は，警戒電路の配線を通すための貫通孔であり，漏電を検出しようとする電線を挿入する．

　変流器は，「用途・構造」と「取付方法」により，次のとおり分類されている．

１　用途・構造による分類

　ア　屋内型：屋内での設置に適したもの
　イ　屋外型：屋外での設置に適したもので，屋内型に比べ，周囲温度範囲
　　　　　　　が広く，また，防水性能を有するもの

屋内型の外観例　　　　　屋外型の外観例

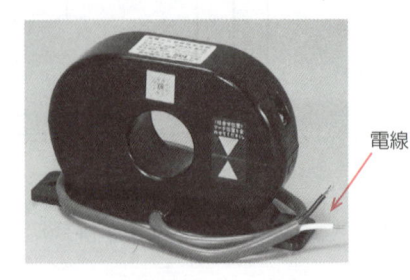

> 屋内型と屋外型の外観上の判別の目安
> 屋外型は，防水性能を有している必要があることから，受信機接続端子が右図のとおり，電線となっている．屋内型は左図のとおり，端子台となっている．

2 取付方法による分類

ア　貫通形：警戒電路に係る配線を変流器の貫通孔に通して用いるもの
イ　分割形：変流器の上下を外して，警戒電路の配線を当該変流器の貫通孔に収めた後，変流器の上下を元の状態に戻して用いるもので，設置が比較的容易なもの

貫通形の外観例　　　　分割形の外観例

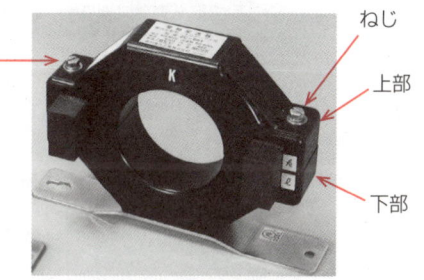

上部と下部が分割できるようにねじ等で固定されている

　変流器の貫通孔には，警戒電路の配線が単相2線式の場合は2本，3相または単相3線式の場合は3本の線を，あるいは，変圧器のB種接地線を挿入する．

④ 受信機

受信機とは，変流器から送信された信号を受信して，漏洩電流の発生を防火対象物の関係者に報知するものをいう．また，2つ以上の変流器と組み合わせて使用する受信機で，1組の電源装置，音響装置などで構成されたものを集合型受信機という．

受信機の外観例（旧検定品）

受信機例1
- 電源表示灯
- 漏電表示灯（赤）
- 音響装置
- 漏電表示灯（赤）
- 電源表示灯
- 感度調整装置
- 試験装置（試験スイッチ）

受信機例2

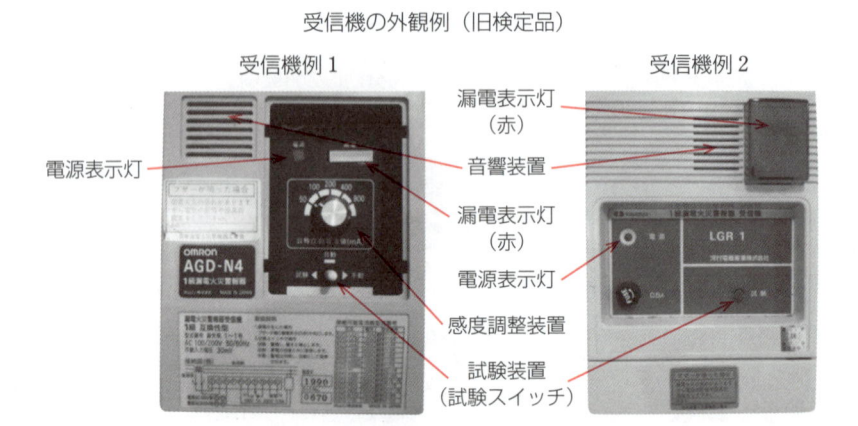

集合型受信機例（3回線）
- 電源スイッチ
- 漏電表示灯（赤）
- 電源表示灯
- ブザー（音響）停止スイッチ
- 感度調整装置
- 試験装置（試験スイッチ）

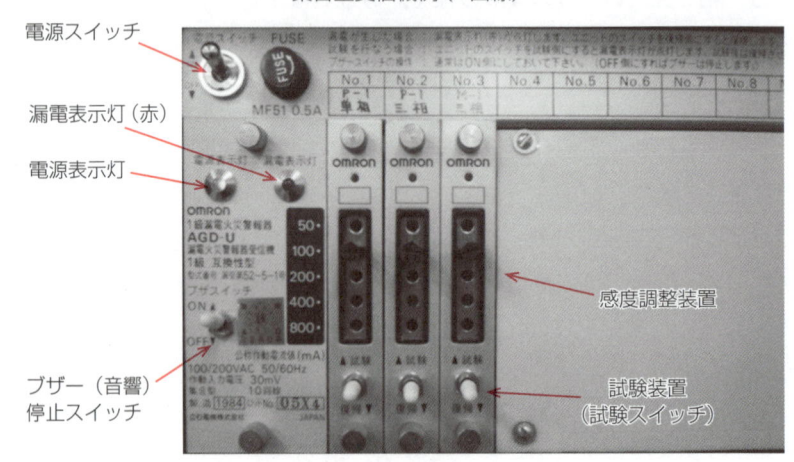

受信機に備えられている主な部品の構造と機能は，次のとおりである．

① 試験装置

　受信機が正常に作動するかどうかを確認する試験スイッチで，受信機の前面にあるもの

② 電源表示灯

　受信機の通電状態がわかるもの

③ 自動復帰／手動復帰切換スイッチ

　漏電表示の復帰（復旧）を自動または手動で行うかを切り換えるスイッチ

④ 感度調整装置

　公称作動電流値を切り換えるスイッチ

⑤ 漏電表示灯

　受信機の前面にある赤色の表示灯で，漏洩電流の発生を知らせるもの

⑥ ブザー（音響）停止スイッチ

　音響装置の鳴動を停止させるスイッチ

⑦ 音響装置

　漏洩電流の発生を音響信号により知らせるもの

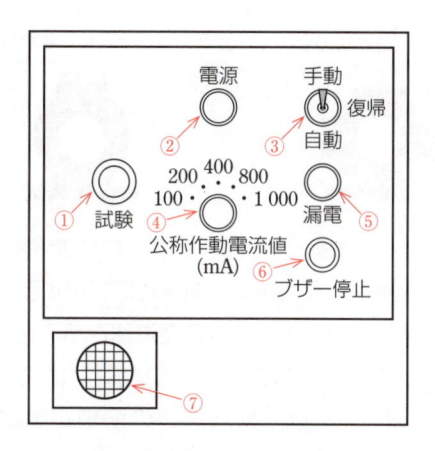

図2.6　受信器の操作部例

要点のまとめ

- □漏電火災警報器は，警報設備の1つであり，電圧 **600** V以下の警戒電路の **漏洩電流** を検出し，防火対象物の関係者に報知する設備である．
- □漏電火災警報器は，**変流器** および **受信機** で構成する．
- □変流器とは，警戒電路の **漏洩電流** を自動的に検出し，これを **受信機** に送信するもの
- □変流器の設置方法

  回路 方式と **接地線** 方式
- □変流器の種類
  - 用途と構造による分類：**屋内型** と **屋外型**
  - 取付方法による分類：**貫通形** と **分割形**

屋外型・分割形の例

屋外型・貫通形の例

屋内型・分割形の例

屋内型・貫通形の例

- □受信機とは，**変流器** から送信された信号を受信して，**漏洩電流** の発生を防火対象物の関係者に報知するもの
- □ **集合型** 受信機とは，2つ以上の変流器と組み合わせて使用する受信機で，1組の電源装置，音響装置などで構成されたもの
- □変流器の **貫通孔** には，警戒電路の配線が単相2線式の場合は **2** 本，3相または単相3線式の場合は **3** 本の線を，あるいは，変圧器の **B種接地線** を挿入する

2-1 規格に関する部分

□受信機操作部

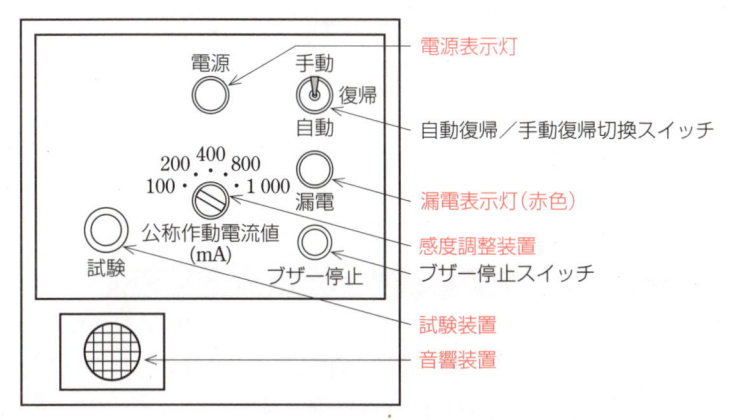

図中ラベル:
- 電源
- 手動／復帰／自動
- 200, 400, 800, 100, 1 000
- 漏電
- 公称作動電流値(mA)
- 試験
- ブザー停止

赤字注記:
- 電源表示灯
- 自動復帰／手動復帰切換スイッチ
- 漏電表示灯（赤色）
- 感度調整装置
- ブザー停止スイッチ
- 試験装置
- 音響装置

※ 赤字の装置は，規格省令に規定されているもの

電源表示灯 とは，受信機の通電状態がわかるもの

漏電表示灯 とは，受信機の前面にある **赤** 色の表示灯で，漏洩電流の発生を知らせるもの

感度調整 装置とは，公称作動電流値を切り換えるもの

試験 装置とは，受信機が正常に作動するかどうかを確認する試験スイッチで，受信機の前面にあるもの

音響 装置とは，漏洩電流の発生を音響信号により知らせるもの（**音響** 装置は，受信機の外部に設けるものもある．）

自動復帰／**手動復帰** 切換スイッチとは，漏電表示の復帰（復旧）を自動または手動で行うかを切り換えるスイッチ

ブザー停止 スイッチとは，音響装置の鳴動を停止させるスイッチ

2-1 規格に関する部分　演習問題　漏電火災警報器の構成など

【問 1】

漏電火災警報器が取り付けられる電路における電圧の範囲について，正しいものは次のうちどれか．

(1) 750 V 以下の電路　　(2) 600 V 以下の電路
(3) 300 V 以下の電路　　(4) 250 V 以下の電路

【問 2】

漏電火災警報器の変流器について，誤っているものは次のうちどれか．

(1) 変流器の貫通孔には，警戒電路の配線が単相2線式の場合は2本，3相又は単相3線式の場合は3本の線を挿入する．
(2) 変流器には，構造上の種類として，一括形と分割形の2種類がある．
(3) 変流器には，屋内型と屋外型がある．
(4) 分割形は，警戒電路の配線が既設の場合，配線をそのままにして変流器を設置できるように変流器を2つに分割し，配線を通してから変流器の上下を締め付けるようにしたものである．

【問 3】

漏電火災警報器の受信機について，誤っているものは次のうちどれか．

(1) 受信機には，電源を表示する装置を設けなければならない．
(2) 受信機の試験装置は，受信機の前面において手動により容易に試験できるものでなければならない．
(3) 受信機には,音響装置の鳴動を停止させる装置を設けなければならない．
(4) 受信機は，変流器から送信された信号を受信した場合，赤色の表示及び音響信号により漏電を自動的に表示しなければならない．

問 1 (2)

漏電火災警報器は，規格省令第2条第1号において，「電圧600 V以下の警戒電路の漏洩電流を検出するもの」とされていることから，(2)が正答である．

問 2 (2)

1　変流器には，規格省令上，屋内型と屋外型がある．また，構造上の種類として貫通形と分割形の2種類がある．変流器の貫通孔には，負荷の配線，すなわち警戒電路の配線すべてを挿入する．
2　したがって，(1)と(3)は正しく，(2)の「一括形」が「貫通形」の誤りである．
3　分割形には，(4)に記載のとおりの利点がある．

問 3 (3)

1　受信機には，規格省令上，①受信機の通電状態がわかる電源表示灯，②漏洩電流の発生を知らせる赤色の漏電表示灯，③受信機が正常に作動するかどうかを確認する試験装置が必要である．
2　したがって，(1)，(2)および(4)は正しく，(3)の「音響装置の鳴動を停止させる装置」は，設けなくてもよいので誤りである．
3　音響装置には，受信機の内部に設けられているものと，受信機の外部に設けるものがある．

2-1 規格に関する部分　受信機・変流器の共通構造および変流器の機能など

① 共通構造

変流器と受信機に共通する構造などについては，主に次のような事項がある．

① その各部分が良質の材料でつくられ，配線および取付けが適正かつ確実になされていること．
② 耐久性を有すること．
③ 著しい雑音または障害電波を発しないこと．
④ 部品は，定格の範囲内で使用すること．
⑤ 充電部で，外部から容易に人が触れるおそれのある部分は，十分に保護すること．
⑥ 端子以外の部分は，堅ろうなケースに収めること．
⑦ 端子は，電線（接地線を含む）を容易かつ確実に接続することができること．
⑧ 端子（接地端子および配電盤などに取り付ける埋込用の端子を除く）には，適当なカバーを設けること．
⑨ 次の変流器または受信機には，接地端子を設けること．
　ア　金属ケースを有する変流器または受信機のうち，定格電圧が 60 V を超えるもの．
　イ　金属でない絶縁性のあるケースの外部に金属製の化粧銘板などの部品を取り付け，当該部品と充電部（電圧が 60 V を超えるものに限る）との絶縁距離が，空間距離で 4 mm 未満，沿面距離で 6 mm 未満のもの．

・定格電圧 100 V で合成樹脂製外箱の受信機	→ 接地端子必要なし
・定格電圧 100 V で金属製外箱の受信機	→ 接地端子必要
・定格電圧 100 V で合成樹脂製外箱の受信機で，金属製の化粧銘板を有し，化粧銘板と充電部との絶縁距離が空間距離で 1 mm のもの	→ 接地端子必要
・定格電圧 100 V で合成樹脂製外箱の受信機で，金属製の化粧銘板を有し，化粧銘板と充電部との絶縁距離が空間距離で 5 mm，沿面距離で 10 mm のもの	→ 接地端子必要なし

図 2.7　接地端子

⑩　機能に有害な影響を及ぼすおそれのある附属装置を設けてはならないこと．
⑪　音響装置は，次によること．
　ア　定格電圧の90％の電圧で音響を発すること．
　イ　定格電圧における音圧は，無響室で定位置（音響装置を受信機内に取り付けるものにあってはその状態における位置）に取り付けられた音響装置の中心から1m離れた点で70dB以上であること．
　ウ　定格電圧で8時間連続して鳴動させた場合，機能・構造に異常を生じないこと．
　エ　警報音を断続するものにあっては，休止時間は2秒以下で，鳴動時間は休止時間以上であること．

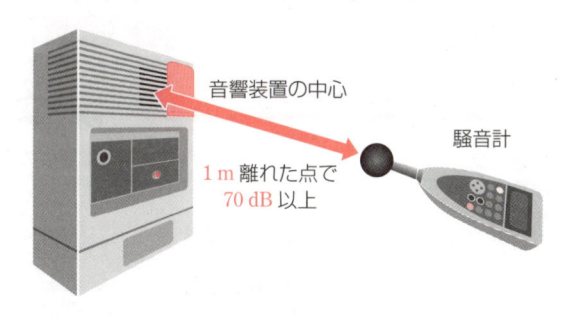

図2.8　音響装置の音圧

⑫　電磁継電器は，次によること．
　ア　じんあい等が容易に侵入しない構造のものであること．
　イ　接点の材質は，金・銀の合金などであること．
　ウ　接点は，外部負荷と兼用させないこと．
⑬　電源変圧器は，次によること．
　ア　性能は，JIS C 6436に定める絶縁抵抗，耐電圧，電圧偏差，巻線の温度上昇および電圧変動率によること．
　イ　容量は，定格電圧における最大負荷電流または設計上の最大負荷電流に連続して耐えること．
⑭　表示灯は，次によること．
　ア　電球（放電灯および発光ダイオードを除く）は，使用される回路の定格電圧の130％の交流電圧を20時間連続して加えた場合，断線な

どを生じないこと．
イ　電球（放電灯および発光ダイオードを除く）を2つ以上並列に接続すること．

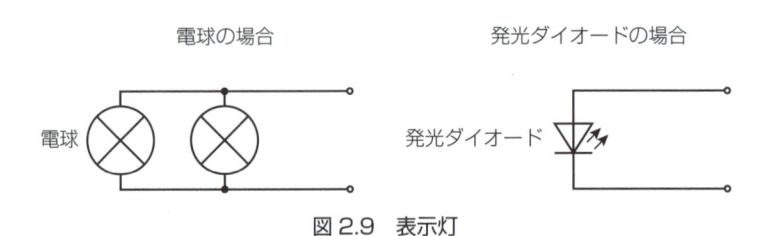

電球の場合　　　　　　　発光ダイオードの場合

図2.9　表示灯

ウ　周囲の明るさが300 lxの状態において，前方3 m離れた地点で点灯していることを明確に識別することができること．

図2.10　表示灯の明るさ

⑮　スイッチは，次によること．
　ア　容易かつ確実に作動し，停止点が明確であること．
　イ　接点の容量は，最大使用電流に耐えること．
　ウ　接点（印刷接点，導電膜接点などで，かつ，耐食措置が講じられているものを除く）の材質は，金・銀の合金などであること．
⑯　指示電気計器は，JIS C 1102-1などに定める固有誤差，絶縁および電圧試験に適合するものであること．
⑰　ヒューズは，JIS C 8352などに適合すること．

② 変流器の機能など

変流器に必要な機能などは，次のとおりである．

① 試験電流を 0 mA から 1 000 mA まで流した場合，その出力電圧値は，試験電流値に比例して変化すること（機能）．

試験電流値－出力電圧値相関図

出力電圧値 [mV]
比例関係なしのため
→ 不適
試験電流値 [mA]

試験電流値－出力電圧値相関図

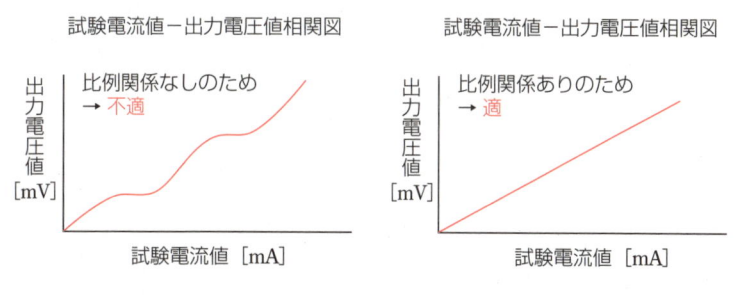

出力電圧値 [mV]
比例関係ありのため
→ 適
試験電流値 [mA]

図 2.11　試験電流と出力電圧

② 変流器に接続される受信機の公称作動電流値を試験電流として流した場合，その出力電圧値の変動範囲は，当該公称作動電流値に対応する設計出力電圧値の 75 % から 125 % までの範囲内であること（機能）．

③ 変流器に接続される受信機の公称作動電流値の 42 % の試験電流を流した場合，その出力電圧値は，当該公称作動電流値に対応する設計出力電圧値の 52 % 以下であること（機能）．

変流器の機能試験の方法

「設計出力電圧 40 mV/100 mA」の変流器のうち，感度設定装置を有する受信機（公称作動電流値 100 mA，200 mA，400 mA，800 mA）に接続するものの機能試験は，図の試験回路（規格省令別図第 1）を用いて，次の電圧などを加えて行う．

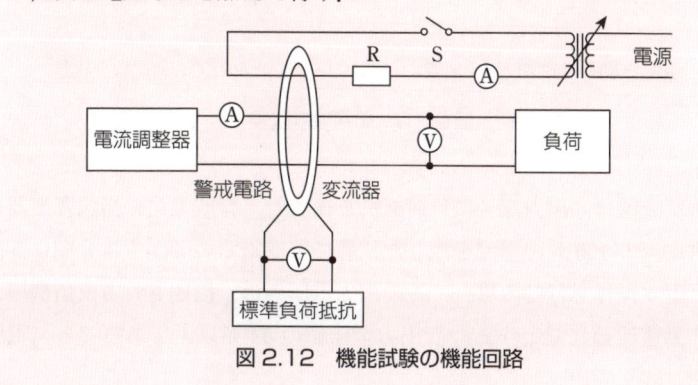

図 2.12　機能試験の機能回路

公称作動電流値（mA）	100	200	400	800
設計出力電圧（mV）	40	80	160	320
75％の設計出力電圧（mV）	30	60	120	240
125％の設計出力電圧（mV）	50	100	200	400
42％の公称作動電流値（mA）	42	84	168	336
52％の設計出力電圧（mV）	20.8	41.6	83.2	166.4

　たとえば，公称作動電流値 100 mA の場合には，100 mA を流したときに出力電圧値が 30 mV から 50 mV までの範囲内にあることが確認される．

　また，42 mA を流したときに出力電圧値が 20.8 mV 以下であることが確認される．

④　変流器で，警戒電路の電線を変流器に貫通させるものにあっては，警戒電路の各電線をそれらの電線の変流器に対する電磁結合力が平衡とならないような方法で変流器に貫通させた状態で，①〜③の機能を有するものでなければならない（機能）．

⑤　屋内型の変流器は－10 ℃および 60 ℃，屋外型の変流器は－20 ℃および 60 ℃の周囲温度にそれぞれ 12 時間以上放置した後，構造または機能に異常を生じないこと（周囲温度試験）．

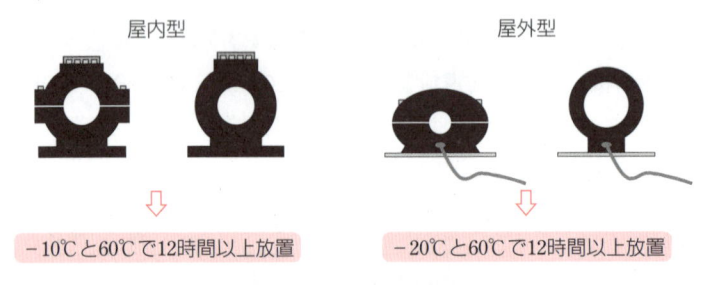

図 2.13　周囲温度試験

⑥　変流器は，出力端子に負荷抵抗を接続し，警戒電路に当該変流器の定格電流の 150 ％の電流を流した状態で警戒電路の開閉を 1 分間に 5 回繰り返す操作を行った場合，その出力電圧値は，接続される受信機の公称作動電流値に対応する設計出力電圧値の 52 ％以下であること（電路開閉試験）．

⑦　変流器は，出力端子に負荷抵抗を接続し，警戒電路の電源側に過電流遮断器を設け，警戒電路に当該変流器の定格電圧で短絡力率が 0.3 から 0.4 までの 2 500 A の電流を 2 分間隔で約 0.02 秒間 2 回流した場合，構造または機能に異常を生じないこと（短絡電流強度試験）．
短絡電流強度試験は，図の試験回路（規格省令別図第 2）を用いて行う．

図 2.14　短絡電流強度試験

⑧　変流器は，出力端子に負荷抵抗を接続した状態で 1 つの電線に変流器の定格電圧の数値の 20 %の数値を電流値とする電流を 5 分間流した場合，構造または機能に異常を生じないこと（過漏電試験）．
過漏電試験は，図の試験回路（規格省令別図第 3）を用いて行う．

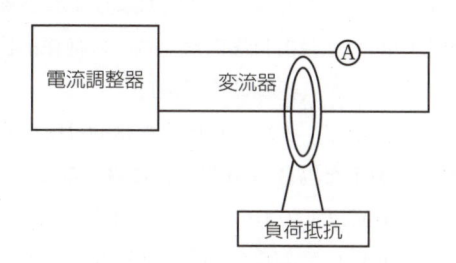

図 2.15　過漏電試験

⑨　変流器は，65 ℃の温度の空気中に 30 日間放置した場合，構造または機能に異常を生じないこと（老化試験）．

⑩　屋外型変流器は，温度65℃の清水に15分間浸し，温度0℃の塩化ナトリウムの飽和水溶液に15分間浸す操作を2回繰り返し行った後，構造または機能に異常を生じないこと（防水試験）．

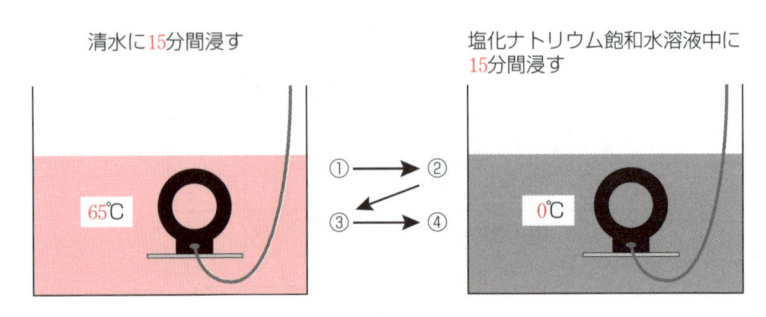

図2.16　防水試験

⑪　変流器は，全振幅4 mmで毎分1 000回の振動を任意の方向に60分間連続して与えた場合，構造または機能に異常を生じないこと（振動試験）．
⑫　変流器は，任意の方向に標準重力加速度の50倍の加速度の衝撃を5回加えた場合，構造または機能に異常を生じないこと（衝撃試験）．
⑬　変流器は，1次巻線と2次巻線との間および1次巻線または2次巻線と外部金属部との間の絶縁抵抗を直流500 Vの絶縁抵抗計で測定した値が5 MΩ以上であること（絶縁抵抗試験）．
⑭　警戒電路の電圧に応じ，次の50 Hzまたは60 Hzの正弦波に近い実効電圧の交流電圧を加えた場合，1分間これに耐えること(絶縁耐力試験)．
警戒電路電圧が250 V以下のもの　→　1 500 V
警戒電路電圧が250 Vを超えるもの　→　警戒電路電圧に2を乗じて得た値に1 000 Vを加えた電圧値
⑮　変流器は，1次巻線と外部金属部との間および1次巻線の相互間に波高値6 kV，波頭長0.5 μsから1.5 μsまで，および波尾長32 μsから48 μsまでの衝撃波電圧を正負それぞれ1回加えた場合，構造または機能に異常を生じないこと（衝撃波耐電圧試験）．
⑯　変流器（警戒電路の電線を当該変流器に貫通させるものを除く）は，

警戒電路に定格電流を流した場合，その警戒電路の電圧降下は，0.5 V 以下であること（電圧降下防止試験）．
⑰　変流器には，次の事項をその見やすい箇所に容易に消えないように表示すること．

①「漏電火災警報器変流器という文字」，②「**届出番号**」，③「屋外型または屋内型のうち該当する種別」，④「定格電圧および定格電流」，⑤「定格周波数」，⑥「単相または三相のうち該当するもの」，⑦「設計出力電圧」，⑧「製造年」，⑨「製造者名，商標または販売者名」，⑩「極性のある端子にはその極性を示す記号」

```
            ⑨
  ┌─────────────────────────────────────┐
  │ ○○○○株式会社    型番○○○-○○○        │         ⑤
① │ 漏電火災警報器変流器          屋内型      │ ③
② │ 届出番号  Z○○○○○○○         単相／三相  │ ⑥
  │ 警戒電路  600 V  50 A  50／60 Hz  ○○○○年製 │ ⑧
⑦ │ 設計出力電圧  30 mV／50 mA               │
  └─────────────────────────────────────┘   ④
```

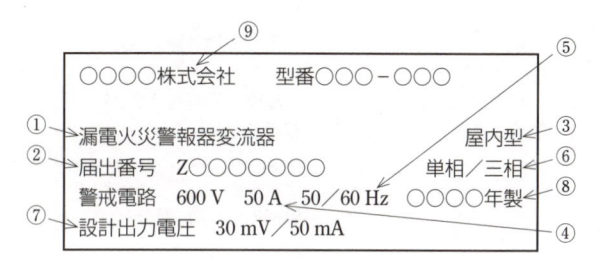

図 2.17　表示例（変流器）

⑱　届出番号

変流器の届出番号は，平成 29 年 4 月現在，次表のとおり記載されている．

届出番号	①②③④⑤⑥⑦⑧	（8 桁の英数字で構成）	
①	品目	Z（漏電火災警報器変流器）	
②③	届出者	01〜	01　オムロン株式会社
			02　河村電器産業株式会社
			03　泰和電気工業株式会社
			04　テンパール工業株式会社
			05　光商工株式会社

届出番号	①②③④⑤⑥⑦⑧（8桁の英数字で構成）		
④⑤	設計出力電圧	01〜	01 20.5 mV/50 mA
			02 26 mV/50 mA
			03 30 mV/50 mA
			04 36 mV/200 mA
			05 40 mV/100 mA
			06 41 mV/100 mA
			07 45.5 mV/100 mA
			08 45.5 mV/200 mA
			09 50 mV/100 mA
			10 74 mV/100 mA
⑥⑦	届出ている型式と重要な部分が異なる旨	01〜	例示 ・屋内型または屋外型 ・屋外型の防水方法 ・警戒電路の電線を変流器に貫通させるものと貫通させないもの ・警戒電路の定格電圧，定格電流，定格周波数または相 ・貫通形または分割形
⑧	届出ている型式と重要でない部分が異なる旨	A〜	例示 ・主機能に影響のある材質，構造または形状（届出ている型式と重要な部分が異なるものに該当するものを除く.）

　たとえば，届出番号が「Z010301A」とされているものは，オムロン株式会社より，型式が設計出力電圧30 mV/50 mA，警戒電路600 V，50 A，50/60 Hz，単/3相の屋内型の変流器として，届出されているものである．

　また，届出番号が「Z010307A」とされているものは，オムロン株式会社より，型式が設計出力電圧30 mV/50 mA，警戒電路600 V，150 A，50/60 Hz，単/3相の屋外型の変流器として，届出されているものである．

要点のまとめ

□音響装置
・定格電圧の　90　%の電圧で音響を発するもの
・音圧は，音響装置の中心から　1　m離れた点で　70　dB以上
・定格電圧で　8　時間連続鳴動できるもの

□表示灯は，周囲の明るさが300 lxの状態において，前方 3 m離れた地点で点灯していることが明確に識別できるもの

□変流器の主な機能
・出力電圧値の変動範囲：当該公称作動電流値に対応する設計出力電圧値の 75 %から 125 %までの範囲内
・接続される受信機の公称作動電流値の 42 %の試験電流を流した場合の出力電圧値は，当該公称作動電流値に対応する設計出力電圧値の 52 %以下
・屋内型の変流器の周囲温度範囲： －10 ℃および 60 ℃
・屋外型の変流器の周囲温度範囲： －20 ℃および 60 ℃

□変流器の過漏電試験：変流器の定格電圧の 20 %の数値の電流を 5 分間流す試験

□変流器の老化試験： 65 ℃の温度の空気中に 30 日間放置する試験

□屋外型変流器の防水試験：温度 65 ℃の清水に 15 分間浸し，温度 0 ℃の塩化ナトリウムの飽和水溶液に 15 分間浸す操作を 2 回繰返す試験

□変流器の振動試験：全振幅 4 mmで毎分 1 000 回の振動を 60 分間連続して与える試験

□衝撃試験：標準重力加速度の 50 倍の加速度の衝撃を 5 回加える試験

□絶縁抵抗試験：1次巻線と2次巻線との間および1次巻線または2次巻線と外部金属部との間の絶縁抵抗を 直流500 Vの絶縁抵抗計で測定し，その値が 5 MΩ以上であることを確認する試験

□絶縁耐力試験：実効電圧 1 500 V（警戒電路電圧が250 Vを超える場合は，警戒電路電圧に2を乗じて得た値に1 000 Vを加えた値）の交流電圧を加え， 1 分間これに耐えることを確認する試験

□変流器に必要な表示事項
①漏電火災警報器変流器という文字，② 届出番号 ，③ 屋外型 または屋内型，④定格電圧および 定格電流 ，⑤ 定格周波数 ，⑥単相または 三相 ，⑦ 設計出力電圧 ，⑧製造年，⑨製造者名，商標または販売者名，⑩極性のある端子にはその極性を示す記号

2-1 規格に関する部分 演習問題 受信機・変流器の共通構造および変流器の機能など

【問 1】

漏電火災警報器の一般構造について，規格省令上，誤っているものは次のうちどれか．

(1) その各部分が良質の材料で造られていること．
(2) 配線及び取付けが適正かつ確実になされていること．
(3) 耐久性を有すること．
(4) 端子の部分は，堅ろうなケースに収めること．

【問 2】

漏電火災警報器の一般構造について，規格省令上，誤っているものは次のうちどれか．

(1) 充電部で，外部から容易に人が触れるおそれのある部分は，十分に保護すること．
(2) 端子は，接地線以外の電線を容易かつ確実に接続することができること．
(3) 端子（接地端子及び配電盤等に取り付ける埋込用の端子を除く）には，適当なカバーを設けること．
(4) 定格電圧が60Vを超える変流器又は受信機の金属ケースには，接地端子を設けること．

【問 3】

漏電火災警報器の音響装置について，規格省令上，誤っているものは次のうちどれか．

(1) 定格電圧の90％の電圧で音響を発すること．
(2) 定格電圧における音圧は，無響室で定位置（音響装置を受信機内に取り付けるものにあってはその状態における位置）に取り付けられた音響装置の中心から1m離れた点で70dB以上であること．
(3) 警報音を断続するものにあっては，休止時間は5秒以下で，鳴動時間は休止時間以上であること．
(4) 定格電圧で8時間連続して鳴動させた場合，機能・構造に異常を生じないこと．

問 1 (4)

1. (1), (2)および(3)は，規格省令第 4 条に定められていることから，正しい．
2. (4)は，規格省令第 4 条において，「端子以外の部分は，堅ろうなケースに収めること」とされていることから，誤りである．
3. 受信機の端子以外のもの，たとえば，感度調整装置などの試験装置，音響装置などは，堅ろうなケースに収める必要がある．

問 2 (2)

1. (1), (3)および(4)は，規格省令第 4 条に定められていることから，正しい．
2. (2)は，規格省令第 4 条において，「端子は，電線（接地線を含む）を容易かつ確実に接続することができること」とされていることから，誤りである．

問 3 (3)

1. (1), (2)および(4)は，規格省令第 5 条第 1 号に定められていることから，正しい．
2. (3)は，規格省令第 5 条第 1 号において，「警報音を断続するものにあっては，休止時間は 2 秒以下で，鳴動時間は休止時間以上であること」とされていることから，誤りとなる．
3. なお，この規定は，平成 25 年 3 月 27 日に公布され平成 26 年 4 月 1 日から施行された「漏電火災警報器に係る技術上の規格を定める省令（平成 25 年総務省令第 24 号．以下「新規格」という）」により新たに追加された規定である．

【問 4】

漏電火災警報器の音響装置は，規格省令上，定格電圧で連続して鳴動させた場合，機能・構造に異常を生じてはならないこととなっているが，正しいものは次のうちどれか．

(1) 2時間連続して鳴動させた場合　(2) 4時間連続して鳴動させた場合
(3) 6時間連続して鳴動させた場合　(4) 8時間連続して鳴動させた場合

【問 5】

漏電火災警報器の変流器の機能について，規格省令上，次の記述のア及びイの組合せで正しいものはどれか．

変流器に接続される受信機の公称作動電流値を試験電流として流した場合，その出力電圧値の変動範囲は，当該公称作動電流値に対応する設計出力電圧値の ア ％から イ ％までの範囲内であること．

	ア	イ
(1)	50	100
(2)	75	125
(3)	90	110
(4)	80	120

【問 6】

漏電火災警報器の変流器の周囲温度試験の試験温度について，規格省令上，正しいものは次のうちどれか．

(1) 屋外型の変流器は，−10 ℃および 60 ℃
(2) 屋内型の変流器は，−10 ℃および 50 ℃
(3) 屋外型の変流器は，−10 ℃および 50 ℃
(4) 屋内型の変流器は，−10 ℃および 60 ℃

問 4 (4)

漏電火災警報器の音響装置については，規格省令第 5 条第 1 号ホにおいて，「定格電圧で 8 時間連続して鳴動させた場合，機能・構造に異常を生じないものであること」とされているので，(4)が正答である．

問 5 (2)

変流器の設計出力電圧値の範囲は，規格省令第 11 条第 1 項第 2 号において，「75 ％から 125 ％までの範囲内」とされているので，(2)が正答である．

問 6 (4)

1　漏電火災警報器の変流器の周囲温度試験は，規格省令第 12 条において，次のとおり定められているので，(4)が正答である．

屋内型の変流器	－ 10 ℃および 60 ℃
屋外型の変流器	－ 20 ℃および 60 ℃

2　自動火災報知設備の感知器，中継器，受信機などの周囲温度試験の試験温度とは，異なるので，勘違いしないようにすること．

【問 7】
漏電火災警報器の変流器の振動試験について，規格省令上，次のうち正しいものはどれか．
(1) 無通電状態で全振幅 4 mm，毎分 1 000 回の振動を 60 分間連続して加える．
(2) 通電状態で全振幅 1 mm，毎分 1 000 回の振動を 10 分間連続して加える．
(3) 通電状態で全振幅 4 mm，毎分 1 000 回の振動を 10 分間連続して加える．
(4) 無通電状態で全振幅 1 mm，毎分 1 000 回の振動を 60 分間連続して加える．

【問 8】
漏電火災警報器の変流器の老化試験について，規格省令上，次の記述のア及びイの組合せで正しいものはどれか．
変流器は， ア ℃の温度の空気中に イ 日間放置した場合，構造又は機能に異常を生じないものでなければならない．

	ア	イ
(1)	60	10
(2)	65	10
(3)	60	30
(4)	65	30

問 7 (1)

1 漏電火災警報器の変流器の振動試験は，規格省令第18条において，「全振幅 4 mm で毎分 1 000 回の振動を任意の方向に 60 分間連続して与え」とされ，この試験は，無通電状態において行われているので，(1)が正答である．

2 振動試験の目的は，①輸送中の振動による機器への影響（無通電）と②使用中の振動による機器への影響（通電）があり，変流器には，②の影響がないと考えられていることから，①の目的の規格のみが定められている．

3 なお，漏電火災警報器の受信機の振動試験は，設問の(1)および(2)の両方が行われる．

問 8 (4)

漏電火災警報器の変流器の老化試験は，規格省令第16条において，「65 ℃の温度の空気中に 30 日間放置した場合，構造又は機能に異常を生じないものでなければならない」とされているので，(4)が正答である．

【問 9】

漏電火災警報器の変流器の絶縁抵抗試験について，規格省令上，次のうち正しいものはどれか．

(1) 一次巻線と二次巻線との間の絶縁抵抗を直流 250 V の絶縁抵抗計で測定した値が 5 MΩ 以上のものでなければならない．
(2) 一次巻線又は二次巻線と外部金属部との間の絶縁抵抗を直流 500 V の絶縁抵抗計で測定した値が 10 MΩ 以上のものでなければならない．
(3) 一次巻線又は二次巻線と外部金属部との間の絶縁抵抗を直流 500 V の絶縁抵抗計で測定した値が 5 MΩ 以上のものでなければならない．
(4) 一次巻線と二次巻線との間の絶縁抵抗を直流 500 V の絶縁抵抗計で測定した値が 10 MΩ 以上のものでなければならない．

【問 10】

漏電火災警報器の変流器の表示について，規格省令上，必要のないものは次のうちどれか．

(1) 届出番号
(2) 単相又は三相のうち該当する種別
(3) 設計出力電圧
(4) 接続することができる受信機の届出番号

問 9 (3)

漏電火災警報器の変流器の絶縁抵抗試験は，規格省令第 20 条において，「一次巻線と二次巻線との間及び一次巻線又は二次巻線と外部金属部との間の絶縁抵抗を直流 500 V の絶縁抵抗計で測定した値が 5 MΩ 以上のものでなければならない」とされているので，(3)が正答である．

問 10 (4)

1. 漏電火災警報器の変流器の表示は，規格省令第 9 条第 1 項において定められ，(1)，(2)および(3)は正しい．
2. 漏電火災警報器の変流器および受信機は，平成 26 年 4 月 1 日より，「検定対象機械器具等」から「自主表示対象機械器具等」に移行している．
3. この移行に伴い，表示事項が変更されているので，留意する必要がある．主な変更は，次のとおりである．

種別，型式および型式番号	→	漏電火災警報器変流器という文字，届出番号，屋外型または屋内型のうち該当する種別，定格電圧および定格電流，定格周波数，単相または三相のうち該当するもの，設計出力電圧
製造者名または商標	→	製造者名，商標または販売者名
非互換性型変流器の製造番号	→	なし

2-1 規格に関する部分　受信機の機能など

受信機に必要な機能

受信機に必要な機能などは，次のとおりである．

① 公称作動電流値とは，漏電火災警報器を作動させるために必要な漏洩電流の値として製造者によって表示された値をいい，その値は，200 mA 以下でなければならない．

感度調整装置には，いろいろなものがあるが，その調整範囲の最大値は，1 A 以下とされている．

なお，公称作動電流値は，感度調整装置を有するものにあっては，その調整範囲の最小値について適用することとされていることから，たとえば，調整範囲が，50 mA，100 mA，200 mA，400 mA，800 mA のものの場合の公称作動電流値は，50 mA となる．

② 受信機には，電源を表示する装置を設けること．電源表示は，漏電表示の色と明らかに区別できること．

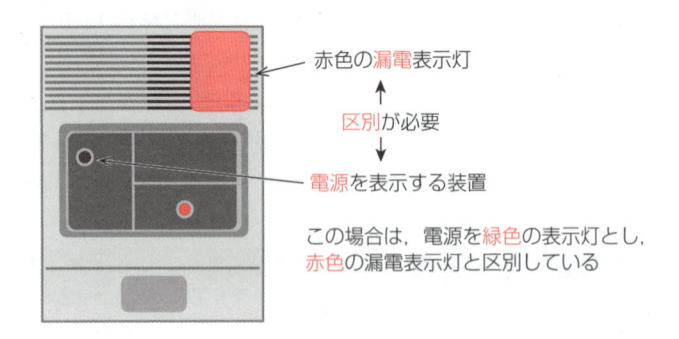

図 2.18　表示装置

③ 受信機の電源入力側および受信機から外部の音響装置，表示灯などに対し直接電力を供給するように構成された回路には，外部回路に短絡を生じた場合においても有効に保護できる措置が講じられていること．

④ 感度調整装置以外の感度調整部は，ケースの外面に露出しないこと．

⑤ 受信機には，公称作動電流値に対応する変流器の設計出力電圧の 2.5 倍以下の電圧をその入力端子に加えることができる試験装置および変流器に至る外部配線の断線の有無を試験できる試験装置を設けること．

⑥ 試験装置は，「受信機の前面において手動により容易に試験でき」，「試

験後定位置に復する操作を忘れないように適当な方法が講じられ」,「集合型受信機は,回線ごとに試験できる」こと.
⑦　受信機は,変流器から送信された信号を受信した場合,赤色の表示および音響信号により漏電を自動的に表示すること.
⑧　受信機は,信号入力回路に公称作動電流値に対応する変流器の設計出力電圧の 52 %の電圧を加えた場合,30 秒以内で作動せず,かつ,公称作動電流値に対応する変流器の設計出力電圧の 75 %の電圧を加えた場合, 1 秒以内に作動すること（機能）.

受信機の機能試験の方法

「公称作動電流値 100, 200, 400, 800, 1 000 mA」,「作動入力電圧 40 mV」の受信機の機能試験は,次により行う.

「作動入力電圧」とは,受信機に入力される電圧なので,変流器からいうと「変流器の設計出力電圧」となる.したがって,機能試験は,図 2.19 の試験回路（規格省令別図第 4）を用いて公称作動電流値ごとに,次の電圧を加えて行う.

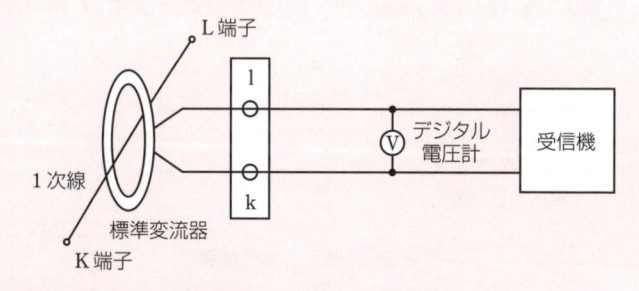

図 2.19　受信機の機能試験

公称作動電流値 [mA]	100	200	400	800	1 000
設計出力電圧 [mV]	40	80	160	320	400
設計出力電圧の 52% の電圧 [mV]　30 秒以内で作動しない電圧	20.8	41.6	83.2	166.4	208
設計出力電圧の 75% の電圧 [mV]　1 秒以内に作動する電圧	30	60	120	240	300

たとえば,公称作動電流値 100 mA,作動入力電圧 40 mV の場合には,20.8 mV の電圧で 30 秒以内に作動しないことが,また,30 mV の電圧で 1 秒以内で作動することが確認される.

⑨　集合型受信機の機能は，次によること．

ア　漏洩電流の発生した警戒電路を明確に表示する装置を設けること．この装置は，警戒電路を遮断された場合，漏洩電流の発生した警戒電路の表示が継続して行えること．

イ　2つの警戒電路で漏洩電流が同時に発生した場合，漏電表示および警戒電路の表示を行うこと．

ウ　集合型受信機は，2つ以上の警戒電路で漏洩電流が連続して発生した場合，最大負荷に耐える容量を有すること．

⑩　受信機は，電源電圧を受信機の定格電圧の 90 %から 110 %までの範囲で変化させた場合，機能に異常を生じないこと（電源電圧変動試験）．

⑪　受信機は，－10 ℃および 40 ℃の周囲温度にそれぞれ 12 時間以上放置した後，構造または機能に異常を生じないこと（周囲温度試験）．

⑫　受信機は，信号入力回路に 50 V の電圧を変流器のインピーダンスに相当する抵抗を介して 5 分間加えた場合，漏電表示をし，かつ，構造または機能に異常を生じないこと（過入力電圧試験）．

過入力電圧試験は，図の試験回路（規格省令別図第 5）を用いて行う．

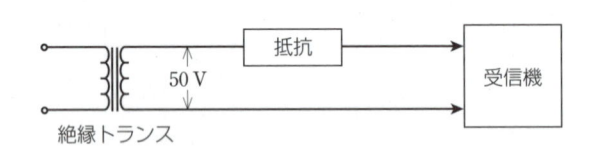

図 2.20　過入力電圧試験

⑬　受信機は，受信機の定格電圧で 10 000 回の漏電作動を行った場合，構造または機能に異常を生じないこと（繰返し試験）．

⑭　受信機は，通電状態において全振幅 1 mm で毎分 1 000 回の振動を任意の方向に 10 分間連続して与えた場合，誤作動しないこと．また，無通電状態において全振幅 4 mm で毎分 1 000 回の振動を任意の方向に 60 分間連続して与えた場合，構造または機能に異常を生じないこと（振動試験）．

⑮　受信機は，任意の方向に標準重力加速度の 50 倍の加速度の衝撃を 5 回加えた場合，構造または機能に異常を生じないこと（衝撃試験）．

⑯　受信機は，充電部とそれを収める金属ケースとの間の絶縁抵抗を直流 500 V の絶縁抵抗計で測定した値が 5 MΩ 以上のものであること（絶縁抵抗試験）．

⑰　充電部とそれを収める金属ケースとの間の絶縁耐力は，定格電圧（1次側の充電部にあっては1次側の定格電圧，2次側の充電部にあっては2次側の定格電圧）に応じ，次の 50 Hz または 60 Hz の正弦波に近い実効電圧の交流電圧を加えた場合，1 分間これに耐えること（絶縁耐力試験）．

30 V 以下の部分：500 V

30 V を超え 150 V 以下の部分：1 000 V

150 V を超える部分：定格電圧に 2 を乗じて得た値に 1 000 V を加えた値

・定格電圧 100 V の受信機　→　1 000 V
・定格電圧 200 V の受信機　→　1 400 V

図 2.21　絶縁耐力試験

⑱　受信機は，電源異極端子の間および電源端子とケースとの間に波高値 6 kV，波頭長 0.5 μs（マイクロ秒）から 1.5 μs まで，および波尾長 32 μs から 48 μs までの衝撃波電圧を正負それぞれ 1 回加えた場合，構造または機能に異常を生じないこと（衝撃波耐電圧試験）．

波高値6 kV，波頭長0.5 μ秒から1.5 μ秒まで，および波尾長32 μ秒から48 μ秒までの衝撃波電圧を正負それぞれ1回加える試験

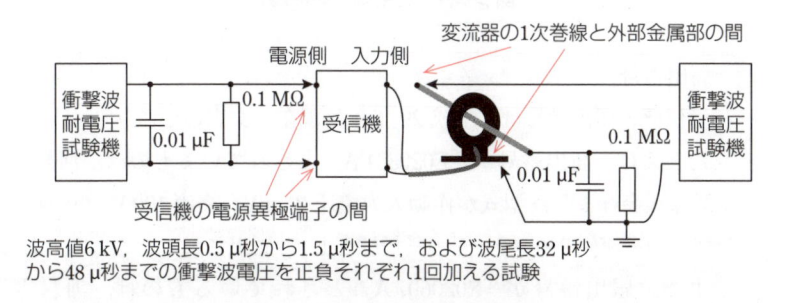

図 2.22　衝撃波耐電圧試験の例

⑲ 受信機には，次の事項をその見やすい箇所に容易に消えないように表示すること．

①「漏電火災警報器受信機という文字」，②「届出番号」，③「定格電圧」，④「電源周波数」，⑤「公称作動電流値」，⑥「作動入力電圧」，⑦「製造年」，⑧「製造者名，商標又は販売者名」，⑨「集合型受信機にあっては警戒電路の数」，⑩「端子板には端子記号並びに定格電圧及び定格電流」，⑪「部品には部品記号」，⑫「スイッチ等の操作部には「開」，「閉」等の表示及び使用方法」，⑬「ヒューズホルダには使用するヒューズの定格電流」，⑭「接続することができる変流器の届出番号」，⑮「その他取扱い上注意するべき事項」，⑯「音響装置には交流・直流の別，定格電圧及び定格電流，製造年，製造者名又は商標，極性のある端子にはその極性を示す記号」

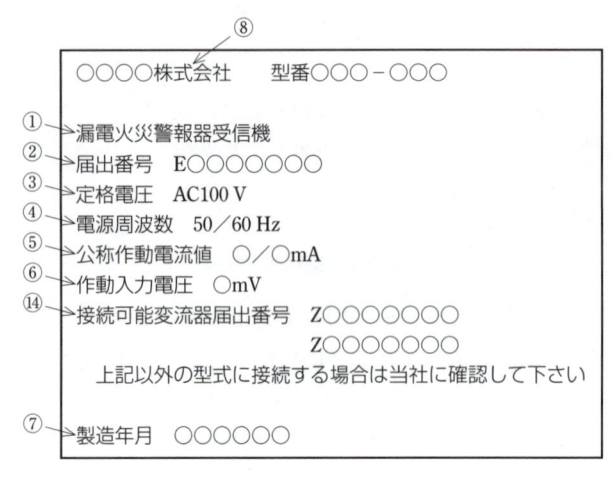

```
⑧
┌─────────────────────────────────────────┐
│  ○○○○株式会社    型番○○○-○○○     │
│                                         │
①→│ 漏電火災警報器受信機                    │
②→│ 届出番号    E○○○○○○○            │
③→│ 定格電圧    AC100 V                    │
④→│ 電源周波数  50/60 Hz                   │
⑤→│ 公称作動電流値   ○/○mA               │
⑥→│ 作動入力電圧    ○mV                   │
⑭→│ 接続可能変流器届出番号 Z○○○○○○○ │
│                        Z○○○○○○○ │
│  上記以外の型式に接続する場合は当社に確認して下さい │
│                                         │
⑦→│ 製造年月    ○○○○○○               │
└─────────────────────────────────────────┘
```

図 2.23 表示例（受信機）

⑳ 届出番号

受信機の届出番号は，平成 29 年 4 月現在，次表のとおり．

たとえば，届出番号が「E020301 A」とされているものは，河村電器産業株式会社より，型式が作動入力電圧 36 mV，交流 100 V，50/60 Hz，公称作動電流値 200,400 mA の受信機として，届出されているものである．

また，届出番号が「E020607 A」とされているものは，河村電器産業株式会社より，型式が作動入力電圧 45.5 mV，交流 100/200 V，

50/60 Hz，公称作動電流値 100,200,400,800 mA，集合型の受信機として，届出されているものである．

届出番号	①②③④⑤⑥⑦⑧	(8桁の英数字で構成)	
①	品目	E（漏電火災警報器受信機）	
②③	届出者	01〜	01 オムロン株式会社
			02 河村電器産業株式会社
			03 泰和電気工業株式会社
			04 テンパール工業株式会社
			05 光商工株式会社
④⑤	作動入力電圧	01〜	01 20.5 mV
			02 30 mV
			03 36 mV
			04 40 mV
			05 41 mV
			06 45.5 mV
			07 50 mV
			08 52 mV
			09 74 mV
			10 82 mV
⑥⑦	届出ている型式と重要な部分が異なる旨	01〜	例示 ・集合型または集合型以外 ・変流器の出力電圧を増幅する回路 ・電源の定格電圧または定格周波数 ・変流器の外付けまたは内蔵 ・感度調整機能 ・公称作動電流値
⑧	届出ている型式と重要でない部分が異なる旨	A〜	例示 ・主機能に影響のある附属装置の追加 ・回路（変流器の出力電圧を増幅する回路を除く．） ・主機能に影響のある材質，構造または形状（届出ている型式と重要な部分が異なるものに該当するものを除く．）

要点のまとめ

□受信機の主な機能
- 公称作動電流値の範囲：最小値は 200 mA 以下，最大値は 1 A 以下
- 信号入力回路に公称作動電流値に対応する変流器の設計出力電圧の 52 %の電圧を加えた場合，30 秒以内で作動せず，かつ，公称作動電流値に対応する変流器の設計出力電圧の 75 %の電圧を加えた場合，1 秒以内に作動
- 電源電圧範囲：定格電圧の 90 %〜 110 %
- 周囲温度範囲：− 10 ℃〜 40 ℃
- 繰返し試験の回数：受信機の定格電圧において漏電作動を 10 000 回

□過入力電圧試験：信号入力回路に 50 V の電圧を変流器のインピーダンスに相当する抵抗を介して 5 分間加える試験

□振動試験
- 通電状態において全振幅 1 mm で毎分 1 000 回の振動を任意の方向に 10 分間連続して与え，誤作動しないことを確認する試験
- 無通電状態において全振幅 4 mm で毎分 1 000 回の振動を任意の方向に 60 分間連続して与える試験

□衝撃試験

任意の方向に標準重力加速度の 50 倍の加速度の衝撃を 5 回加える試験

□絶縁抵抗試験

充電部とそれを収める金属ケースとの間の絶縁抵抗を直流 500 V の絶縁抵抗計で測定し，その値が 5 MΩ 以上のものであることを確認する試験

□絶縁耐力試験

充電部とそれを収める金属ケースとの間に，定格電圧（1 次側の充電部にあっては 1 次側の定格電圧，2 次側の充電部にあっては 2 次側の定格電圧）に応じ，次の 50 Hz または 60 Hz の正弦波に近い実効電圧の交流電圧を加えた場合，1 分間これに耐えることを確認する試験

定格電圧 30 V 以下の部分： 500 V

定格電圧 30 V を超え 150 V 以下の部分： 1 000 V

定格電圧 150 V を超える部分：定格電圧に 2 を乗じて得た値に 1 000 V を加えた値

□衝撃波耐電圧試験

電源異極端子の間および電源端子とケースとの間に波高値 6 kV，波頭長 0.5 μs から 1.5 μs までおよび波尾長 32 μs から 48 μs までの衝撃波電圧を正負それぞれ 1 回加える試験

□受信機に必要な表示事項

①漏電火災警報器受信機という文字，② 届出番号 ，③定格電圧，④電源周波数，⑤ 公称作動電流値 ，⑥ 作動入力電圧 ，⑦製造年，⑧製造者名，商標または販売者名，⑨集合型受信機にあっては警戒電路の数，⑩端子板には端子記号，定格電圧および定格電流，⑪部品には部品記号，⑫スイッチ等の操作部には「開」，「閉」等の表示および使用方法，⑬ヒューズホルダには使用するヒューズの定格電流，⑭ 接続することができる変流器の届出番号 ，⑮その他取扱い上注意するべき事項，⑯音響装置には交流・直流の別，定格電圧，定格電流，製造年，製造者名または商標および極性のある端子にはその極性を示す記号

2-1 規格に関する部分 演習問題 受信機の機能など

【問 1】

漏電火災警報器の感度調整装置に関する記述について，規格省令上，正しいものは次のうちどれか．

(1) 感度調整装置の調整範囲の最大値は，0.1 A である．
(2) 感度調整装置の調整範囲の最大値は，0.4 A である．
(3) 感度調整装置の調整範囲の最大値は，0.8 A である．
(4) 感度調整装置の調整範囲の最大値は，1.0 A である．

【問 2】

漏電火災警報器の公称作動電流値について，規格省令上，正しいものは次のうちどれか．

(1) 800 mA 以下であること．
(2) 600 mA 以下であること．
(3) 400 mA 以下であること．
(4) 200 mA 以下であること．

【問 3】

感度調整装置を有する漏電火災警報器の感度調整装置の調整範囲について，規格省令上，誤っているものは次のうちどれか．

(1) 100 mA 〜 1 000 mA
(2) 50 mA 〜 800 mA
(3) 30 mA 〜 500 mA
(4) 200 mA 〜 2 000 mA

問 1 (4)

　感度調整装置の調整範囲の最大値は，規格省令第 8 条において，「感度調整装置の調整範囲の最大値は，1 A 以下でなければならない」とされていることから，(4)が正答である．

問 2 (4)

1　漏電火災警報器の公称作動電流値は，規格省令第 7 条において，「200 mA 以下」とされていることから，(4)が正答である．
2　なお，漏電遮断器には，「定格感度電流」というものがあり，高感度形には 15 mA，30 mA などが，中感度形には 50 mA などがあるので，これと勘違いしないように留意する必要がある．

問 3 (4)

1　感度調整装置の調整範囲は，規格省令第 7 条第 1 項および第 8 条において，それぞれ，「公称作動電流値は，200 mA 以下でなければならない」，「その調整範囲の最大値は，1 A 以下」とされていることから，最小値が 200 mA 以下で，最大値が 1 A 以下となっているものが正答である．
2　したがって，最大値に誤りのある(4)となる．

【問 4】

漏電火災警報器の受信機の電源電圧変動試験について，規格省令上，正しいものは次のうちどれか．

(1) 電源電圧を受信機の定格電圧の 90％から 110％までの範囲で変化させた場合，機能に異常を生じないものでなければならない．
(2) 電源電圧を受信機の定格電圧の 85％から 120％までの範囲で変化させた場合，機能に異常を生じないものでなければならない．
(3) 電源電圧を受信機の定格電圧の 90％から 120％までの範囲で変化させた場合，機能に異常を生じないものでなければならない．
(4) 電源電圧を受信機の定格電圧の 85％から 110％までの範囲で変化させた場合，機能に異常を生じないものでなければならない．

【問 5】

漏電火災警報器の受信機の周囲温度試験の試験温度について，規格省令上，次のうち正しいものはどれか．

(1) 0 ℃および 40 ℃　　(2) －10 ℃および 40 ℃
(3) －10 ℃および 60 ℃　(4) 0 ℃および 60 ℃

【問 6】

漏電火災警報器の受信機の機能について，規格省令上，次の記述のア，イ及びウの組合せで正しいものはどれか．

受信機は，信号入力回路に公称作動電流値に対応する変流器の設計出力電圧の 52 ％の電圧を加えた場合，　ア　秒以内で作動せず，かつ，公称作動電流値に対応する変流器の設計出力電圧の　イ　％の電圧を加えた場合，　ウ　秒以内に作動するものでなければならない．

	ア	イ	ウ
(1)	60	125	1
(2)	30	75	1
(3)	60	75	2
(4)	30	125	2

問 4 (1)

　漏電火災警報器の受信機の電源電圧変動試験は，規格省令第28条において，「電源電圧を受信機の定格電圧の90 %から110 %までの範囲で変化させた場合」とされていることから，(1)が正答である．

問 5 (2)

　漏電火災警報器の受信機の周囲温度試験は，規格省令第29条において，「零下10 ℃および40 ℃」とされているので，(2)が正答である．

問 6 (2)

　漏電火災警報器の受信機の主機能については，規格省令第27条第1項において，「受信機は，信号入力回路に公称作動電流値に対応する変流器の設計出力電圧の52 %の電圧を加えた場合，30秒以内で作動せず，かつ，公称作動電流値に対応する変流器の設計出力電圧の75 %の電圧を加えた場合，1秒以内に作動するものでなければならない」とされていることから，(2)が正答である．

【問 7】

漏電火災警報器の受信機の機能及び構造について，規格省令上，誤っているものは次のうちどれか．

(1) 受信機は，変流器から送信された信号を受信した場合，赤色の表示及び音響信号により漏電を自動的に表示すること．
(2) 感度調整装置以外の感度調整部は，ケースの外面に露出しないこと．
(3) 受信機には，電源を表示する装置を設けること．
(4) 受信機には，公称作動電流値に対応する変流器の設計出力電圧の2.0倍以下の電圧をその入力端子に加えることができる試験装置及び変流器に至る外部配線の断線の有無を試験できる試験装置を設けること．

【問 8】

漏電火災警報器の受信機の繰返し試験において，規格省令上，何回かの作動を繰り返し行っても受信機の機能に異常を生じないものとしなければならないと定められているが，その繰返し回数について，次のうち正しいものはどれか．

(1) 1 000 回　　(2) 2 000 回　　(3) 10 000 回　　(4) 20 000 回

問 7 (4)

1　(1)は規格省令第26条に，(2)は規格省令第24条第3号に，(3)は規格省令第24条第1号に定められていることから，正しい．

2　(4)は，規格省令第25条において，「公称作動電流値に対応する変流器の設計出力電圧の2.5倍以下の電圧をその入力端子に加えることができる試験装置及び変流器に至る外部配線の断線の有無を試験できる試験装置を設ける」とされていることから，誤りである．

問 8 (3)

漏電火災警報器の受信機の繰返し試験については，規格省令第31条において，「一万回」とされているので，(3)が正答である．

【問 9】

漏電火災警報器の受信機の過入力電圧試験について，規格省令上，次のうち正しいものはどれか．

(1) 受信機は，信号入力回路に 50 V の電圧を変流器のインピーダンスに相当する抵抗を介して 5 分間加えた場合，漏電表示をし，かつ，構造又は機能に異常を生じないこと．
(2) 受信機は，信号入力回路に 50 V の電圧を変流器のインピーダンスに相当する抵抗を介して 10 分間加えた場合，漏電表示をし，かつ，構造又は機能に異常を生じないこと．
(3) 受信機は，信号入力回路に 100 V の電圧を変流器のインピーダンスに相当する抵抗を介して 10 分間加えた場合，漏電表示をし，かつ，構造又は機能に異常を生じないこと．
(4) 受信機は，信号入力回路に 100 V の電圧を変流器のインピーダンスに相当する抵抗を介して 5 分間加えた場合，漏電表示をし，かつ，構造又は機能に異常を生じないこと．

【問 10】

漏電火災警報器の受信機の表示について，規格省令上，必要のないものは次のうちどれか．

(1) 型式番号
(2) 公称作動電流値
(3) 電源周波数
(4) 接続することができる変流器の届出番号

問 9 (1)

漏電火災警報器の受信機の過入力電圧試験は，規格省令第 30 条において，「信号入力回路に 50 V の電圧を変流器のインピーダンスに相当する抵抗を介して 5 分間加えた場合」とされていることから，(1)が正答である．

問 10 (1)

1　漏電火災警報器の受信機の表示は，規格省令第 9 条第 2 項において定められ，(2)，(3)および(4)は正しい．

2　漏電火災警報器の変流器および受信機は，平成 26 年 4 月 1 日より，「検定対象機械器具等」から「自主表示対象機械器具等」に移行している．

　(1)の型式番号は，法第 21 条の 4 第 2 項に基づき，「検定対象機械器具等」について，総務大臣が型式承認した場合に付与するものである．したがって，「自主表示対象機械器具等」となった漏電火災警報器の変流器および受信機には，型式番号がないため，(1)が正答となる．

3　なお，この移行に伴い，表示事項が変更されているので，留意する必要がある．主な変更は，次のとおりである．

種別，型式および型式番号	→	漏電火災警報器受信機という文字，届出番号，定格電圧，電源周波数，公称作動電流値，作動入力電圧
製造者名または商標	→	製造者名，商標または販売者名
非互換性型受信機の製造番号	→	なし
なし	→	取扱い上注意するべき事項

【問 11】

集合型受信機について，規格省令上，誤っているものは次のうちどれか．

(1) 変流器から送信された信号を受信した場合，赤色の表示及び音響信号により漏電を自動的に表示しなければならない．
(2) 漏洩電流の発生した警戒電路を明確に表示する装置を設けなければならない．この装置は，警戒電路を遮断された場合，漏洩電流の発生した警戒電路の表示が継続して行われなければならない．
(3) 2の警戒電路で漏洩電流が同時に発生した場合，少なくとも1の漏電表示及び警戒電路の表示を行われなければならない．
(4) 2以上の警戒電路で漏洩電流が連続して発生した場合，最大負荷に耐える容量を有しなければならない．

【問 12】

漏電火災警報器の変流器及び受信機は，規格省令上，それぞれ一定の周囲温度の範囲内において構造又は機能に異常を生じないこととされているが，次の周囲温度との組み合わせについて，誤っているものはどれか．

(1) 分割形変流器　　0℃および60℃
(2) 屋内型変流器　－10℃および60℃
(3) 屋外型変流器　－20℃および60℃
(4) 受信機　　　　－10℃および40℃

問 11 (3)

1 集合型受信機の主機能については，規格省令第 27 条第 1 項および第 2 項において定められ，(1)，(2)および(4)は正しい．
2 集合型受信機は，2 つの電路で漏洩電流が発生した場合でも 2 つの電路の漏電表示を行う必要があるので，(3)が誤りである．

問 12 (1)

1 周囲温度試験の範囲は，変流器については規格省令第 12 条において，受信機については規格省令第 29 条において，次のとおり定められている．
　　屋内型変流器　　－10 ℃および 60 ℃
　　屋外型変流器　　－20 ℃および 60 ℃
　　受信機　　　　　－10 ℃および 40 ℃
2 したがって，(2)，(3)および(4)は正しい．
3 このように，変流器については，「屋内型」と「屋外型」の別により周囲温度範囲がきまるもののため，(2)または(3)の範囲が(1)の「分割形変流器」にも必要となる．
4 なお，(1)の「分割形変流器」は，規格省令上には定義されていない用語で，取付方法の分類としての名称のものである．

2章のまとめ

2章の確認　規格に関する部分

☐ **漏電火災警報器**

漏電火災警報器は，警報設備の1つであり，電圧 **600** V以下の警戒電路の **漏洩電流** を検出し，防火対象物の関係者に報知する設備である．

☐ **変流器の種類**

・用途と構造による分類： **屋内型** と **屋外型**
・取付方法による分類： **貫通形** と **分割形**

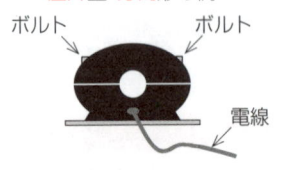

屋外型・分割形の例　　屋外型・貫通形の例
ボルト　ボルト　　　　　　　　　　電線
電線

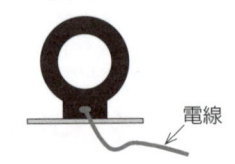

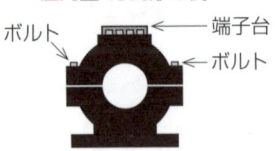

屋内型・分割形の例　　屋内型・貫通形の例
ボルト　端子台　　　端子台
ボルト

➡ P.96, 97, 98, 99, 100, 101 参照

☐ **音響装置**

・定格電圧の **90** %の電圧で音響を発するもの
・音圧は，音響装置の中心から **1** m離れた点で **70** dB以上
・定格電圧で **8** 時間連続鳴動できるもの

音響装置（受信機に内蔵）

定格電圧の90%の電圧で音響を発する性能を有するもの

1m離れた点で70 dB以上の音圧を発することができるもの

定格電圧で8時間連続鳴動させても，機能および構造に支障ないもの

2章のまとめ

□ 表示灯

表示灯は，周囲の明るさが 300 lx の状態において，前方 **3** m 離れた地点で点灯していることが明確に識別できるもの

□ 変流器の主な機能

- 出力電圧値の変動範囲：当該公称作動電流値に対応する設計出力電圧値の **75** %から **125** %までの範囲内
- 接続される受信機の公称作動電流値の **42** %の試験電流を流した場合の出力電圧値は，当該公称作動電流値に対応する設計出力電圧値の **52** %以下
- 屋内型の変流器の周囲温度範囲： **−10** ℃および **60** ℃
- 屋外型の変流器の周囲温度範囲： **−20** ℃および **60** ℃

□ 過漏電試験

定格電圧の **20** %の数値の電流を **5** 分間流す試験

□ 変流器の老化試験

65 ℃の温度の空気中に **30** 日間放置する試験

□ 屋外型変流器の防水試験

温度 **65** ℃の清水に **15** 分間浸し，温度 **0** ℃の塩化ナトリウムの飽和水溶液に **15** 分間浸す操作を **2** 回繰返す試験

□ 変流器の振動試験

全振幅 **4** mm で毎分 **1 000** 回の振動を **60** 分間連続して与える試験

➡ P.106, 107, 108, 109, 110, 111, 112, 113, 114 参照

□ 受信機の主な機能

- 公称作動電流値の範囲：最小値は **200** mA 以下，最大値は **1** A 以下
- 信号入力回路に公称作動電流値に対応する変流器の設計出力電圧の **52** %の電圧を加えた場合，**30** 秒以内で作動せず，かつ，公称作動電流値に対応する変流器の設計出力電圧の **75** %の電圧を加えた場合，**1** 秒以内に作動

143

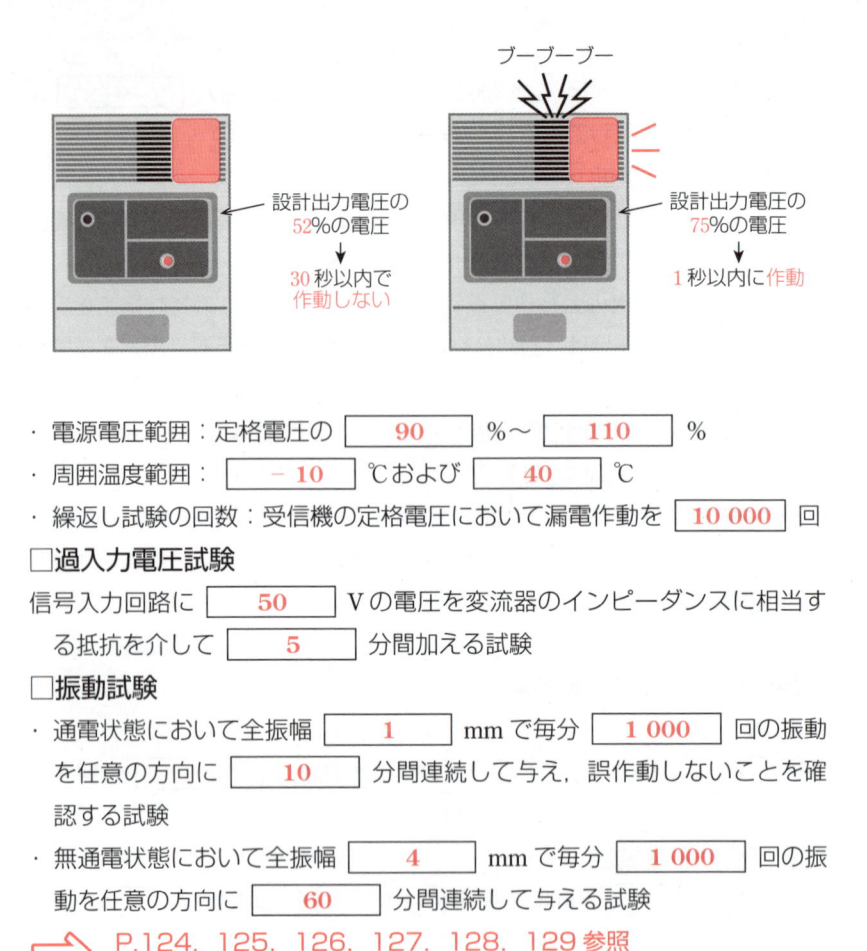

- 電源電圧範囲：定格電圧の 90 %～ 110 %
- 周囲温度範囲： －10 ℃および 40 ℃
- 繰返し試験の回数：受信機の定格電圧において漏電作動を 10 000 回

□過入力電圧試験

信号入力回路に 50 Vの電圧を変流器のインピーダンスに相当する抵抗を介して 5 分間加える試験

□振動試験

- 通電状態において全振幅 1 mmで毎分 1 000 回の振動を任意の方向に 10 分間連続して与え，誤作動しないことを確認する試験
- 無通電状態において全振幅 4 mmで毎分 1 000 回の振動を任意の方向に 60 分間連続して与える試験

P.124, 125, 126, 127, 128, 129 参照

3 消防関係法令

1 各類に共通する部分 …… P 146
2 第7類に関する部分 …… P 226

3-1 各類に共通する部分　用語とその意義

① 消防法の目的

火災を予防し，警戒し及び鎮圧し，国民の生命，身体及び財産を火災から保護するとともに，火災又は地震等の災害による被害を軽減するほか，災害等による傷病者の搬送を適切に行い，もって安寧秩序を保持し，社会公共の福祉の増進に資することとされている．

② 法令用語

1 防火対象物

「山林又は舟車，船きょ若しくはふ頭に繋留された船舶，建築物その他の工作物若しくはこれらに属する物」をいう．防火対象物は，その用途により，令別表第1に表3.1のとおり定められている．

2 消防対象物

「山林又は舟車，船きょ若しくはふ頭に繋留された船舶，建築物その他の工作物又は物件」をいい，防火対象物の定義とは，末尾の「これらに属する物」と「物件」との差異がある．防火対象物は火災予防行政の主たる対象となるものが定義され，また，消防対象物は火災が発生する可能性のあるもの，消防活動の対象となる可能性のあるすべてのものを含む幅広い概念として定義されていることから，「消防対象物」は「防火対象物」より広範囲なものが該当すると考えられている．

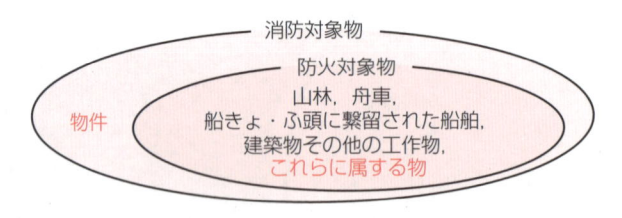

図3.1　消防対象物

3 関係者

防火対象物または消防対象物の「所有者」，「管理者」または「占有者」をいう．

4 関係のある場所
防火対象物または消防対象物のある場所をいう．

5 山林
単に山岳森林に限定されず，平野森林はもとより原野および荒蕪地(こうぶ)も含むが，田畑，市街地における広場などは含まれない．

6 舟車
停まっているもののみならず，航行中または運行中のものも含まれ，「舟」には船舶安全法(昭和8年法律第11号)第2条第1項の規定を適用しない船舶，端舟(航行推進力として機関または帆を使用しない舟)，はしけ，被曳船(ひえい)(舟に曳航される船)その他の舟をいい，これには，同法第2条第2項に規定する船舶などが該当し，推進機関を有する長さ12 m未満の船舶であって3人を超える人の運送の用に供しない船舶，一定範囲の総トン数20トン未満の漁船が該当する．

また，「車」には車輪などを用いて陸上を移動することを目的として製作された用具をいい，具体的には自動車，自転車，荷車，汽車，気動車，電車，そり，モノレールカー，ケーブルカーなどである．

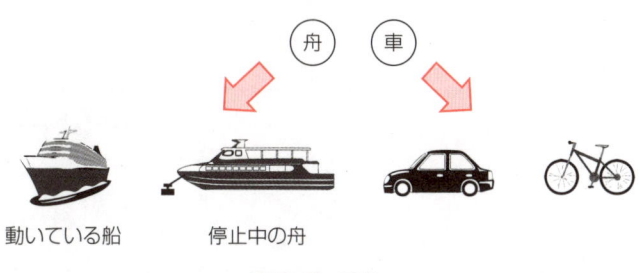

図3.2 舟車

7 特定防火対象物
防火対象物のうち，多数の者が出入りするものとして令第34条の4に定められているものであり，令別表第1 (1) 項から (4) 項まで，(5) 項イ，(6) 項，(9) 項イ，(16) 項イ，(16の2) 項および (16の3) 項の防火対象物である．表3.1の赤字の建築物が特定防火対象物である．黒字の建築物は，一般的に非特定防火対象物という．

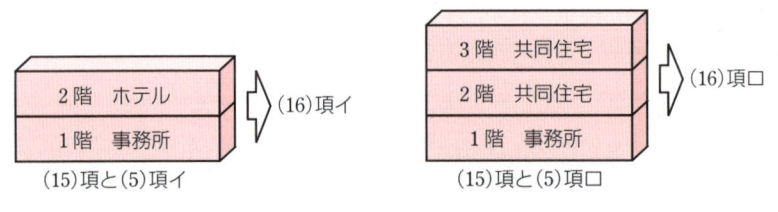

8 複合用途防火対象物

複合用途防火対象物とは，図 3.3 のとおり，同じ防火対象物に令別表第 1(1) 項から (15) 項までの防火対象物の用途が 2 つ以上あるものをいう．

図 3.3 複合用途防火対象物の例

9 高層建築物

高さ 31 m を超える建築物をいう．

10 防炎防火対象物

防炎対象物品を使用しなければならない防火対象物をいう．

表 3.1 防火対象物の項および用途

項		用途
(1) 項	イ	劇場，映画館，演芸場，観覧場
	ロ	公会堂，集会場
(2) 項	イ	キャバレー，カフェー，ナイトクラブなど
	ロ	遊技場，ダンスホール
	ハ	性風俗関連特殊営業を営む店舗など
	ニ	カラオケボックスなど
(3) 項	イ	待合，料理店など
	ロ	飲食店
(4) 項		百貨店，マーケット，展示場など
(5) 項	イ	旅館，ホテル，宿泊所など
	ロ	寄宿舎，下宿，共同住宅
(6) 項	イ	病院，診療所，助産所
	ロ	自力避難困難者入所福祉施設など
	ハ	自力避難困難者入所福祉施設など以外の福祉施設（老人デイサービスセンター，軽費老人ホーム，老人福祉センターなど）
	ニ	幼稚園，特別支援学校
(7) 項		小学校，中学校，高等学校，中等教育学校，高等専門学校，大学など
(8) 項		図書館，博物館，美術館など
(9) 項	イ	公衆浴場のうち，蒸気浴場，熱気浴場など
	ロ	(9) 項イに掲げる公衆浴場以外の公衆浴場

項		用途
(10) 項		車両の停車場，船舶・航空機の発着場
(11) 項		神社，寺院，教会など
(12) 項	イ	工場，作業場
	ロ	映画スタジオ，テレビスタジオ
(13) 項	イ	自動車車庫，駐車場
	ロ	飛行機・回転翼航空機の格納庫
(14) 項		倉庫
(15) 項		前各項に該当しない事業場
(16) 項	イ	複合用途防火対象物のうち，その一部が特定防火対象物の用途に供されているもの
	ロ	(16) 項イに掲げる複合用途防火対象物以外の複合用途防火対象物
(16の2) 項		地下街
(16の3) 項		準地下街
(17) 項		重要文化財，重要有形民俗文化財，史跡など
(18) 項		延長 50 メートル以上のアーケード
(19) 項		市町村長の指定する山林
(20) 項		総務省令で定める舟車

備考1　表中の赤字は，特定防火対象物のものを示す．

備考2　(16の3) 項の「準地下街」とは，建築物の地階で連続して地下道に面して設けられたものと当該地下道とを合わせたもの（特定防火対象物の用途に供される部分が存するもの）をいう．

備考3　(6) 項ロの「自力避難困難者入所福祉施設など」とは，火災発生時に自力で避難することが著しく困難な者が入所するもので，老人短期入所施設，養護老人ホーム，特別養護老人ホーム，有料老人ホーム（要介護），介護老人保健施設，救護施設，乳児院，障害児入所施設などをいう．

11 不燃材料

建築基準法令で定める技術的基準に適合する不燃性をもつ材料をいい，これらには，「不燃材料」，「準不燃材料」，「難燃材料」の3ランクがある．

不燃材料には，コンクリート，れんが，瓦，陶磁器質タイル，繊維強化セメント板，金属板，ガラス，モルタル，しっくい，石，厚さ 12 mm 以上の石膏ボード（ボード用原紙の厚さが 0.6 mm 以下のもの），ロックウールなどがある．

12 準不燃材料

準不燃材料は，不燃性をもつ材料の中位のもので，厚さ 9 mm 以上の石膏ボード（ボード用原紙の厚さが 0.6 mm 以下のもの），厚さ 15 mm 以上の木毛セメント板などがある．

13 難燃材料

難燃材料は，不燃性をもつ材料の下位のもので，厚さ 5.5 mm 以上の難燃合板，厚さ 7 mm 以上の石膏ボード（ボード用原紙の厚さが 0.5 mm 以下のもの）などがある．

14 消防用設備等

「消防の用に供する設備」，「消防用水」，「消火活動上必要な施設」をいう．

15 危険物

法別表第 1 の品名欄に掲げる物品で，同表に定める区分に応じ同表の性質欄に掲げる性状を有するものをいう．

16 指定数量

危険物についてその危険性を勘案して危政令別表第 3 で定める数量をいう．品名または指定数量が異なる複数の危険物を同一の場所で貯蔵等する場合には，それぞれの危険物の数量を当該危険物の指定数量で除し，その商の和が 1 以上となるときは，指定数量以上の危険物を貯蔵または取り扱っているものとみなす．

17 少量危険物

取扱量または貯蔵量が指定数量未満で，指定数量の 1/5 以上のものをいう．

18 指定可燃物

危政令別表第 4 で定める綿花類，わら類，木毛などの物品で，同表の数量欄に定める数量以上のものをいう．

19 無窓階

建築物の地上階のうち，規則第 5 条の 2 で定める「避難上又は消火活動上有効な開口部を有しない階」をいう．

① 11 階以上の階

直径 50 cm 以上の円が内接することができる開口部の面積の合計が当該階の床面積の 30 分の 1 を超える階（「普通階」という）以外の階

② 10 階以下の階

直径 1 m 以上の円が内接することができる開口部またはその幅および高さがそれぞれ 75 cm 以上および 1.2 m 以上の開口部を 2 つ以上有する普通階以外の階

③ 床面から開口部の下端までの高さは，1.2 m 以内であること．

避難上または消火活動上有効な開口部を有しない階（無窓階）とは

[10階以下] この基準以上の開口部（窓など）が1の場合「無窓階」となる．2以上ある階は「普通階」

[11階以上] 開口部（窓など）の面積の合計が当該階床面積の1/30以下の場合「無窓階」となる．1/30を超える階は「普通階」

- 直径1 m以上の円が内接できる開口部
- または 高さ1.2 m以上　幅75 cm以上
- 直径50 cm以上の円が内接できる開口部
- 床面から開口部下端までの高さは1.2 m以内であること

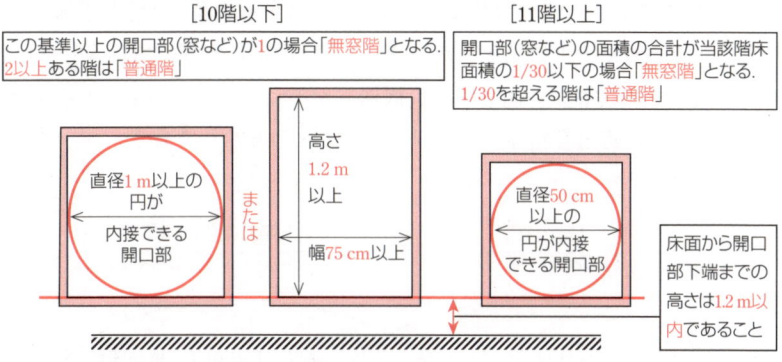

図3.4　無窓階

④　開口部（11階以上の階の開口部を除く）は，道または道に通じる幅員1 m以上の通路その他の空地に面したものであること．

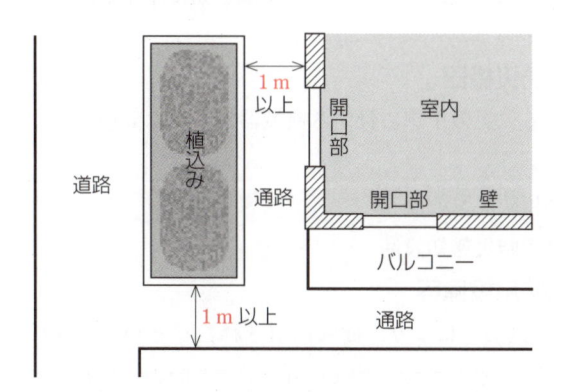

図3.5　開口部

⑤　開口部は，格子その他の内部から容易に避難することを妨げる構造を有しないものであり，かつ，外部から開放し，または容易に破壊することにより進入できるものであること．

⑥　開口部は，開口のため常時良好な状態に維持されているものであること．

20 消防の用に供する機械器具等

「消防の用に供する機械器具」,「消防の用に供する設備」,「消火薬剤」,「防火塗料,防火液その他の防火薬品」をいい,「検定対象機械器具等」,「自主表示対象機械器具等」,「住宅用防災機器」がある.「消防の用に供する機械器具等」と「消防用設備等」を整理すると,次のとおりである.

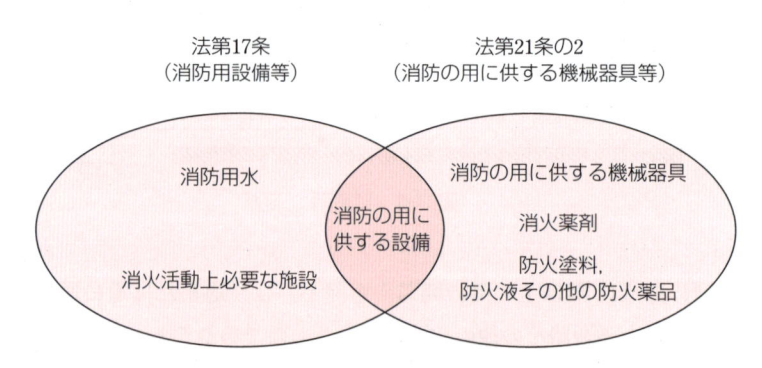

法第17条
（消防用設備等）

法第21条の2
（消防の用に供する機械器具等）

消防用水

消防の用に
供する設備

消火活動上必要な施設

消防の用に供する機械器具

消火薬剤

防火塗料,
防火液その他の防火薬品

図3.6　消防の用に供する機械器具等の考え方

21 住宅用防災機器

住宅における火災の予防に資する機械器具または設備であって,令で定める次のものをいう.

① 住宅用防災警報器
② 住宅用防災報知設備

22 特殊消防用設備等

「科学技術の進展等により,従前供用されることが予想されなかった特殊の消防用設備等が開発され,消防の用に供する設備等の範疇にあるが,従来の仕組み,使用方法,機能等とは異なるために法第条17条第1項の技術上の基準に適合しないもの」と,「消防に関する科学技術等の進展,知見の蓄積等により出現する可能性があるもので,法第条17条第1項に定められているもの以外の消防の用に供する設備・施設,建築構造,それらを組み合わせた防災上の総合的なシステム」である「その他の設備等」の2つをいう.

要点のまとめ

□防火対象物とは：山林又は舟車，船きょ若しくはふ頭に繋留された船舶，建築物その他の工作物若しくはこれらに 属する物

□消防対象物とは：山林又は舟車，船きょ若しくはふ頭に繋留された船舶，建築物その他の工作物又は 物件

□特定防火対象物

防火対象物のうち， 多数の者 が出入りするものとして令第34条の4に定められているもの

項		用途
(1) 項	イ	劇場，映画館，演芸場，観覧場
	ロ	公会堂，集会場
(2) 項	イ	キャバレー，カフェー，ナイトクラブなど
	ロ	遊技場，ダンスホール
	ハ	性風俗関連特殊営業を営む店舗など
	ニ	カラオケボックスなど
(3) 項	イ	待合，料理店など
	ロ	飲食店
(4) 項		百貨店，マーケット，展示場など
(5) 項イ		旅館，ホテル，宿泊所など
(6) 項	イ	病院，診療所，助産所
	ロ	自力避難困難者入所福祉施設など
	ハ	自力避難困難者入所福祉施設など以外の福祉施設（老人デイサービスセンター，軽費老人ホーム，老人福祉センターなど）
	ニ	幼稚園，特別支援学校
(9) 項イ		公衆浴場のうち，蒸気浴場，熱気浴場など
(16) 項イ		複合用途防火対象物のうち，その一部が特定防火対象物の用途に供されているもの
(16の2) 項		地下街
(16の3) 項		準地下街

3-1 各類に共通する部分 演習問題 用語とその意義

【問 1】

消防法に規定する用語について，誤っているものは次のうちどれか．
(1) 関係者とは，防火対象物又は消防対象物の所有者，管理者又は占有者をいう．
(2) 防火対象物とは，山林又は舟車，船きょ若しくはふ頭に繋留された船舶，建築物その他の工作物又は物件をいう．
(3) 舟車には，車両も含まれる．
(4) 関係のある場所とは，防火対象物又は消防対象物のある場所をいう．

【問 2】

消防法令上，特定防火対象物に該当しないものは次のうちどれか．
(1) 百貨店　　(2) 共同住宅　　(3) 病院　　(4) 旅館

【問 3】

消防法令上，特定防火対象物のみからなる組合せは，次のうちどれか．
(1) 病院，小学校，マーケット，地下街，駐車場
(2) 遊技場，倉庫，博物館，マーケット，中学校
(3) 倉庫，遊技場，博物館，病院，旅館
(4) 劇場，マーケット，病院，地下街，旅館

問 1 (2)

1 法第2条に規定される用語については，よく出題されている．
2 (1)，(3)および(4)は，法第2条に規定されているとおりなので正しい．(2)は，消防対象物の定義なので，これが誤りである．
3 用語については，「防火対象物」と「消防対象物」の定義の違いである末尾の「これらに属する物」と「物件」との差異とを，「山林」，「舟車」，「船きょ・ふ頭に繋留された船舶」，「建築物」および「その他の工作物」が含まれることを覚える必要がある．

問 2 (2)

1 特定防火対象物に指定されている用途は，令別表第1 (1) 項から (4) 項まで，(5) 項イ，(6) 項，(9) 項イ，(16) 項イ，(16の2) 項および (16の3) 項の防火対象物である．
2 (1)の百貨店は令別表第1(4)項，(2)の共同住宅は(5)項ロ，(3)の病院は(6)項イ，(4)の旅館は (5) 項イであることから，(2)が正答である．

問 3 (4)

1 病院は令別表第1 (6) 項イ，小学校は (7) 項，マーケットは (4) 項，地下街は (16の2) 項，駐車場は (13) 項イ，遊技場は (2) 項ロ，倉庫は (14) 項，博物館は (8) 項，中学校は (7) 項，旅館は (5) 項イ，劇場は (1) 項イである．
2 (1)の病院，マーケット，地下街は特定防火対象物であるが，小学校と駐車場は非特定防火対象物であるので誤りである．
3 (2)の遊技場とマーケットは特定防火対象物であるが，倉庫，博物館，中学校は非特定防火対象物であるので誤りである．
4 (3)の遊技場，病院，旅館は特定防火対象物であるが，倉庫と博物館は非特定防火対象物であるので誤りである．
5 (4)の劇場，マーケット，病院，地下街，旅館はいずれも特定防火対象物であるのでこれが正答である．

【問 4】

消防法令に規定する用語について，正しいものは次のうちどれか．

(1) 複合防火対象物とは，同じ防火対象物内において多数の者が出入りする2以上の防火対象物があるものをいう．
(2) 危険物とは，危政令別表第1に定めるものをいう．
(3) 防火対象物とは，山林又は舟車，船きょ若しくはふ頭に繋留された船舶，建築物その他の工作物又は物件をいう．
(4) 消防対象物とは，山林又は舟車，船きょ若しくはふ頭に繋留された船舶，建築物その他の工作物又は物件をいう．

【問 5】

消防法令に規定する無窓階の定義について，正しいものは次のうちどれか．

(1) 建築物の壁面に窓を有しない階．
(2) 避難階又は地上に通ずる開口部を有しない階．
(3) 採光上又は防排煙上有効な開口部を有しない階．
(4) 避難上又は消火活動上有効な開口部を有しない階．

【問 6】

次の文中の（　）内に入れる語句として，消防法令上，最も適切なものの組合せはどれか．

消防法は，（　A　）を予防し，警戒し及び鎮圧し，（　B　）の生命，身体及び（　C　）を火災から保護するとともに，火災又は地震等の災害による被害を軽減するほか，災害等による傷病者の搬送を適切に行い，もって安寧秩序を保持し，社会公共の福祉の増進に資することを目的とする．

	A	B	C
(1)	火災	住民	財産
(2)	防災	国民	住宅
(3)	火災	国民	財産
(4)	防災	住民	住宅

問 4 (4)

(1)の複合防火対象物とは，同じ防火対象物に令別表第 1（1）項から（15）項までの防火対象物の用途が 2 つ以上あるものをいい，(2)の危険物とは，法別表第 1 の品名欄に掲げる物品で，同表に定める区分に応じ同表の性質欄に掲げる性状を有するものをいい，(3)の防火対象物とは，山林または舟車，船きょもしくはふ頭に繋留された船舶，建築物その他の工作物もしくはこれらに属するものをいうので，これらは，誤りとなる．

問 5 (4)

無窓階とは，建築物の地上階のうち，規則で定める「避難上又は消火活動上有効な開口部を有しない階」をいう．

たとえば，11 階以上の階の場合には直径 50 cm 以上の円が内接することができる開口部の面積の合計が当該階の床面積の 30 分の 1 を超える階以外の階とされている．

問 6 (3)

消防法の目的は，法第 1 条に，

「消防法は，火災を予防し，警戒し及び鎮圧し，国民の生命，身体及び財産を火災から保護するとともに，火災又は地震等の災害による被害を軽減するほか，災害等による傷病者の搬送を適切に行い，もつて安寧秩序を保持し，社会公共の福祉の増進に資することを目的とする」と規定されている．

3-1 各類に共通する部分　火災予防

① 消防の組織

　日本の消防組織は,「自治体消防（市町村消防）」といわれ, 図3.7のとおり, 国や都道府県ではなく, 市町村単位となっている. このため, 消防事務の責任は, 市町村が負う仕組みとなっている.

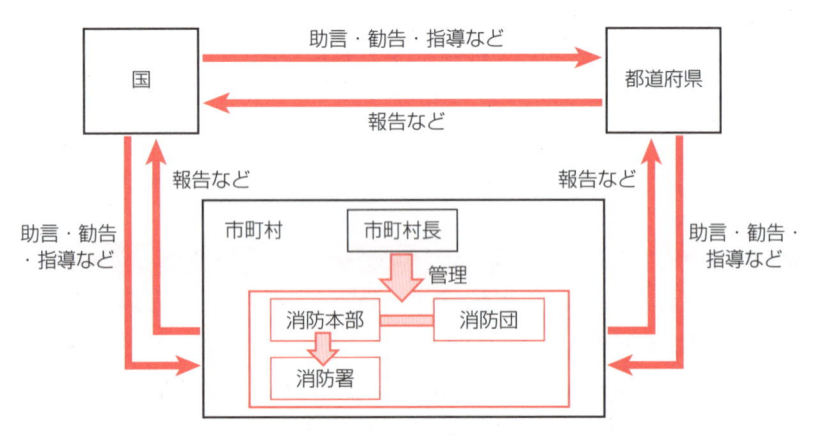

図3.7　消防の組織

　消防事務の管理者は, 市町村長であり, 市町村には, 少なくとも消防本部または消防団のいずれかがあり, 消防本部を設けずに消防署のみを単独で設けることは許されない.

　平成28年4月1日現在, 全国に733消防本部, 1 714消防署, 2 211消防団が設置されている.

　消防本部および消防署における職員を消防職員といい, そのうちの消防の任にあたる職員を消防吏員（りいん）, また, 消防団の構成員を消防団員という.

　消防本部の長を消防長, 消防署の長を消防署長, また, 消防団の長を消防団長という.

② 屋外における火災予防の命令（法第３条）

消防長（消防本部がない市町村にあっては，市町村長），消防署長，その他の消防吏員は，屋外において火災予防上危険であると認める場合や消火避難活動上支障になると認める場合，その行為者またはその物件の関係者で権原を有する者に対して，次の措置をとるよう命令できる．この命令に従わない者には，罰則がある．

なお，消防団長には，この権限はない．

① 火遊び，喫煙，たき火などの禁止，制限など
② 残火，取灰，火粉の始末
③ 危険物などの除去，処理
④ 放置された物件の整理，除去

③ 資料提出命令，立入検査（法第４条など）

消防長（消防本部がない市町村にあっては，市町村長）または消防署長は，火災予防のために必要があるときは，関係者に対して資料の提出・報告を求め，消防職員などにあらゆる場所に立ち入って，検査・質問（一般的に，「立入検査」，「査察」という）させることができる．

個人の住居については，関係者の承諾を得た場合，特に緊急の必要がある場合でなければ立入検査はできない．

また，消防本部がない市町村の場合には，消防事務に従事する職員または常勤の消防団員に立入検査させることができる．

なお，火災予防のため特に必要があるときは，法第４条の２の規定により，消防長または消防署長は，消防対象物および期日または期間を指定して，当該管轄区域内の消防団員（消防本部を置かない市町村においては，非常勤の消防団員）に立ち入らせ検査を行うことができる．

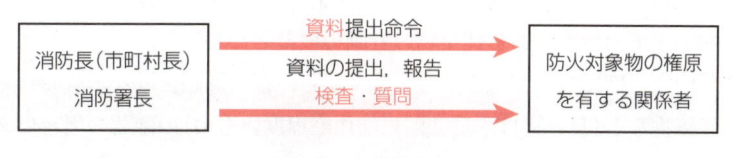

| 消防長（市町村長）消防署長 | → 資料提出命令 資料の提出，報告 検査・質問 → | 防火対象物の権原を有する関係者 |

図 3.8　資料提出命令

④ 防火対象物に対する火災予防措置命令（法第5条）

消防長（消防本部がない市町村にあっては，市町村長）または消防署長は，防火対象物の位置，構造，設備または管理の状況について，火災予防上危険であると認める場合，消火避難活動上支障になると認める場合などには，権原を有する関係者に対し，防火対象物の改修，移転，除去，工事の停止などを命令できる．

なお，ほかの法令により建築，増築，改築または移築の許可または認可を受け，その後事情の変更をしていない建築物などについては，命令できない．

```
消防長（市町村長）      火災予防措置命令        防火対象物の権原
消防署長          改修，移転，除去，工事の停止など    を有する関係者
```

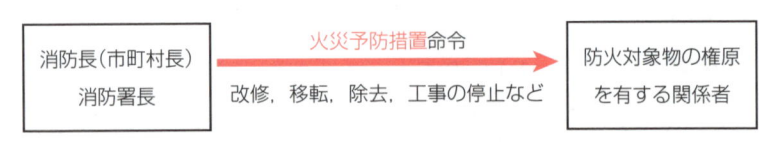

図 3.9　火災予防措置命令

⑤ 消防同意（法第7条）

建築物の新築，増築，改築，移転，修繕，模様替，用途変更，使用する場合には，建築基準法令に適合していることについて，権限を有する行政庁（建築主事，指定確認検査機関など）に確認してもらう必要があり，この確認を建築確認という．

消防の同意とは，建築主事などが，建築確認を求められた場合の確認の前に行う必要のある防火に関することについての消防長（消防本部がない市町村にあっては，市町村長）または消防署長の同意（一般的に「消防同意」という）をいう．

建築主事などは，建築確認を求められた場合，その確認の前に，防火に関することについて，消防同意が必要である．このため，消防同意の時期は，建築物の工事着手前である建築物の計画の段階となる．

消防同意の期間は，同意を求められてから，都市計画区域などにおける一般の建築物など（たとえば木造2階戸建住宅程度のもの）の確認の場合にあっては3日以内，その他の確認の場合にあっては7日以内に同意を与えて，同

意または不同意を建築主事などに通知しなければならない．

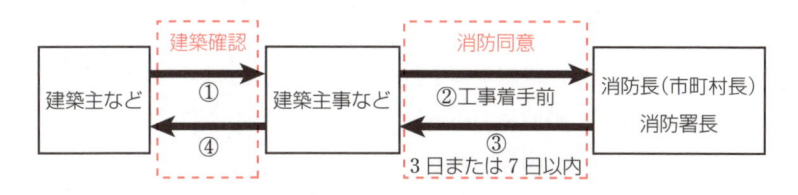

```
                  建築確認              消防同意
┌─────────┐  ①  ┌─────────┐ ──────→ ┌─────────────┐
│建築主など│ ───→ │建築主事など│ ②工事着手前  │消防長(市町村長)│
│         │ ←─── │         │ ←──────     │  消防署長    │
└─────────┘  ④   └─────────┘     ③        └─────────────┘
                              3日または7日以内
```

図3.10　消防同意の流れ

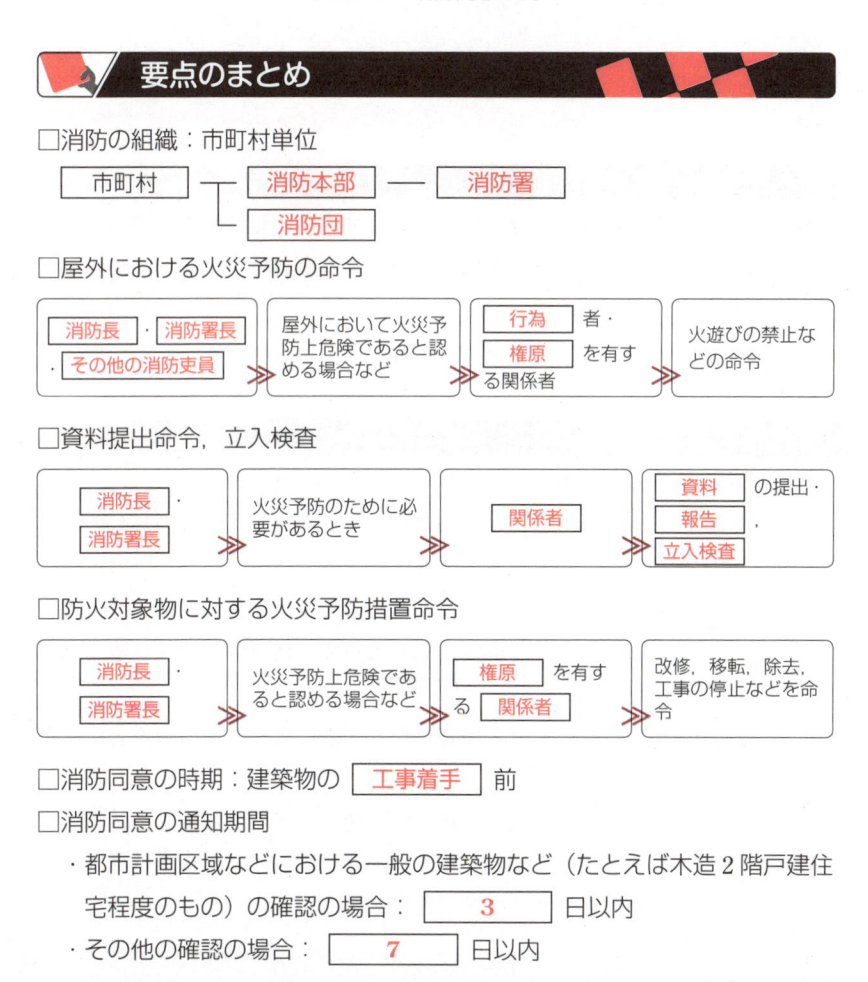

要点のまとめ

□消防の組織：市町村単位

市町村 ─┬─ 消防本部 ─ 消防署
        └─ 消防団

□屋外における火災予防の命令

| 消防長・消防署長・その他の消防吏員 | 屋外において火災予防上危険であると認める場合など | 行為者・権原を有する関係者 | 火遊びの禁止などの命令 |

□資料提出命令，立入検査

| 消防長・消防署長 | 火災予防のために必要があるとき | 関係者 | 資料の提出・報告・立入検査 |

□防火対象物に対する火災予防措置命令

| 消防長・消防署長 | 火災予防上危険であると認める場合など | 権原を有する関係者 | 改修，移転，除去，工事の停止などを命令 |

□消防同意の時期：建築物の　工事着手　前

□消防同意の通知期間
　・都市計画区域などにおける一般の建築物など（たとえば木造2階戸建住宅程度のもの）の確認の場合：　3　日以内
　・その他の確認の場合：　7　日以内

3-1 各類に共通する部分　演習問題　火災予防

【問 1】
消防法令に関する記述のうち，誤っているものは次のうちどれか．
(1) すべての市町村は，消防本部を置かなければならない．
(2) 消防本部の長は，消防長である．
(3) 消防団の長は，消防団長である．
(4) 消防団を置かない市町村もある．

【問 2】
法第3条の規定に基づき，行為者等に対して屋外における火災予防上危険であると認めた場合の措置を命じることができない者は次のうちどれか．
(1) 消防吏員　　(2) 消防署長
(3) 消防団長　　(4) 消防本部がない市町村の市町村長

【問 3】
消防法令に関する記述のうち，正しいものは次のうちどれか．
(1) 市町村長は，火災予防のために必要があるときは，関係者に対して資料の提出を命じることができる．
(2) 消防長又は消防署長は，火災予防のために必要があるときは，消防職員に命じて制限なくあらゆる場所に立ち入って，検査・質問させることができる．
(3) 法第4条の規定に基づく立入検査を行うときには，事前に関係者に通告しなければならない．
(4) 消防長又は消防署長は，火災予防のため特に必要があるときは，消防対象物及び期日又は期間を指定して，当該管轄区域内の消防団員（消防本部を置かない市町村においては，非常勤の消防団員）に立入検査をさせることができる．

問 1 (1)

1　組織法第9条の規定により，「市町村は，消防本部，消防署，消防団の全部又は一部を設ける」とされ，「少なくとも消防本部又は消防団のいずれかを設ける」，「消防本部を設けずに消防署のみを単独で設けることは許されない」ことになっている．したがって，消防本部を必ず置く必要がないことから，(1)は誤りである．
2　消防本部の長は消防長，消防団の長は消防団長なので，(2)と(3)は正しい．
3　(4)は，前述のとおり，消防本部を設けた場合には消防団を置く必要がないことから，正しい．

問 2 (3)

法第3条の屋外における火災予防の命令は，消防長（消防本部がない市町村にあっては，市町村長），消防署長，その他の消防吏員が，行為者・その物件の関係者で権原を有する者に対して行うものであるので，(3)の消防団長が，誤りである．

問 3 (4)

1　消防長（消防本部がない市町村にあっては，市町村長）または消防署長は，火災予防のために必要があるときは，関係者に対して，資料の提出・報告を求めたり，消防職員または常勤の消防団員に立入検査させることができる．また，火災予防のために特に必要があるときは，消防対象物および期日または期間を指定して，当該管轄区域内の消防団員（消防本部を置かない市町村においては，非常勤の消防団員）に立入検査をさせることができることとされている．
2　したがって，(4)が正答である．
3　なお，市町村長が資料の提出を命じることができるのは，消防本部がない市町村に限るので(1)は誤りである．個人の住居については，関係者の承諾を得た場合，特に緊急の必要がある場合でなければ立入検査はできないので(2)は誤りである．立入検査には，現行，事前通告などの必要はないので(3)は誤りである．

【問 4】

　法第7条に規定する消防の同意に関する記述のうち，正しいものは次のうちどれか．
(1) 消防の同意は，建築主事，指定確認検査機関が行う．
(2) 建築主事は，消防の同意を得なければ確認することができない．
(3) 消防の同意の結果を通知する期間は，3日以内となっている．
(4) 建築主は，建築確認の申請を行う前に消防の同意を得なければならない．

【問 5】

　法第7条に規定する消防の同意に関する記述のうち，誤っているものは次のうちどれか．
(1) 指定確認検査機関が確認を行う場合には，消防本部を置かない市町村にあっては，当該市町村長の同意が必要となる．
(2) 建築主事が確認を行う場合には，消防長又は消防署長の同意が必要となる．
(3) 消防の同意は，建築物の工事完了後直ちに行われる．
(4) 消防の同意は，建築物の計画が法律又はこれに基づく命令若しくは条例の規定により，建築物の防火に関するものに違反していないかどうかについて行われる．

【問 6】

　法第5条の規定に基づく防火対象物に対する火災予防措置命令について，防火対象物の改修，移転，除去，工事の停止等を命令できる者と，命令される者の組み合わせとして正しいものは次のうちどれか．
(1)　都道府県知事　　　　消防設備士
(2)　消防長又は消防署長　消防設備士
(3)　都道府県知事　　　　防火対象物の権原を有する関係者
(4)　消防長又は消防署長　防火対象物の権原を有する関係者

問 4 (2)

1　消防の同意は，消防長（消防本部がない市町村にあっては，市町村長）または消防署長が行うので，(1)は誤りである．
2　(2)は，正しい記述であるので，正答である．
3　消防の同意の結果を通知する期間は，一般の建築物などの確認の場合にあっては3日以内，その他の確認の場合にあっては7日以内なので，特に限定していない(3)は誤りである．
4　消防の同意を得なければならない者は，建築主事などなので，(4)は誤りである．

問 5 (3)

1　消防同意の時期は，建築物の工事着手前とされているので，(3)が誤りである．
2　(1)，(2)および(4)は，正しい記述である．

問 6 (4)

法第5条の防火対象物に対する火災予防措置命令は，消防長（消防本部がない市町村にあっては，市町村長）または消防署長が，防火対象物の位置，構造，設備または管理の状況について，火災予防上危険であると認める場合などに，権原を有する関係者に対して行うものであるので，(4)が正しい組み合わせである．

3-1 各類に共通する部分　防火管理者

① 防火管理者

　学校，病院などのように多数の者が出入，勤務，居住する防火対象物には，防火管理者を定め，当該防火対象物について，消防計画の作成など，防火管理上必要な業務を行わせなければならない．

　防火管理者を選任，解任する者は，防火対象物の管理について権原を有する者（管理権原者）である．

　防火管理者は，防火対象物における火気の使用または取扱いなど，消防法令に定める防火の管理に関する事項について，法律，契約，慣習上当然行うべき者である．防火管理者の選任には，防火対象物の所有者，賃借者などが想定されるが，その所有形態，管理形態，運営形態，契約形態などを踏まえ総合的に判断されるものである．

　防火対象物の管理権原者は，防火管理者を定めた場合または解任した場合，遅滞なく，その旨を消防長（消防本部がない市町村にあっては，市町村長）または消防署長に届け出なければならない．

図3.11　防火管理者

② 防火管理者が必要な防火対象物

　防火管理者を置かなければならない防火対象物は，表3.2に掲げる防火対象物である．

表3.2　防火管理者が必要な防火対象物

防火対象物	要件
①自力避難困難者入所福祉施設など ②自力避難困難者入所福祉施設などがある複合用途防火対象物 ③地下街	収容人員 10 人以上
特定防火対象物（自力避難困難者入所福祉施設などを除く）	収容人員 30 人以上

防火対象物	要件
非特定防火対象物	収容人員 50 人以上
新築工事中の建築物で，外壁，床，屋根を有する部分が， ① 地階を除く階数が 11 以上で，延べ面積が 10 000 m² 以上の建築物 ② 延べ面積が 50 000 m² 以上の建築物 ③ 地階の床面積の合計が 5 000 m² 以上の建築物で，電気工事などの工事中のもの	収容人員 50 人以上
建造中の旅客船	収容人員 50 人以上 甲板数が 11 以上の進水後の旅客船でぎ装中のもの

備考：収容人員とは，出入，勤務または居住する者の数をいう．

③ 防火管理者の業務

防火管理者は，次の業務を行わなければならない．

① 消防計画の作成
② 消防計画に基づく消火，通報および避難の訓練の実施
③ 消防用設備等の点検および整備
④ 火気の使用・取扱いに関する監督
⑤ 避難・防火上必要な設備等の維持管理
⑥ 収容人員の管理 など

④ 総括防火管理者

高層建築物や地下街のように多数の店舗，事務所などを有する防火対象物では，その管理について権原が分かれているものがある．このような防火対象物には，総括防火管理者を置くこととされている．

総括防火管理者を置かなければならない防火対象物は，表 3.3 に掲げる防火対象物である．

統括防火管理者は，次の業務を行わなければならない．

① 防火対象物の全体についての防火管理に係る消防計画の作成，届出
② 消防計画に基づく消火，通報および避難の訓練の実施
③ 防火対象物の廊下，階段，避難口その他の避難上必要な施設の管理
④ 防火対象物の全体についての防火管理上必要な業務 など

表 3.3 総括防火管理者を置かなければならない防火対象物

高層建築物	
①自力避難困難者入所福祉施設など ②自力避難困難者入所福祉施設などがある複合用途防火対象物	地階を除く階数 3 以上, 収容人員 10 人以上
特定防火対象物（自力避難困難者入所福祉施設など，地下街，準地下街を除く）	地階を除く階数 3 以上, 収容人員 30 人以上
特定用途部分がない複合用途防火対象物	地階を除く階数 5 以上, 収容人員 50 人以上
地下街	消防長などが指定するもの
準地下街	

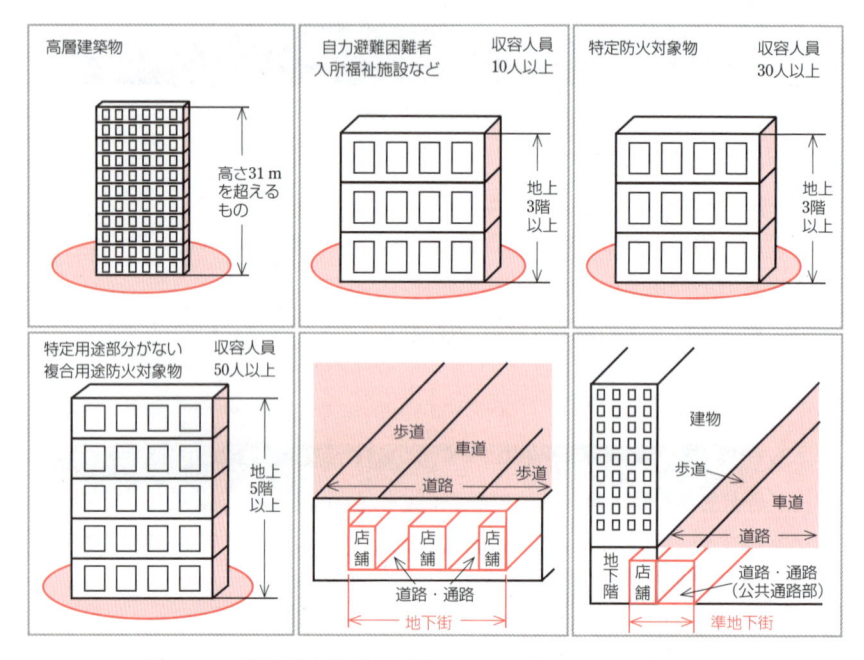

図 3.12 総括防火管理者を置かなければならない防火対象物

要点のまとめ

□防火管理者が必要な防火対象物

①収容人員 10 人以上の自力避難困難者入所福祉施設など，②自力避難困難者入所福祉施設などがある複合用途防火対象物または③地下街
収容人員 30 人以上の特定防火対象物（自力避難困難者入所福祉施設などを除く）
収容人員 50 人以上の非特定防火対象物
収容人員 50 人以上の新築工事中の建築物で，外壁，床，屋根を有する部分が①地階を除く階数が 11 以上で，延べ面積が 10 000 m² 以上の建築物，②延べ面積が 50 000 m² 以上の建築物または③地階の床面積の合計が 5 000 m² 以上の建築物で，電気工事などの工事中のもの
収容人員 50 人以上の建造中の旅客船で，甲板数が 11 以上の進水後の旅客船でぎ装中のもの

□防火管理者の業務

① [消防計画] の作成
② [消防計画] に基づく消火，通報および [避難] の訓練の実施
③ [消防用設備等] の点検および整備
④ 火気の使用・取扱いに関する [監督]
⑤ 避難・防火上必要な設備等の [維持管理]
⑥ [収容人員] の管理など

□統括防火管理者が必要な防火対象物

高層建築物
地階を除く階数が 3 以上で収容人員 10 人以上の①自力避難困難者入所福祉施設など，②自力避難困難者入所福祉施設などがある複合用途防火対象物
地階を除く階数が 3 以上で収容人員 30 人以上の特定防火対象物（自力避難困難者入所福祉施設など，地下街，準地下街を除く）
地階を除く階数が 5 以上で収容人員 50 人以上の特定用途部分がない複合用途防火対象物
消防長などが指定する地下街
準地下街

□統括防火管理者の業務

① 防火対象物の全体についての防火管理に係る [消防計画] の作成，届出
② [消防計画] に基づく消火，通報および [避難] の訓練の実施
③ 防火対象物の廊下，階段，避難口その他の避難上必要な施設の [管理]
④ 防火対象物の全体についての [防火管理] 上必要な業務など

3-1 各類に共通する部分 演習問題 防火管理者

【問 1】
次の防火対象物のうち，防火管理者を選任しなければならないものは次のうちどれか．
(1) 収容人員 45 人の銀行
(2) 収容人員 40 人の診療所
(3) 収容人員 35 人の共同住宅
(4) 収容人員 30 人の図書館

【問 2】
防火管理者の行うべき業務内容として，適当なものは次のうちどれか．
(1) 義務設置の対象となる屋内消火栓設備の整備（軽微な整備を除く）
(2) 指定数量以上の危険物の取扱いに関する監督
(3) 火気の使用又は取扱いに関する監督
(4) 消防用設備等の設置工事を行う場合の監督

【問 3】
防火管理者を置かなければならない防火対象物について，次のうち正しいものはどれか．
(1) 管理についての権原者が同一である 2 棟の作業所が同一敷地に存するが，それぞれの収容人員が 30 人であるもの
(2) 防火対象物の用途にかかわらず消防用設備等の設置が義務付けられているもの
(3) 特定防火対象物にあっては延べ面積が 300 m² 以上のもの
(4) 特定防火対象物以外の防火対象物にあっては延べ面積が 300 m² 以上のもののうち，消防長又は消防署長が指定するもの

問 1 (2)

1　(1)の銀行は令別表第1 (15) 項なので非特定防火対象物，(2)の診療所は (6) 項イなので特定防火対象物，(3)の共同住宅は (5) 項ロなので非特定防火対象物，(4)の図書館は(8)項なので非特定防火対象物に該当する．
2　防火管理者が必要な防火対象物は，特定防火対象物については30人以上，非特定防火対象物については50人以上とされている．
3　したがって，収容人員が50人未満の非特定防火対象物である(1)，(3)および(4)には必要なく，収容人員が30人以上の特定防火対象物である(2)には，防火管理者が必要となるので，(2)が正答である．
　なお，防火管理者が必要な防火対象物は，表3.2のとおりである．

問 2 (3)

　防火管理者の行うべき業務は，①消防計画の作成，②消防計画に基づく消火，通報および避難の訓練の実施，③消防用設備等の点検および整備，④火気の使用・取扱いに関する監督，⑤避難・防火上必要な設備等の維持管理，⑥収容人員の管理などである．したがって，(3)が④に該当するため，正答となる．
　なお，(1)は軽微な整備が除かれているので，消防設備士（甲種第1類），(2)は危険物保安監督者（危険物の取扱作業において保安の監督業務を行う者），(4)は消防設備士（甲種）の業務である．

問 3 (1)

1　防火管理者を置かなければならない防火対象物は，表3.2のとおりであり，原則収容人員で決定する．
2　したがって，収容人員が不明なものは，防火管理者を置かなければならないのかどうかわからないので，(2)，(3)および(4)は誤りである．
3　(1)の同一敷地内で同一権原者である場合には，建物が複数あっても1つの防火対象物とみなされるので，この場合の収容人員は，合計して60人となり，非特定防火対象物であっても，防火管理者が必要となる．

【問 4】

次の防火対象物のうち，総括防火管理者が必要な防火対象物はどれか．ただし，防火対象物の管理についての権原は分かれているものとする．

(1) 管理権原を有する者が複数いる地下街であるが，消防長又は消防署長が指定していないもの
(2) 管理権原を有する者が複数いる高さ31 mを超える建築物であるが，消防長又は消防署長が指定していないもの
(3) 倉庫と作業所の用途が存する複合用途防火対象物で地階を除く階数が4のもの
(4) 平屋建の延べ面積が6 000 m^{2}以上の物品販売店舗

【問 5】

総括防火管理者の行うべき業務内容として，誤っているものは次のうちどれか．

(1) 防火対象物の全体についての防火管理上必要な業務
(2) 防火対象物の全体についての防火管理に係る消防計画の作成，届出
(3) 消防用設備等の点検及び整備
(4) 防火対象物の廊下，階段，避難口その他の避難上必要な施設の管理

問 4 (2)

1 この設問は，収容人員に関係なく総括防火管理者が必要な防火対象物を答えるものである．収容人員に関係なく総括防火管理者が必要な防火対象物は，高層建築物（高さ 31 m を超える建築物），地下街（消防長または消防署長が指定するもの）と準地下街である．

2 (1)の地下街は消防長または消防署長の指定がないことから，(3)の複合用途防火対象物と(4)の物品販売店舗（特定防火対象物）は収容人員の要件がわからないことから，総括防火管理者の必要はない．

3 (2)の高層建築物は，消防長または消防署長の指定の有無に関係なく，総括防火管理者が必要なので，(2)が正答である．

4 なお，総括防火管理者が必要な防火対象物は，表 3.3 のとおりである．

問 5 (3)

1 総括防火管理者の行うべき業務は，次の業務である．
　① 防火対象物の全体についての防火管理に係る消防計画の作成，届出
　② 消防計画に基づく消火，通報および避難の訓練の実施
　③ 防火対象物の廊下，階段，避難口その他の避難上必要な施設の管理
　④ 防火対象物の全体についての防火管理上必要な業務など

2 したがって，(1)は④に，(2)は①に，(4)は③に該当することから，総括防火管理者の行うべき業務である．

3 (3)の業務は，総括防火管理者の行うべき業務ではなく，防火管理者の行うべき業務なので，これが正答である．

3-1 各類に共通する部分 防　炎

① 防炎対象物品

カーテンや舞台にあるどん帳のように垂れ下がっているもの等は，火に接した場合に着火物となって火災を発生させる原因，着火するとその火が天井まで駆け上がり火災が拡大する原因や延焼する原因となる．

このため，高層建築物などの防火対象物において使用する防炎対象物品は，消防法令で定める基準以上の防炎性能を有するものでなければならないとされている．防炎対象物品には，防炎性能を有するものである旨の表示が附されている．

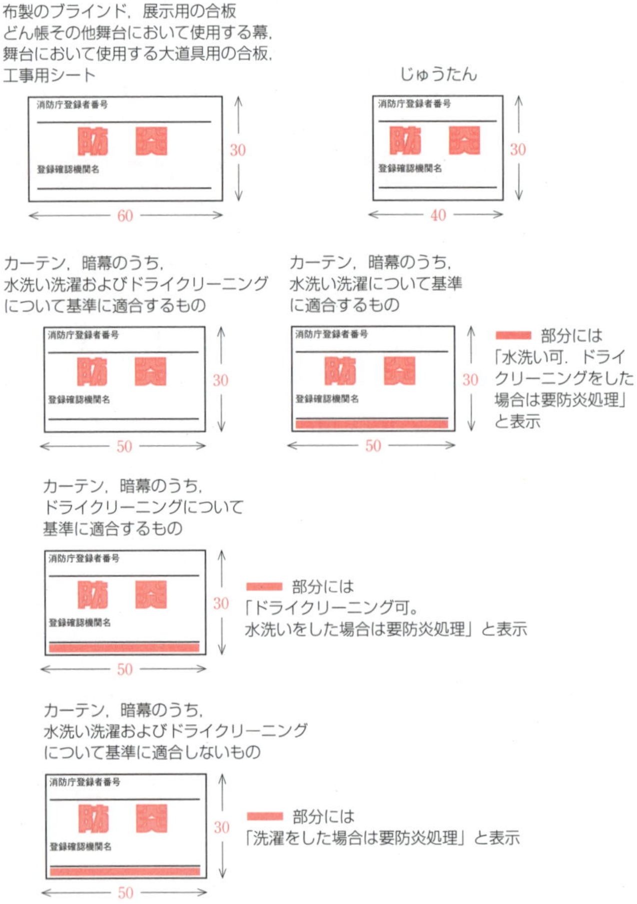
布製のブラインド，展示用の合板
どん帳その他舞台において使用する幕，
舞台において使用する大道具用の合板，
工事用シート
消防庁登録者番号
防　炎
登録確認機関名
30
60
じゅうたん
消防庁登録者番号
防　炎
登録確認機関名
30
40
カーテン，暗幕のうち，
水洗い洗濯およびドライクリーニング
について基準に適合するもの
消防庁登録者番号
防　炎
登録確認機関名
30
50
カーテン，暗幕のうち，
水洗い洗濯について基準
に適合するもの
消防庁登録者番号
防　炎
登録確認機関名
30
50
部分には
「水洗い可．ドライ
クリーニングをした
場合は要防炎処理」
と表示
カーテン，暗幕のうち，
ドライクリーニングについて
基準に適合するもの
消防庁登録者番号
防　炎
登録確認機関名
30
50
部分には
「ドライクリーニング可。
水洗いをした場合は要防炎処理」と表示
カーテン，暗幕のうち，
水洗い洗濯およびドライクリーニング
について基準に適合しないもの
消防庁登録者番号
防　炎
登録確認機関名
30
50
部分には
「洗濯をした場合は要防炎処理」と表示

図 3.13　防炎性能を有するものである旨の表示例

3-1　各類に共通する部分

　防炎対象物品には，①カーテン，②布製のブラインド，③暗幕，④じゅうたんなど，⑤展示用の合板，⑥どん帳その他舞台において使用する幕，⑦舞台において使用する大道具用の合板，⑧工事用シートがある．

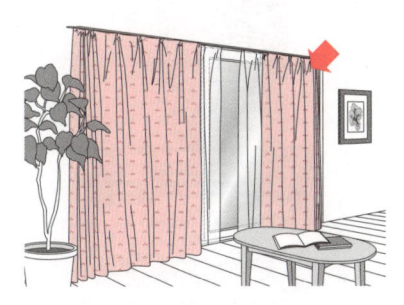

カーテンの例

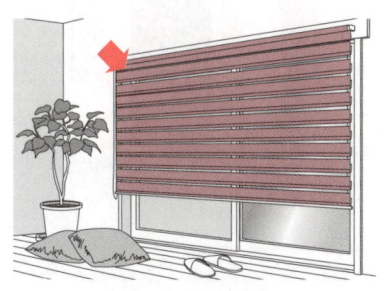

布製ブラインドの例

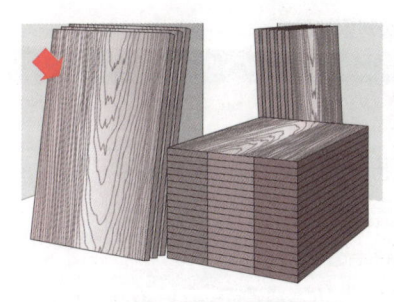

展示用の合板の例

大道具用合板の例

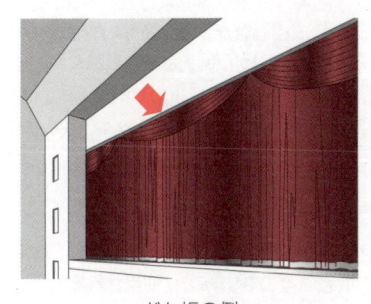

どん帳の例

じゅうたんの例

図3.14　防炎対象物品の例

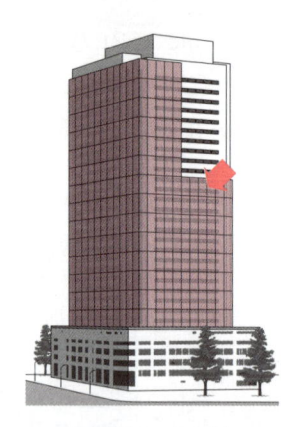

暗幕の例　　　　　　　　　　　工事用シートの例

図 3.14　防炎対象物品の例（続き）

表 3.4　防炎対象物品

防炎対象物品	
カーテン	幕の一種で，窓，出入口などの目かくし，室の仕切りまたはベッドの囲いなどに用いるもの
布製のブラインド	窓，出入口などの開口部などに日よけ，目かくしなどを行うために用いるもの
暗幕	映写室において使用されるもののみならず，キャバレーなどにおいて遮光のために用いるものも含む
じゅうたんなど	じゅうたん（織りカーペット（だん通を除く）をいう），毛せん（フェルトカーペットをいう），タフテッドカーペット，ニッテッドカーペット，フックドラッグ，接着カーペットおよびニードルパンチカーペット，ござ，人工芝，合成樹脂製床シートおよび床敷物（毛皮製床敷物，毛製だん通およびこれらに類するものを除く）
展示用の合板	展示用パネル，掲示板，バックボード，仕切りパネルなどに使用される合板をいうが，壁の一部となっているものおよび黒板に使用される合板は該当しない
どん帳その他舞台において使用する幕	水引，袖幕，暗転幕，定式幕，映写スクリーンなどを含む
舞台において使用する大道具用の合板	舞台部において使用される舞台装置のうち，建物，書割，樹木，岩石など出場人物が手に取ることのない飾付に使用されるもの
工事用シート	立ち上っている状態で使用されるもののみで，コンクリートの養生，工事用機械などの覆いなどとして使用されるものは含まない

② 防炎防火対象物

防炎防火対象物には，①高層建築物，②特定防火対象物，③映画スタジオまたはテレビスタジオ（令別表第1（12）項ロ），④複合用途防火対象物の部分で②および③の用途のいずれかに該当する用途に供されるもの，⑤工事中の建築物など（都市計画区域外のもっぱら住居の用に供するものおよびこれに附属するものを除いた建築物，プラットホーム上屋，貯蔵槽，化学工業製品製造装置など）がある．

要点のまとめ

□防炎対象物品
- ① カーテン
- ②布製の ブラインド
- ③ 暗幕
- ④ じゅうたんなど
- ⑤展示用の 合板
- ⑥どん帳その他舞台において使用する 幕
- ⑦舞台において使用する 大道具用の合板
- ⑧ 工事用シート

□防炎防火対象物
- ① 高層建築物
- ② 特定防火対象物
- ③ 映画スタジオ または テレビスタジオ
- ④ 工事中の建築物など
- ⑤ 複合用途防火対象物 の部分で特定防火対象物および映画スタジオなどの用途の いずれかに該当する用途 に供されるもの

3-1 各類に共通する部分　演習問題　防炎

【問 1】

次に掲げるもののうち，消防法第8条の3第1項に規定する防炎規制の対象とならない物品はどれか．

(1) カーテン
(2) 工事用シート
(3) 展示用の合板
(4) テント

【問 2】

消防法第8条の3に規定する防炎規制の対象とならない防火対象物は次のうちどれか．

(1) テレビスタジオ
(2) 高さ31 mを超える共同住宅
(3) 複合用途防火対象物のうち，一般事務所の用途に供される部分
(4) 床面積が50 m^{2}以下の飲食店

問 1 (4)

1 防災対象物品は，①カーテン，②布製のブラインド，③暗幕，④じゅうたんなど，⑤展示用の合板，⑥どん帳その他舞台において使用する幕，⑦舞台において使用する大道具用の合板，⑧工事用シートである．
2 したがって，(1)のカーテン，(2)の工事用シートおよび(3)の展示用の合板は防災対象物品に該当し，(4)のテントは防災対象物品に該当しないことから，防炎規制の対象とならないので，(4)が正答である．

問 2 (3)

1 防炎防火対象物は，①高層建築物，②特定防火対象物，③映画スタジオまたはテレビスタジオ（令別表第1（12）項ロ），④工事中の建築物，⑤複合用途防火対象物のうち，これらの用途のいずれかに該当する用途に供されるものがある．
2 (1)のテレビスタジオは③に，(2)の高さ 31 m を超える共同住宅は①に，(4)の飲食店は②に該当することから，防炎防火対象物となる．
3 (3)の一般事務所は非特定防火対象物に該当するため，防炎防火対象物とはならないので，(3)が正答である．

3-1 各類に共通する部分　危険物施設

① 危険物

　法別表第1の危険物には，表3.5に掲げるものがある．危険物は，その性質により類別され，たとえば，ガソリンにあっては第1石油類，灯油や軽油にあっては第2石油類，エンジンオイルにあっては第4石油類なので，これらは第4類の危険物となる．

表3.5　危険物の類別など

類別	性質	品名
第1類	酸化性固体	①塩素酸塩類，②過塩素酸塩類，③無機過酸化物，④亜塩素酸塩類，⑤臭素酸塩類，⑥硝酸塩類，⑦よう素酸塩類，⑧過マンガン酸塩類，⑨重クロム酸塩類　など
第2類	可燃性固体	①硫化りん，②赤りん，③硫黄，④鉄粉，⑤金属粉，⑥マグネシウム，⑦引火性固体　など
第3類	自然発火性物質 禁水性物質	①カリウム，②ナトリウム，③アルキルアルミニウム，④アルキルリチウム，⑤黄りん，⑥アルカリ金属（カリウムおよびナトリウムを除く）およびアルカリ土類金属，⑦有機金属化合物（アルキルアルミニウムおよびアルキルリチウムを除く），⑧金属の水素化物，⑨金属のりん化物，⑩カルシウムまたはアルミニウムの炭化物　など
第4類	引火性液体	①特殊引火物，②第一石油類，③アルコール類，④第二石油類，⑤第三石油類，⑥第四石油類，⑦動植物油類
第5類	自己反応性物質	①有機過酸化物，②硝酸エステル類，③ニトロ化合物，④ニトロソ化合物，⑤アゾ化合物，⑥ジアゾ化合物，⑦ヒドラジンの誘導体，⑧ヒドロキシルアミン，⑨ヒドロキシルアミン塩類　など
第6類	酸化性液体	①過塩素酸，②過酸化水素，③硝酸　など

② 危険物の製造所等

　危険物は，その性状などに応じて，指定数量が危政令別表第3に定められている．これにより，指定数量以上の危険物は，例外を除き，危険物施設以外の場所で貯蔵すること，危険物施設以外の場所で取り扱うことができない（別表3.1参照）．

　品名または指定数量が異なる複数の危険物を同一の場所で貯蔵などする場合には，それぞれの危険物の数量を当該危険物の指定数量で除し，その商の和が1以上となるときは，指定数量以上の危険物を貯蔵または取り扱っているものとみなされる．

危険物施設には，表 3.6 に掲げる製造所，貯蔵所および取扱所があり，法令上，「製造所等」という．

なお，所轄消防長または消防署長の承認を受けた場合には，指定数量以上の危険物を製造所等以外の場所で貯蔵または取り扱うことが 10 日以内であればできる．

表 3.6 危険物施設

施設の種類		概　要
製造所		危険物を製造する施設
貯蔵所	屋内貯蔵所	屋内で危険物を貯蔵，取り扱う施設
	屋外貯蔵所	屋外で危険物を貯蔵，取り扱う施設
	屋内タンク貯蔵所	屋内にある貯蔵タンクで危険物を貯蔵，取り扱う施設
	屋外タンク貯蔵所	屋外にある貯蔵タンクで危険物を貯蔵，取り扱う施設
	地下タンク貯蔵所	地盤面下にある貯蔵タンクで危険物を貯蔵，取り扱う施設
	簡易タンク貯蔵所	簡易貯蔵タンクで危険物を貯蔵，取り扱う施設 たとえば「電動式給油設備」，「手動式給油設備」など
	移動タンク貯蔵所	車両に固定されたタンクで危険物を貯蔵，取り扱う施設 一般的な名称「タンクローリー」
取扱所	給油取扱所	給油設備で自動車などに危険物を給油する施設 一般的な名称「ガソリンスタンド」
	販売取扱所	危険物を「容器入りのまま」販売する施設 小分販売禁止，たとえば「塗料店」など
	移送取扱所	配管やポンプによって危険物を移送する施設
	一般取扱所	指定数量以上の危険物を取り扱う施設のうち，給油取扱所，販売取扱所，移送取扱所でない施設 たとえば「塗装等を行う施設」，「ボイラーを扱う施設」など

製造所
危険物を製造する施設

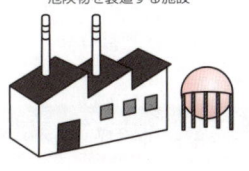

屋内貯蔵所
屋内で危険物を貯蔵などする施設

屋外貯蔵所
屋外で危険物を貯蔵などする施設

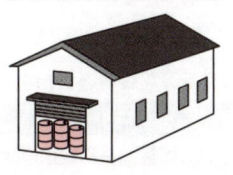

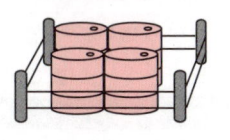

図 3.15　危険物施設

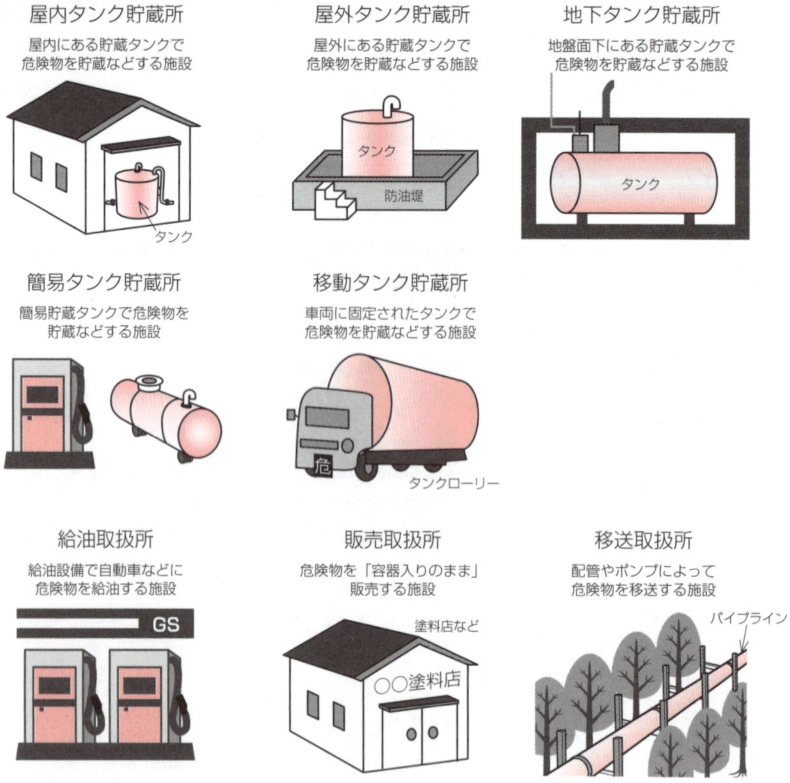

屋内タンク貯蔵所
屋内にある貯蔵タンクで危険物を貯蔵などする施設

屋外タンク貯蔵所
屋外にある貯蔵タンクで危険物を貯蔵などする施設

地下タンク貯蔵所
地盤面下にある貯蔵タンクで危険物を貯蔵などする施設

簡易タンク貯蔵所
簡易貯蔵タンクで危険物を貯蔵などする施設

移動タンク貯蔵所
車両に固定されたタンクで危険物を貯蔵などする施設

給油取扱所
給油設備で自動車などに危険物を給油する施設

販売取扱所
危険物を「容器入りのまま」販売する施設

移送取扱所
配管やポンプによって危険物を移送する施設

図 3.15 危険物施設（続き）

③ 製造所等の設置および変更

製造所等の設置および製造所等の位置，構造，設備の変更をしようとする者は，製造所等ごとに，市町村長などに許可申請などを行い，許可を受けなければならない．申請先は，設置場所の状況により，表 3.7 のとおり．

表 3.7　製造所等を設置等した場合の申請先

設置場所	申請先
消防本部および消防署がある市町村の区域（移送取扱所を除く）	市町村長
消防本部および消防署がない市町村の区域（移送取扱所を除く）	都道府県知事
1つの市町村の区域のみに設置される移送取扱所	市町村長
2つ以上の市町村の区域にわたり設置される移送取扱所	都道府県知事
2つ以上の都道府県の区域にわたり設置される移送取扱所	総務大臣

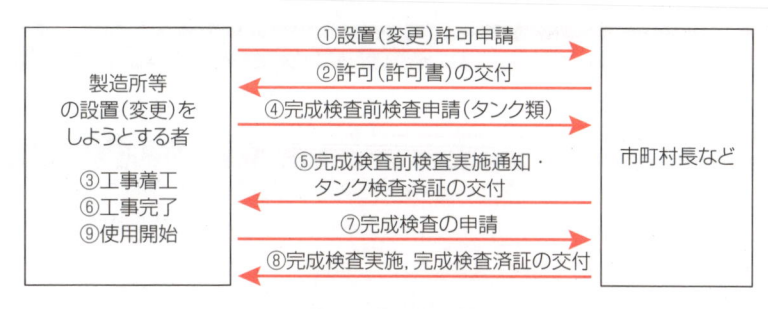

```
製造所等                    ①設置(変更)許可申請
の設置(変更)を              ②許可(許可書)の交付
しようとする者              ④完成検査前検査申請(タンク類)
                                                                市町村長など
  ③工事着工              ⑤完成検査前検査実施通知・
  ⑥工事完了                タンク検査済証の交付
  ⑨使用開始              ⑦完成検査の申請
                          ⑧完成検査実施，完成検査済証の交付
```

図3.16　設置などの許可申請手続きの流れ

④ 危険物取扱者

　指定数量以上の危険物を貯蔵，取り扱う工場，ガソリンスタンド，石油貯蔵タンク，タンクローリーなどの施設には，危険物を取り扱うため，**危険物取扱者**を置かなければならない．危険物取扱者の免状の種類は，表3.8のとおり3種類がある．

　なお，危険物取扱者免状を有していない一般の者であっても，甲種危険物取扱者または乙種危険物取扱者が立ち会えば，取扱いおよび定期点検を行うことができる．

表3.8　危険物取扱者の種類等

種類	取り扱える危険物	行える業務
甲種危険物取扱者	全種類の危険物	取扱い，定期点検，保安の監督
乙種危険物取扱者 第1類～第6類	第1類～第6類のうち，免状に指定された類の危険物	取扱い，定期点検，保安の監督
丙種危険物取扱者	第4類危険物	取扱い，定期点検

要点のまとめ

□危険物の類別

類別	性質	品名
第1類	酸化性固体	塩素酸塩類，過塩素酸塩類，無機過酸化物など
第2類	可燃性固体	硫化りん，赤りん，硫黄，鉄粉，金属粉など
第3類	自然発火性物質禁水性物質	カリウム，ナトリウム，アルキルアルミニウムなど
第4類	引火性液体	特殊引火物，第一石油類，アルコール類など
第5類	自己反応性物質	有機過酸化物，硝酸エステル類，ニトロ化合物など
第6類	酸化性液体	過塩素酸，過酸化水素，硝酸など

□危険物施設

製造所	
貯蔵所	屋内貯蔵所，屋外貯蔵所，屋内タンク貯蔵所，屋外タンク貯蔵所，地下タンク貯蔵所，簡易タンク貯蔵所，移動タンク貯蔵所
取扱所	給油取扱所，販売取扱所，移送取扱所，一般取扱所

□製造所等の設置許可の申請先

設置場所	申請先
消防本部および消防署がある市町村の区域（移送取扱所を除く）	市町村長
消防本部および消防署がない市町村の区域（移送取扱所を除く）	都道府県知事
1つの市町村の区域のみに設置される移送取扱所	市町村長
2つ以上の市町村の区域にわたり設置される移送取扱所	都道府県知事
2つ以上の都道府県の区域にわたり設置される移送取扱所	総務大臣

□危険物取扱者の種類等

種類	取り扱える危険物	行える業務
甲種危険物取扱者	全種類の危険物	取扱い，定期点検，保安の監督
乙種危険物取扱者 第1類〜第6類	第1類〜第6類のうち，免状に指定された類の危険物	取扱い，定期点検，保安の監督
丙種危険物取扱者	第4類危険物	取扱い，定期点検

別表 3.1　危険物の指定数量（危政令別表第 3）

類別	品　名	性　質	指定数量
第 1 類	－	第 1 種酸性化固体	50 kg
		第 2 種酸性化固体	300 kg
		第 3 種酸性化固体	1 000 kg
第 2 類	硫化りん	－	100 kg
	赤りん	－	
	硫黄	－	
	－	第 1 種可燃性固体	
	鉄粉	－	500 kg
	－	第 2 種可燃性固体	
	引火性固体	－	1 000 kg
第 3 類	カリウム	－	10 kg
	ナトリウム	－	
	アルキルアルミニウム	－	
	アルキルリチウム	－	
	－	第 1 種自然発火性物質および禁水性物質	
	黄りん	－	20 kg
	－	第 2 種自然発火性物質および禁水性物質	50 kg
	－	第 3 種自然発火性物質および禁水性物質	300 kg
第 4 類	特殊引火物	－	50 L
	第 1 石油類	非水溶性液体	200 L
		水溶性液体	400 L
	アルコール類	－	
	第 2 石油類	非水溶性液体	1 000 L
		水溶性液体	2 000 L
	第 3 石油類	非水溶性液体	
		水溶性液体	4 000 L
	第 4 石油類	－	6 000 L
	動植物油類	－	10 000 L
第 5 類	－	第 1 種自己反応性物質	10 kg
		第 2 種自己反応性物質	100 kg
第 6 類	－	－	300 kg

3-1 各類に共通する部分 演習問題 危険物施設

【問 1】

危険物の製造所等を設置しようとする者が許可申請を行う申請先について，誤っているものは次のうちどれか．

(1) 1の市町村の区域のみに設置される移送取扱所の場合は都道府県知事
(2) 2以上の市町村の区域にわたり設置される移送取扱所の場合は都道府県知事
(3) 消防本部及び消防署がない市町村の区域に設置される製造所の場合は都道府県知事
(4) 消防本部及び消防署がある市町村の区域に設置される製造所の場合は市町村長

【問 2】

指定数量以上の危険物は，危険物施設以外の場所で貯蔵することや危険物施設以外の場所で取り扱うことができないが，所轄消防長又は消防署長の承認を受けた場合に指定数量以上の危険物を製造所等以外の場所で貯蔵又は取り扱うことができる期間について，次のうち正しいものはどれか．

(1) 3日以内　　(2) 7日以内　　(3) 10日以内　　(4) 14日以内

【問 3】

品名又は指定数量の異なる危険物を同一の場所で貯蔵又は取扱う場合，指定数量以上の危険物を貯蔵又は取り扱うとみなされるものは，次のうちどれか．

(1) 貯蔵又は取扱う危険物の合計した数量を，それぞれの指定数量の和で除し，その商が1以上となる場合
(2) 貯蔵又は取扱う危険物の合計した数量を，当該種別の類に掲げる指定数量の最大値の和で除し，その商が1以上となる場合
(3) それぞれの危険物の数量を，当該種別の類に掲げる指定数量の最小値で除し，その商の和が1以上となる場合
(4) それぞれの危険物の数量を，当該危険物の指定数量で除し，その商の和が1以上となる場合

問 1 (1)

1　製造所等の設置および製造所等の位置，構造，設備の変更をしようとする者が許可申請などを行う先は，次のとおりである．

設置場所	申請先
消防本部および消防署がある市町村の区域（移送取扱所を除く）	市町村長
消防本部および消防署がない市町村の区域（移送取扱所を除く）	都道府県知事
1つの市町村の区域のみに設置される移送取扱所	市町村長
2つ以上の市町村の区域にわたり設置される移送取扱所	都道府県知事
2つ以上の都道府県の区域にわたり設置される移送取扱所	総務大臣

2　したがって，(2)，(3)および(4)は正しく，(1)の「都道府県知事」が「市町村長」の誤りであることから，(1)が正答である．

問 2 (3)

1　指定数量以上の危険物を危険物施設以外の場所で貯蔵などをすることができないことについては，法第10条第1項に規定され，その例外として，所轄消防長または消防署長の承認を受けた場合には，10日以内の期間，指定数量以上の危険物を製造所等以外の場所で貯蔵または取り扱うことができるとされている．

2　したがって，(3)が正答である．

問 3 (4)

法第10条第2項において，品名または指定数量が異なる複数の危険物を同一の場所で貯蔵などをする場合には，それぞれの危険物の数量を当該危険物の指定数量で除し，その商の和が1以上となるときは，指定数量以上の危険物を貯蔵または取り扱っているものとみなすとされているので，(4)が正答である．

3-1 各類に共通する部分　消防用設備等の種類

① 消防用設備等の種類（令第7条）

消防用設備等には，表3.9に掲げるものがある．

表3.9　消防用設備等の種類

消防の用に供する設備	消火設備	①消火器，簡易消火用具（水バケツ，水槽，乾燥砂，膨張ひる石，膨張真珠岩） ②屋内消火栓設備 ③スプリンクラー設備 ④水噴霧消火設備 ⑤泡消火設備 ⑥不活性ガス消火設備 ⑦ハロゲン化物消火設備 ⑧粉末消火設備 ⑨屋外消火栓設備 ⑩動力消防ポンプ設備
	警報設備	①自動火災報知設備 ②ガス漏れ火災警報設備 ③漏電火災警報器 ④消防機関へ通報する火災報知設備 ⑤非常警報器具（警鐘，携帯用拡声器，手動式サイレンなど） ⑥非常警報設備（非常ベル，自動式サイレン，放送設備）
	避難設備	①避難器具（すべり台，避難はしご，救助袋，緩降機，避難橋など） ②誘導灯，誘導標識
消防用水		①防火水槽 ②これに代わる貯水池などの用水
消火活動上必要な施設		①排煙設備 ②連結散水設備 ③連結送水管 ④非常コンセント設備 ⑤無線通信補助設備

② 消防用設備等の設置維持

防火対象物の関係者は，消防用設備等について，消火，避難その他の消防の活動のために必要とされる性能を有するように，設置，維持しなければならない．

③ 消防用設備等の設置単位

　消防用設備等の設置は，原則として，**一棟一設置単位**（1棟の防火対象物全体を1つの単位として設置することで，敷地単位ではないこと）である．

　特殊な構造の防火対象物，使用形態が複雑な防火対象物などについては，次の例外がある．

1 開口部のない耐火構造の床または壁で区画されている場合（令第8条）

　区画された部分については，それぞれ別の防火対象物とみなすことができる．この区画を「令8区画」という．

　たとえば，図3.17のような延べ面積が300 m^{2}の飲食店には，原則として，自動火災報知設備の設置が必要であるが，この図のように耐火構造の壁で区画した場合，各部分が300 m^{2}未満となるので，設置が不要となる．

開口部のない耐火構造の壁

150 m^2 ｜ 150 m^2

それぞれを別の防火対象物とみなす

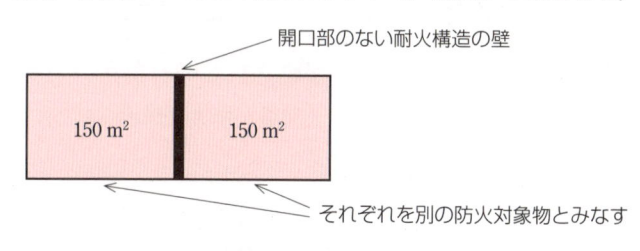

図3.17　令8区画

2 複合用途防火対象物の場合（令第9条）

　複合用途防火対象物は，原則として，その管理者や階に関係なく，同一用途部分ごとに1つの防火対象物とみなし，当該部分が独立棟の防火対象物である場合と同様に規制することとなっている．ただし，スプリンクラー設備，自動火災報知設備，ガス漏れ火災警報設備，漏電火災警報器，非常警報設備，避難器具および誘導灯のうち特定のものは，この例外は適用されない．また，防火管理や防炎に関する規制についても適用されない．

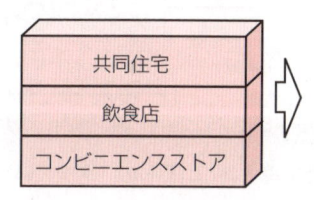

共同住宅
飲食店
コンビニエンスストア

→ それぞれを別の防火対象物として消火器などを設置

1つの防火対象物として漏電火災警報器などを設置

図3.18　複合用途防火対象物

3 地下街と特定防火対象物が一体の場合（令第9条の2）

特定防火対象物の地階で，地下街と一体をなすものとして消防長（消防本部がない市町村にあっては，市町村長）または消防署長が指定したものは，地下街または特定防火対象物の地階のいずれで火災が発生しても，火災を早期に発見し通報することにより安全避難などが図れるように，スプリンクラー設備，自動火災報知設備，ガス漏れ火災警報設備および非常警報設備については，特定防火対象物の地階を地下街とみなして適用させる．

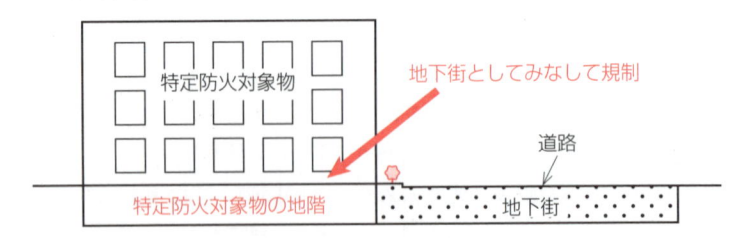

図3.19　特定防火対象物の地階が地下街と一体をなすもの

4 建築物が渡り廊下などにより接続されている場合

建築物が「渡り廊下」，「地下連絡」，「洞道」により接続されている場合には，原則として，一棟とみなす．

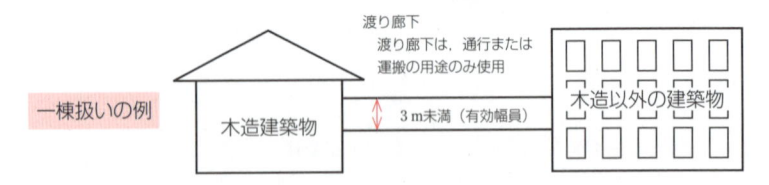

図3.20　建築物が渡り廊下により接続されているもの（1棟扱い）

ただし，主要構造部の構造，可燃性物品などの有無，有効幅員が幅員の距離，建築物相互間の距離などに応じて，別棟として取り扱うこととされている．

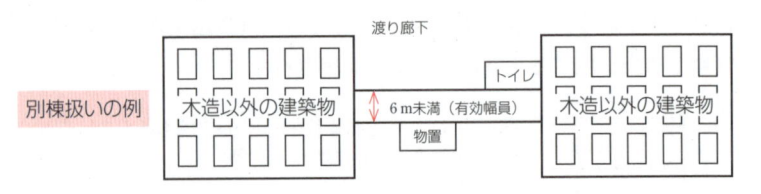

図3.21　建築物が渡り廊下により接続されているもの（別棟扱い）

5 その他

屋外消火栓設備，消防用水については，建築物相互間の水平距離を勘案して1つの建築物としてみなす規定がある．

④ 附加条例（法第17条第2項）

市町村は，その地方の気候または風土の特殊性により，消防法令のみによっては「防火の目的を充分に達し難いと認める」とき，市町村条例（附加条例）を設けることができる．

附加条例の例としては，強風地帯，積雪寒冷地帯などにおいてこれらの悪条件に対処するために設けられる規定などがある．

なお，附加条例は，令，規則などを緩和する規定を設けることはできない．

⑤ 既存防火対象物に対する適用除外（法第17条の2の5）

消防用設備等は，法第17条第1項および第2項の規定により，令または附加条例（基準法令）で定める技術上の基準に従って設置・維持されるが，この基準法令は，社会事情の変転，科学技術の進歩などによって変更される．

消防用設備等の多くは，防火対象物の主要構造部分と密接な関係を有しており，基準法令の変更に伴って消防用設備等を変更後の新たな基準法令に常に適合させなければならないとすれば，関係者に大きな経済的負担を強いることとなる．

このため，既存防火対象物については，原則として，従前の規定を適用する（既存不遡及）仕組みとなっているが，変更などを要求してしかるべき事情がある，火災発生時に人命などの危険性が特に高いなどの事情がある次のものについては，新たな基準法令を適用することとしている．

なお，特殊消防用設備等については，遡及適用の対象とはされていない．

1 一部の消防用設備等の場合

消火器，簡易消火用具，自動火災報知設備（一定の防火対象物に設置するものに限る），ガス漏れ火災警報設備（一定の防火対象物等に設置するものに限る），漏電火災警報器，非常警報器具，非常警報設備，避難器具，誘導灯，誘導標識

2 改正前の基準法令に適合していない場合

基準法令の改廃があった場合に，従前の基準法令に適合させる義務があったにもかかわらず適合させていなかった（違反していた）消防用設備等

3 改正後に一定規模以上の増築などを行った場合

基準法令の施行・適用後に，一定規模以上（床面積を 1 000 m² 以上または延べ面積の 2 分の 1 以上）の増築・改築を行った場合，大規模の修繕・模様替え（主要構造部である壁について行う過半の修繕または模様替え）を行った場合の消防用設備等

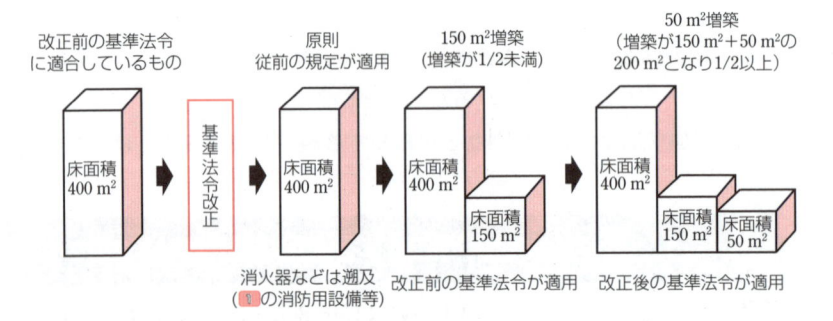

図 3.22　既存防火対象物の増築に対する考え方

4 いったん基準法令に適合するに至った場合

基準法令の施行・適用の際に，これらの規定に適合していないものであったために，基準法令の規定の適用を除外されている消防用設備等であっても，その後，関係者の自発的な設置・変更の行為により，これらの規定に適合するに至った消防用設備等

5 特定防火対象物の場合

基準法令の施行・適用の際に，現に存する特定防火対象物の消防用設備等，現に新築などの工事中の特定防火対象物の消防用設備等

⑥ 用途変更の場合の特例（法第 17 条の 3）

防火対象物の用途変更があった場合の消防用設備等の設置・維持については，原則として，変更前の用途に応じた基準法令に適合していればよいこととなっている．ただし，法第 17 条の 2 の 5 と同様，次の場合には，変更後の新たな用途での基準法令に適合させる必要がある．

① 一部の消防用設備等の場合
② 改正前の基準法令に適合していない場合
③ 改正後に一定規模以上の増築等を行った場合
④ いったん基準法令に適合するに至った場合
⑤ 特定防火対象物に用途変更した場合

要点のまとめ

□消防用設備等

消防の用に供する設備	消火設備	①消火器・簡易消火用具，②屋内消火栓設備，③スプリンクラー設備，④水噴霧消火設備，⑤泡消火設備，⑥不活性ガス消火設備，⑦ハロゲン化物消火設備，⑧粉末消火設備，⑨屋外消火栓設備，⑩動力消防ポンプ設備
	警報設備	①自動火災報知設備，②ガス漏れ火災警報設備，③漏電火災警報器，④消防機関へ通報する火災報知設備，⑤非常警報器具，⑥非常警報設備
	避難設備	①避難器具，②誘導灯，誘導標識
消防用水		①防火水槽，②これに代わる貯水池などの用水
消火活動上必要な施設		①排煙設備，②連結散水設備，③連結送水管，④非常コンセント設備，⑤無線通信補助設備

□消防用設備等の設置単位

消防用設備等の設置は，　一棟一設置単位

例外
① 開口部 のない耐火構造の床または 壁 で区画されている場合
② 複合用途防火対象物 の場合
③ 地下街と 特定防火対象物 が一体の場合
④ 建築物が 渡り廊下 などにより接続されている場合

□既存防火対象物に対する適用除外および用途変更の場合の特例

既存防火対象物については，原則として， 従前の規定 を適用

例外
① 一部の 消防用設備等 の場合
② 改正 前の基準法令に適合していない場合
③ 改正 後に一定規模以上の 増築 などを行った場合
④ いったん 基準法令 に適合するに至った場合
⑤ 特定防火対象物 の場合

3-1 各類に共通する部分 演習問題 消防用設備等の種類

【問 1】

消防用設備等の種類について，消防法令上，誤っているものは次のうちどれか．
(1) 水噴霧消火設備，動力消防ポンプ設備及び連結散水設備は，消火設備である．
(2) 自動火災報知設備，非常ベル及び自動式サイレンは，警報設備である．
(3) 救助袋，緩降機及び避難はしごは，避難設備である．
(4) 排煙設備，非常コンセント設備及び無線通信補助設備は，消火活動上必要な施設である．

【問 2】

消防法第17条に定める消防用設備等を設置し，維持しなければならない義務がある者は，次のうちどれか．
(1) 管理権原者が選任する防火管理者
(2) 防火対象物の所有者
(3) 工事及び整備を行った消防設備士
(4) 防火対象物の建築主

【問 3】

消防法第17条第1項の規定により，消防用設備等を設置し維持しなければならない防火対象物として，次のうち正しいものはどれか．
(1) 市長村長が指定していない山林　(2) 延長40mのアーケード
(3) 一般公衆浴場　(4) 延べ面積500m^{2}の一戸建住宅

問 1 (1)

1　消火設備には，①消火器・簡易消火用具，②屋内消火栓設備，③スプリンクラー設備，④水噴霧消火設備，⑤泡消火設備，⑥不活性ガス消火設備，⑦ハロゲン化物消火設備，⑧粉末消火設備，⑨屋外消火栓設備，⑩動力消防ポンプ設備が該当する．

警報設備には，①自動火災報知設備，②ガス漏れ火災警報設備，③漏電火災警報器，④消防機関へ通報する火災報知設備，⑤非常警報器具，⑥非常警報設備（非常ベル，自動式サイレン，放送設備）が該当する．

避難設備には，①避難器具（すべり台，避難はしご，救助袋，緩降機，避難橋など），②誘導灯，誘導標識が該当する．

2　また，消火活動上必要な施設には，①排煙設備，②連結散水設備，③連結送水管，④非常コンセント設備，⑤無線通信補助設備が該当する．

3　したがって，(2)，(3)および(4)は正しい．(1)の連結散水設備は，消火活動上必要な施設なので，これが誤りである．

問 2 (2)

消防用設備等を設置し維持しなければならない義務がある者は，防火対象物の関係者（所有者，管理者または占有者）なので，(2)が正答である．

問 3 (3)

1　消防用設備等を設置し維持しなければならない防火対象物は，表 3.1 に掲げる防火対象物である．

2　(1)の市長村長が指定していない山林では令別表第 1 (19) 項に該当しないものであり，(2)のアーケードは延長 50 m 以上でないことから (18) 項に該当しないものであり，(4)の一戸建住宅は延べ面積に関係なく防火対象物に該当しないものである．

3　(3)の一般公衆浴場は，令別表第 1 (9) 項ロに該当するので，これが正答である．

【問 4】

法第17条第2項の規定に基づく地方の気候または，風土の特殊性により消防法令のみによっては防火の目的を充分に達し難いと認めるときに，消防法令とは異なる規定を設けることができるものは次のうちどれか．

(1) 都道府県の条例
(2) 消防長が定める基準
(3) 都道府県知事が定める基準
(4) 市町村の条例

【問 5】

消防用設備等の設置単位は，原則として，防火対象物の棟単位であるが，同一棟であっても別の防火対象物とみなされるものは，次のうちどれか．

(1) 開口部のない耐火構造又は準耐火構造の床又は壁で区画された部分
(2) 耐火構造の床又は壁で区画され，開口部は自動閉鎖式の特定防火設備の防火戸で区画された部分
(3) 開口部のない耐火構造の床又は壁で区画された部分
(4) 耐火構造又は準耐火構造の床又は壁で区画され，区画された部分にはスプリンクラー設備が設置された部分

【問 6】

既存防火対象物に対する消防用設備等の技術上の基準の適用に関する記述のうち，誤っているものはどれか．

(1) 漏電火災警報器については，新たな技術上の基準が適用される．
(2) 既存防火対象物の延べ面積の3分の1である 900 m^2 を増築した場合の消防用設備等については，新たな技術上の基準が適用される．
(3) 従前の技術上の基準に適合させる義務があったが違反していた消防用設備等については，新たな技術上の基準が適用される．
(4) 特定防火対象物の消防用設備等については，新たな技術上の基準が適用される．

問 4 (4)

　市町村は，その地方の気候または風土の特殊性により，消防法令のみによっては防火の目的を充分に達し難いと認めるとき，<u>市町村条例（附加条例）</u>を設けることができるとされていることから，(4)が正答である．

問 5 (3)

1　この設問は，一棟一設置単位で消防用設備等を設置することの例外である「令 8 区画」に関するものである．

2　令 8 区画は，「<u>開口部のない耐火構造の床又は壁で区画されている場合には，その区画された部分については，それぞれ別の防火対象物とみなす</u>」というものである．

3　したがって，(3)が正答であり，(1)の「準耐火構造の床又は壁」の「準耐火構造」では，(2)の「開口部は自動閉鎖式の特定防火設備の防火戸で区画」の「開口部…」では，(4)の「準耐火構造の床又は壁…スプリンクラー設備が設置」の「準耐火構造」では認められない．

問 6 (2)

1　既存防火対象物については，原則として，従前の規定を適用する（既存不遡及）仕組みとなっているが，いくつかの例外がある．

2　消火器，自動火災報知設備（一定の防火対象物に設置するものに限る），漏電火災警報器，非常警報器具，避難器具，誘導灯などの一部の消防用設備等の場合は，新たな規定が適用されるので，(1)は正しい．

3　従前の技術上の基準に適合させる義務があったが違反していた消防用設備等と特定防火対象物の消防用設備等の場合は，新たな技術上の基準が適用されるので，(3)と(4)は正しい．

4　一定規模以上（<u>床面積を 1 000 m² 以上</u>または<u>延べ面積の 2 分の 1 以上</u>）の増改築を行った場合，大規模の修繕・模様替え（主要構造部である壁について行う過半の修繕または模様替え）を行った場合の消防用設備等は，新たな技術上の基準が適用されるが，(2)では，この条件を満たしていないので，これが誤りである．

3-1 各類に共通する部分　消防用設備等の設置の届出および点検・報告

① 設置の届出

防火対象物の**関係者**は，消防用設備等を設置した場合，その旨を**消防長**（消防本部がない市町村にあっては，**市町村長**）または**消防署長**に**届け出て**，設置した消防用設備等の**検査**を受けなければならない．

なお，届出の期間は，設置工事の完了から **4 日以内**である．

消防長などは，届出のあった消防用設備等について，基準法令に適合していると認めた場合には，検査済証を交付する．

```
          工事完了から 4 日以内
              ①設置の届出
防火対象物の関係者  ────────▶  消防長（市町村長）
                  ◀────────    消防署長
              ②検査済証の交付
```

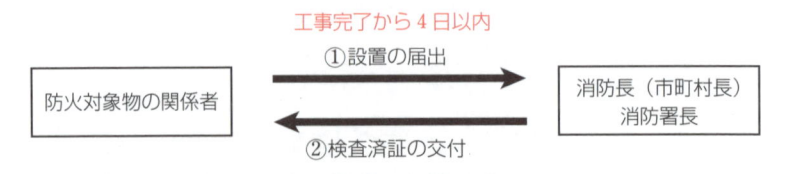

図 3.23　消防用設備等の設置の届出

1 届出などが必要な防火対象物

① **自力避難困難者入所福祉施設など，自力避難困難者入所福祉施設などがある複合用途防火対象物，地下街または準地下街**
② **特定防火対象物**（①および⑤を除く）で延べ面積が 300 m² 以上のもの
③ **非特定防火対象物**で延べ面積が 300 m² 以上のもののうち，**消防長などが指定**するもの
④ 特定用途に供される部分が避難階以外の階にある防火対象物で避難階以外の階から避難階または地上に直通する階段が 2 つ（屋外階段の場合等にあっては 1 つ）以上設けられていないもの（**特定一階段等防火対象物**）
⑤ 平成 27 年 4 月 1 日より，令別表第 1 (2) 項ニのカラオケボックスなど，(5) 項イの旅館，ホテル，宿泊所など，(6) 項イの病院，診療所，助産所，(6) 項ハの自力避難困難者入所福祉施設など以外の福祉施設およびこれらの用途がある複合用途防火対象物，地下街または準地下街

表 3.10　届出などが必要な防火対象物

	防火対象物	延べ面積
1	カラオケボックスなど（令別表第 1（2）項ニ）， 旅館など（(5) 項イ）， 自力避難困難入所福祉施設など（(6) 項ロ）	条件なし
2	病院など（(6) 項イ）， 自力避難困難入所福祉施設等以外の福祉施設（(6) 項ハ）	
3	特定用途を含む複合防火対象物（(16) 項イ），地下街（16 の 2）項 または準地下街（16 の 3）項のうち，1 または 2 の用途があるもの	
4	特定防火対象物のうち，1 から 3 まで以外のもの	300 m² 以上
5	非特定防火対象物のうち，消防長または消防署長が火災予防上必要 があると認めて指定するもの	
6	1 から 5 までのほか，特定一階段等防火対象物	条件なし

2 届出などが必要な消防用設備等

　設置時に届け出て，消防機関の検査を受けなければならない消防用設備等は，①簡易消火用具以外の消火設備，②非常警報器具以外の警報設備，③避難設備，④消防用水および⑤消火活動上必要な施設である．このため，簡易消火用具と非常警報器具を設置した場合には，届出の必要はない．

② 点検・報告

　特に火災危険度の高い防火対象物の関係者は，消防用設備等の点検を消防設備士または消防設備点検資格者に行わせ，その他の防火対象物の関係者は，防火管理者に行わせるなど自ら点検を行い，その結果を定期的に消防長（消防本部がない市町村にあっては，市町村長）または消防署長に報告しなければならない．
　なお，舟車は点検を要しない防火対象物である．

1 点検などが必要な防火対象物

ア　特定防火対象物で延べ面積が 1 000 m² 以上のもの
イ　非特定防火対象物で延べ面積が 1 000 m² 以上のもののうち，消防長などが指定するもの
ウ　特定一階段等防火対象物

2 点検の種類・期間など

点検には,「機器点検」と「総合点検」があり,その内容,期間は,表3.11のとおりである.

表3.11 点検の種類・期間等

点検の種類	点検の内容	点検の期間
機器点検	①附置される自家発電設備または動力消防ポンプの正常な作動の確認 ②機器の適正な配置,損傷などの有無その他外観から判別できる事項の確認 ③機能について,外観または簡易な操作により判別できる事項の確認	6ヶ月ごと
総合点検	消防用設備等を作動させるか使用することにより,総合的な機能についての確認	1年ごと

なお,点検の基準は,「消防用設備等の点検の基準及び消防用設備等点検結果報告書に添付する点検票の様式を定める件(昭和50年消防庁告示第14号)」により定められている.

3 点検報告の期間

防火対象物の関係者は,消防用設備等について点検した結果を,維持台帳に記録するとともに,特定防火対象物にあっては1年に1回,非特定防火対象物にあっては3年に1回ごとに,消防長(消防本部がない市町村にあっては,市町村長)または消防署長に提出する.

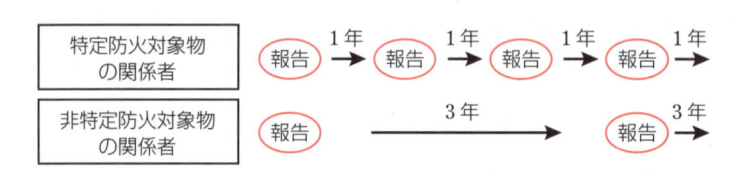

図3.24 点検報告の期間

4 消防用設備等の設置維持命令

消防長(消防本部がない市町村にあっては,市町村長)または消防署長は,防火対象物における消防用設備等が技術上の基準に従って設置され,維持されていない場合,防火対象物の関係者で権原を有する者に対し,技術上の基準に従って設置・維持するために必要な措置をとるよう命じることができる.

要点のまとめ

□消防用設備等の設置の届出が必要な防火対象物
① 自力避難困難者 入所福祉施設など, 自力避難困難者 入所福祉施設などがある 複合用途防火対象物 , 地下街または 準地下街
② 延べ面積が 300 m² 以上の特定防火対象物（①および⑤を除く）
③ 消防長等が指定する非特定防火対象物で延べ面積が 300 m² 以上のもの
④ 特定一階段等防火対象物
⑤ 平成 27 年 4 月 1 日からは, カラオケボックスなど, 旅館など, 病院など, 自力避難困難者入所福祉施設など以外の福祉施設およびこれらの用途がある複合用途防火対象物, 地下街または準地下街が追加

□届出などが必要な消防用設備等
① 簡易消火用具 以外の消火設備, ② 非常警報器具 以外の警報設備, ③避難設備, ④消防用水および⑤ 消火活動 上必要な施設

□点検の種類
点検には, 機器点検 （6ヶ月ごと）と 総合点検 （1年ごと）がある.

□点検の報告期間
防火対象物の関係者は, 消防用設備等について点検した結果を, 維持台帳に記録するとともに, 特定防火対象物にあっては 1 年に 1 回, 非特定防火対象物にあっては 3 年に 1 回ごとに, 消防長 （消防本部がない市町村にあっては, 市町村長）または 消防署長 に提出する.

□消防設備士などによる点検が必要な防火対象物
① 延べ面積が 1 000 m² 以上の 特定防火対象物
② 消防長などが指定する延べ面積が 1 000 m² 以上の 非特定防火対象物
③ 特定一階段等防火対象物

3-1 各類に共通する部分 演習問題 消防用設備等の設置の届出および点検・報告

【問 1】

消防法第17条の3の2の規定に基づく消防用設備等の設置届出及び検査に関する記述のうち，正しいものはどれか．

(1) 消防用設備等を設置した場合は，防火対象物の用途にかかわらず，延べ面積が300 m²以上のときは届け出て検査を受けなければならない．

(2) 消防用設備等のうち，簡易消火用具は設置をしても届け出て検査を受けなくてもよいこととされている．

(3) 飲食店等で消防用設備等を設置した場合，消防本部を置かない市町村においては，当該区域を管轄する都道府県知事にその旨を届け出ることとされている．

(4) 工場で延べ面積が1 000 m²以下の場合は，消防長又は消防署長が火災予防上必要があると認めて指定しても，自動火災報知設備を設置したときは，その旨を届け出て検査を受けなくてもよいこととされている．

【問 2】

次の文中の（　）内に入れる語句として，最も適切なものの組合せはどれか．

漏電火災警報器の機器点検は（ A ）ごと，総合点検は（ B ）ごとに行い，その結果を維持台帳に記録するとともに，特定防火対象物にあっては（ C ）に1回，非特定防火対象物にあっては（ D ）に1回ごとに，消防長又は消防署長に提出しなければならない．

	A	B	C	D
(1)	3か月	1年	2年	5年
(2)	3か月	6か月	1年	3年
(3)	6か月	1年	1年	3年
(4)	6か月	6か月	2年	5年

問 1 (2)

1　消防用設備等を設置した場合の旨を消防長（消防本部がない市町村にあっては，市町村長）または消防署長に届け出て，検査を受けなければならない防火対象物は，次のものである．
①自力避難困難者入所福祉施設など，自力避難困難者入所福祉施設などがある複合用途防火対象物，地下街または準地下街，②延べ面積が300 m² 以上の特定防火対象物（①および⑤を除く），③消防長などが指定する非特定防火対象物で延べ面積が300 m² 以上のもの，④特定一階段等防火対象物，⑤平成27年4月1日からは，カラオケボックスなど，旅館など，病院など，自力避難困難者入所福祉施設など以外の福祉施設およびこれらの用途がある複合用途防火対象物，地下街または準地下街が追加

2　したがって，(1)の「防火対象物の用途にかかわらず，延べ面積が300 m² 以上」は誤り，(3)の「都道府県知事」は誤りである．

3　(4)の工場は令別表第1（12）項イの非特定防火対象物で消防長または消防署長が火災予防上必要があると認めて指定したものであることから，「自動火災報知設備を設置したときは，その旨を届け出て検査を受けなくてもよい」は誤りである．

4　届出などが必要な消防用設備等は，①簡易消火用具以外の消火設備，②非常警報器具以外の警報設備，③避難設備，④消防用水および⑤消火活動上必要な施設なので，(2)が正答である．

問 2 (3)

1　消防用設備等の点検結果は，防火対象物の関係者が行うものであり，特定防火対象物にあっては1年に1回，非特定防火対象物にあっては3年に1回ごとに，消防長（消防本部がない市町村にあっては，市町村長）または消防署長に提出するものである．また，点検を必要としない防火対象物は，令第36条第1項の規定により，令別表第1（20）項に掲げる舟車とされている．

2　点検には，「機器点検」と「総合点検」があり，その期間は「機器点検」は6ヶ月に1回，「総合点検」は1年に1回である．

3　したがって，(3)が正答である．

【問 3】

　消防用設備等を設置した場合に消防長又は消防署長の検査を受けなければならない防火対象物は，次のうちどれか．ただし，消防長又は消防署長が指定するものを除く．

(1) 延べ面積が 500 m² の診療所
(2) 延べ面積が 300 m² の作業場
(3) 延べ面積が 400 m² の教会
(4) 延べ面積が 200 m² の料理店

【問 4】

　消防用設備等の点検及び消防機関への報告について，誤っているものは次のうちどれか．

(1) 特定防火対象物で延べ面積が 1 000 m² 以上のもの，非特定防火対象物で延べ面積が 1 000 m² 以上のもののうち消防長又は消防署長が必要と認めて指定したもの及び特定一階段等防火対象物は，消防設備士又は消防設備点検資格者が点検を行う．
(2) 点検を行った結果は，特定防火対象物と特定一階段等防火対象物は 1 年に 1 回，非特定防火対象物は 3 年に 1 回，当該点検を行った消防設備士又は消防設備点検資格者が消防長又は消防署長に報告を行う．
(3) 消防用設備等の種別により，機器点検は 6 か月に 1 回，総合点検は 1 年に 1 回行う．
(4) 点検は，消防法で定める義務設置の防火対象物のすべての防火対象物である．ただし，令別表第 1 (20) 項の舟車は，除くものとする．

問 3 (1)

1　消防用設備等を設置した場合の旨を消防長（消防本部がない市町村にあっては，市町村長）または消防署長に届け出て，検査を受けなければならない防火対象物は，問1のとおりである．
2　(2)の作業場と(3)の教会は，それぞれ令別表第1 (12) 項と (11) 項の非特定防火対象物である．非特定防火対象物は消防長などが指定する必要があるので，設問のただし書により誤りである．
3　(4)の料理店は，令別表第1 (3) 項イの特定防火対象物である．延べ面積が300 m² 以上の特定防火対象物であれば検査が必要であるが，設問は200 m² なので，誤りである．
4　(1)の診療所は，令別表第1 (6) 項イの特定防火対象物であり，延べ面積が500 m² なので，正答である．

問 4 (2)

1　消防用設備等の点検結果は，防火対象物の関係者が行うものであり，特定防火対象物にあっては1年に1回，非特定防火対象物にあっては3年に1回ごとに，消防長（消防本部がない市町村にあっては，市町村長）または消防署長に提出するものである．また，点検を必要としない防火対象物は，令第36条第1項の規定により，令別表第1 (20) 項に掲げる舟車とされている．
2　消防設備士等による点検が必要な防火対象物は，①延べ面積が1 000 m² 以上の特定防火対象物，②消防長などが指定する延べ面積が1 000 m² 以上の非特定防火対象物および③特定一階段等防火対象物であり，これ以外の防火対象物については，防火対象物の関係者が点検を行うものである．
3　点検には，「機器点検」と「総合点検」があり，その期間は「機器点検」は6ヶ月に1回，「総合点検」は1年に1回である．
4　したがって，(1)，(3)および(4)は正しく，(2)の「特定一階段等防火対象物は1年に1回」と「当該点検を行った消防設備士又は消防設備点検資格者が消防長又は消防署長に報告」が誤りである．

【問 5】
映画館，ホテル等における消防用設備等が技術上の基準に適合しない場合に，必要な措置をなすべきことを命じることができない者は，次のうちどれか．
(1) 消防本部を置かない市長村の長
(2) 消防長
(3) 消防庁長官
(4) 消防署長

【問 6】
消防用設備等の点検を消防設備士または消防設備点検資格者に行わせなければならない防火対象物は，次のうちどれか．ただし，消防長または消防署長が指定するものを除く．
(1) 延べ面積 1 200 m² の百貨店
(2) 延べ面積 2 000 m² の美術館
(3) 延べ面積 1 000 m² の中学校
(4) 延べ面積 800 m² の病院

問 5 (3)

1　消防用設備等が技術上の基準に適合しない場合に，必要な措置をなすべきことを命じることができる者は，法第17条の4第1項において，「消防長（消防本部がない市町村にあっては，市町村長）又は消防署長は，第17条第1項の防火対象物における消防用設備等が設備等技術基準に従って設置され，又は維持されていないと認めるときは，当該防火対象物の関係者で権原を有するものに対し，当該設備等技術基準に従ってこれを設置すべきこと，又はその維持のため必要な措置をなすべきことを命ずることができる」とされている．

2　したがって，(1)，(2)および(4)が正しく，(3)の「消防庁長官」が誤りである．

問 6 (1)

1　消防用設備等の点検を消防設備士または消防設備点検資格者に行わせなければならない防火対象物は，次のとおりである．
　①　特定防火対象物で延べ面積が1 000 m^{2}以上のもの
　②　非特定防火対象物で延べ面積が1 000 m^{2}以上のもののうち，消防長などが指定するもの
　③　特定一階段等防火対象物

2　設問のただし書により，消防長または消防署長が指定するものが除かれているため，非特定防火対象物である(2)の美術館と(3)の中学校は，除外される．

3　(1)の百貨店と(4)の病院が特定防火対象物であるが，このうち，延べ面積1 000 m^{2}以上である(1)が正答となる．

3-1 各類に共通する部分　消防設備士

① 消防設備士の義務

消防設備士は，法第17条第1項により設置が義務付けられている防火対象物における「消防用設備等」または「特殊消防用設備等」や法第10条第4項により設置が義務付けられている危険物施設における「消火設備及び警報設備」の工事および整備を行うための資格であり，この資格を有している者以外の者が工事などをすることはできない．

消防設備士には，次の義務がある．

1 講習の受講

都道府県知事が行う工事整備対象設備等の工事または整備に関する講習を，免状交付を受けた日以後における最初の4月1日から2年以内に，以後5年以内ごとに受けること．

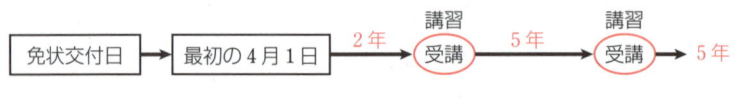

免状交付日 → 最初の4月1日 —2年→ 講習受講 —5年→ 講習受講 →5年

図3.25　講習の受講期間

2 誠実な業務

その業務を誠実に行い，工事整備対象設備等の質の向上に努めること．

3 免状の携帯

その業務に従事するときは，消防設備士免状を携帯すること．

4 着工届の提出

甲種消防設備士の場合には，工事整備対象設備等の設置の工事に着手しようとする日の10日前までに，着工届（工事整備対象設備等着工届出書）を消防長（消防本部がない市町村にあっては，市町村長）または消防署長に届け出ること．

防火対象物の関係者 —工事着手日の10日前　着工の届出→ 消防長（市町村長）消防署長

図3.26　消防用設備等の着工の届出

なお，これらに違反した場合には，免状返納命令の対象となり，また，着工の届出を怠った甲種消防設備士には，罰則がある．

② 工事整備対象設備等

消防設備士でなければ工事および整備ができない消防用設備等の種類は，表3.12のとおりである．

特類と第1類～第5類の工事整備対象設備等については，工事（設置）には甲種消防設備士の免状が，整備には甲種または乙種消防設備士の免状が必要である．

第6類の消火器と第7類の漏電火災警報器については，工事（設置）には消防設備士の免状が必要なく，整備には乙種消防設備士の免状が必要である．

表3.12　工事整備対象設備等の種類など

免状の種類		工事整備対象設備等の種類
甲種	特類	特殊消防用設備など
甲種 乙種	第1類	屋内消火栓設備，スプリンクラー設備，水噴霧消火設備，屋外消火栓設備，パッケージ型消火設備，パッケージ型自動消火設備，共同住宅用スプリンクラー設備
甲種 乙種	第2類	泡消火設備，パッケージ型消火設備，パッケージ型自動消火設備
甲種 乙種	第3類	不活性ガス消火設備，ハロゲン化物消火設備，粉末消火設備，パッケージ型消火設備，パッケージ型自動消火設備
甲種 乙種	第4類	自動火災報知設備，ガス漏れ火災警報設備，消防機関へ通報する火災報知設備，共同住宅用自動火災報知設備，住戸用自動火災報知設備，特定小規模施設用自動火災報知設備，複合型居住施設用自動火災報知設備
甲種 乙種	第5類	金属製避難はしご，救助袋，緩降機
乙種	第6類	消火器
乙種	第7類	漏電火災警報器

③ 消防設備士でなくてもできる業務

次の工事および整備については，消防設備士でなくても行うことができる．
① 表 3.12 にない消防用設備等（たとえば，動力消防ポンプ設備，非常警報設備，誘導灯，消防用水，消火活動上必要な施設である排煙設備，非常コンセント設備など）の工事および整備
② 軽微な整備（屋内消火栓設備の表示灯の交換など）
③ 屋内消火栓設備などの電源，水源および配管の部分の工事および整備
④ 自動火災報知設備などの電源の部分の工事および整備
⑤ 任意に設置される消防用設備等の工事および整備

④ 消防設備士免状の種類

消防設備士免状は，甲種消防設備士免状と乙種消防設備士免状の 2 種類．
「甲種消防設備士」は「工事または整備」を行うことが，「乙種消防設備士」は「整備」を行うことができる．
「甲種消防設備士」には特類と第 1 類～第 5 類の 6 分類が，「乙種消防設備士」には第 1 類～第 7 類の 7 分類がある．

⑤ 消防設備士免状の交付など

1 免状の交付

消防設備士免状は，試験に合格した者に対し，都道府県知事が交付する．

2 免状の書換え

消防設備士は，免状交付の日から 10 年以内ごと，または免状の記載事項（本籍，氏名など）に変更があった場合，居住地，勤務地または免状交付を受けた都道府県知事に免状の書換えを申請する．

図 3.27　免状の書換え期間

3 免状の再交付

消防設備士は，免状を亡失，汚損，破損等した場合，免状を交付または書換えした都道府県知事に免状の再交付を申請する．

なお，亡失してその再交付を受けた者は，亡失した免状を発見した場合，これを 10 日以内に免状の再交付をした都道府県知事に提出しなければならない．

4 免状の不交付

都道府県知事は，次の者に対して，免状の交付を行わないことができる．

ア　免状の返納を命じられ，その日から起算して 1 年を経過しない者

イ　消防法令の規定に違反して罰金以上の刑に処せられた者で，その執行を終り，または執行を受けることがなくなった日から起算して 2 年を経過しない者

5 免状の返納

免状を交付した都道府県知事は，消防設備士が消防法令に違反している場合，免状の返納を命じることができる．

免状返納を命じられた消防設備士は，返納命令により，ただちに当該返納命令に係る資格を喪失する．

要点のまとめ

□消防設備士免状の交付など

- 免状の交付　→　 都道府県知事
- 免状の書換え　→　 居住地 ， 勤務地 または 免状交付 を受けた都道府県知事
- 免状の再交付　→　免状を交付または書換えした 都道府県知事

□消防設備士の責務は，業務を 誠実 に行い，工事整備対象設備等の 質 の向上に努めること．

□消防設備士は，業務に従事するときは， 消防設備士免状 を携帯すること．

□甲種消防設備士は，工事整備対象設備等の設置の 工事 に着手しようとする日の 10 日前までに，着工届を消防長（消防本部がない市町村にあっては，市町村長）または消防署長に届け出なければならない．

□消防設備士は，都道府県知事が行う工事整備対象設備等の工事または整備に関する講習を，免状交付を受けた日以後における最初の 4 月 1 日から 2 年以内に，以後 5 年以内ごとに受けなければならない．

3-1 各類に共通する部分 演習問題 消防設備士

【問 1】

消防設備士免状に関する記述として，消防法令上，次のうち正しいものはどれか．

(1) 消防設備士免状を滅失した場合には，あらためて消防設備士試験を受けなければならない．
(2) 消防設備士は，いかなるときにも消防設備士免状を携帯していなければならない．
(3) 消防設備士免状は，消防本部のある市町村では市町村長が，その他の区域では都道府県知事が交付する．
(4) 消防設備士免状の返納命令が出された場合は，消防設備士の資格は失われる．

【問 2】

消防法令により設置義務にある消防用設備等のうち，消防設備士でなければ行ってはならない工事として，次のうち正しいものはどれか．

(1) 劇場に排煙設備を設置する工事
(2) 百貨店にスプリンクラー設備を設置する工事
(3) 共同住宅に漏電火災警報器を設置する工事
(4) 工場に消火器を設置する工事

【問 3】

消防設備士は，都道府県知事が行う消防用設備等の工事又は整備に関する講習を受けなければならないが，その期間について，次のうち正しいものはどれか．

(1) 試験合格の日以後の最初の4月1日から3年以内に，以後5年以内ごと
(2) 試験合格の日以後の最初の4月1日から2年以内に，以後10年以内ごと
(3) 免状交付を受けた日以後の最初の4月1日から3年以内に，以後10年以内ごと
(4) 免状交付を受けた日以後の最初の4月1日から2年以内に，以後5年以内ごと

問 1 (4)

1 消防設備士免状を亡失，汚損，破損などをした場合には，免状を交付または書換えした都道府県知事に免状の再交付を申請すればよいこととされている．
2 消防設備士免状の携帯は，その業務に従事するときに限られている．
3 消防設備士免状の交付は，消防設備士試験に合格した者に対し，都道府県知事が交付する．
4 免状を交付した都道府県知事は，消防設備士が消防法令に違反している場合，免状の返納を命じることができる．
5 したがって，(1)の「あらためて消防設備士試験を受けなければならない」，(2)の「いかなるときにも消防設備士免状を携帯していなければならない」，(3)の「消防本部のある市町村では市町村長」は誤りとなり，(4)が正答となる．これは，法第17条の7第2項の規定により法第13条の2第5項の規定が準用されるため，危険物取扱者免状と同様，免状の返納命令が出されると資格を失うことになる．

問 2 (2)

1 消防設備士でなければ行ってはならない工事整備対象設備等の種類は，表3.12のとおりであり，(2)のスプリンクラー設備の設置工事には，甲種第1類消防設備士の免状が必要となる．
2 (3)の漏電火災警報器と(4)の消火器は，それぞれ，第7類と第6類となるが，これらには，乙種の免状しかないので，設置工事には免状がなくてもよいこととなる．ただし，整備には，免状が必要となる．
3 排煙設備は，消防設備士の独占業務の範囲ではない．

問 3 (4)

都道府県知事が行う消防用設備等の工事又は整備に関する講習を受けなければならない期間は，免状交付を受けた日以後の最初の4月1日から2年以内に，以後5年以内ごととされていることから，(4)が正答である．

【問 4】

消防用設備等の着工届に関する記述について，誤っているものは次のうちどれか．
(1) 甲種消防設備士は，着工届を届け出る義務がある．
(2) 着工届は，設置工事を行う場所の消防長（消防本部がない市町村にあっては，市町村長）又は消防署長に届け出る．
(3) 着工届の届出を怠った甲種消防設備士には，罰則がある．
(4) 着工届の届出は，工事を完了した日から4日以内に行う．

【問 5】

消防設備士の義務について，誤っているものは次のうちどれか．
(1) 工事を行うときは，その工事に着手しようとする日の10日前までに，工事整備対象設備等の種類，工事の場所その他必要な事項を消防長（消防本部がない市町村にあっては，市町村長）又は消防署長に届け出なければならない．
(2) 消防庁長官が行う工事整備対象設備等の工事又は整備に関する講習を受けなければならない．
(3) その業務を誠実に行い，工事整備対象設備等の質の向上に努めなければならない．
(4) その業務に従事するときは，消防設備士免状を携帯していなければならない．

問 4 (4)

1 　甲種消防設備士は，工事整備対象設備等の設置の工事に着手しようとする日の 10 日前までに，着工届を消防長（消防本部がない市町村にあっては，市町村長）または消防署長に届け出る義務があり，これらに違反した場合には，免状返納命令の対象となり，また，着工届の届出を怠った甲種消防設備士には，罰則がある．

2 　したがって，(1)，(2)および(3)は，正しく，(4)の「工事を完了した日から 4 日以内」が「工事に着手しようとする日の 10 日前まで」の誤りである．

3 　「工事を完了した日から 4 日以内」は，消防用設備等を設置したときに防火対象物の関係者が消防長などに届け出る「消防用設備等設置届出書」の期間なので，間違えないようにする必要がある．

問 5 (2)

1 　(1)は問 4 の解説・解答 1 のとおり正しく，(3)は法第 17 条の 12 の規定により「業務を誠実に行い，工事整備対象設備等の質の向上に努めなければならない」とされており，(4)は法第 17 条の 13 の規定により「業務に従事するときは，消防設備士免状を携帯していなければならない」とされている．

2 　消防設備士は，法第 17 条の 10 の規定により，「規則で定めるところにより，都道府県知事（総務大臣が指定する市町村長その他の機関を含む．）が行う工事整備対象設備等の工事又は整備に関する講習を受けなければならない」とされている．

3 　したがって，(2)の「消防庁長官」は「都道府県知事」の誤りである．

3-1 各類に共通する部分　検定制度など

① 検定制度

1 検定

検定とは，火災予防，消火，人命救助などの観点から重要な消防用機械器具等（検定対象機械器具等）のうち，その形状，構造，材質，成分および性能（以下「形状等」という）が，規格省令に適合しているかどうかについて，あらかじめ試験・検査を公的機関が行い，検定対象機械器具等の品質を確保しようとする制度で，「**型式承認**」および「**型式適合検定**」の2段階で構成されている．

型式適合検定の合格表示が付されていない検定対象機械器具等は，**販売等**（販売し，または販売の目的で陳列してはならず，また，その設置，変更または修理の請負に係る工事に使用）**してはならない**．

ア　型式承認

「型式承認」とは，**検定対象機械器具等の型式に係る形状等が規格省令に適合している旨の承認**をいい，**総務大臣**が行う．

型式承認は，日本消防検定協会が行った検定対象機械器具等についての試験結果および意見を記載した書面により審査して行う．

イ　型式適合検定

「型式適合検定」とは，**検定対象機械器具等の形状等が型式承認を受けた検定対象機械器具等の型式に係る形状等に適合しているかどうかについて行う検定**をいい，**日本消防検定協会または登録検定機関**が行う．

型式承認と型式適合検定の流れは，図3.28のとおりである．

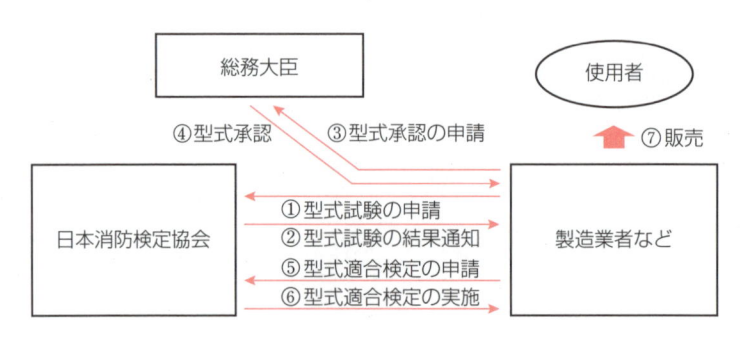

図3.28　型式承認と型式適合検定の流れ

3-1 各類に共通する部分

2 検定対象機械器具等の範囲（令第37条）

検定対象機械器具等には，次の12品目がある．

①消火器，②消火器用消火薬剤（二酸化炭素を除く），③泡消火薬剤（水溶性液体用泡消火薬剤を除く），④感知器または発信機（火災報知設備に使用するもの），⑤中継器（火災報知設備またはガス漏れ火災警報設備に使用するもの），⑥受信機（火災報知設備またはガス漏れ火災警報設備に使用するもの），⑦住宅用防災警報器，⑧閉鎖型スプリンクラーヘッド，⑨流水検知装置（スプリンクラー設備，水噴霧消火設備または泡消火設備に使用するもの），⑩一斉開放弁（スプリンクラー設備，水噴霧消火設備または泡消火設備に使用するもので，内径が300 mm以下のもの），⑪金属製避難はしご，⑫緩降機

3 検定対象機械器具等に付される合格表示

型式適合検定に合格した検定対象機械器具等には，型式承認され，かつ，型式適合検定に合格したものである旨の表示が付される．

消火器，金属製避難はしご，
感知器・発信機・
中継器・受信機
←10 mm→

閉鎖型スプリンクラーヘッド
←3 mm→

住宅用防災警報器，
流水検知装置，
一斉開放弁
←8 mm→

緩降機
←12 mm→

消火器用消火薬剤，泡消火薬剤
←15 mm→

図 3.29　合格表示（検定対象機械器具等）

② 自主表示制度

1 自主表示

　自主表示とは，火災予防，消火，人命救助などの観点から重要な消防用機械器具等（自主表示対象機械器具等）のうち，その形状等が，自主表示対象機械器具等の技術上の規格を定める省令に適合しているかどうかについて，**製造事業者などが自ら確認**を行い，自主表示対象機械器具等の品質を確保しようとするものである．

　自主表示の合格表示が付されていない自主表示対象機械器具等は，販売等が禁止されている．

　検定制度との違いは，**製造事業者などが自ら規格省令への適合性を確認する**という点である．

　自主表示制度の流れは，図 3.30 のとおりである．この流れでは，製造者が規格の適合性確認を行うことに加え，使用者，利用者などの要望などにより，第三者による品質保証を希望する場合などがあるため，「任意」の行為として，製造業者などが第三者の試験検査機関に規格適合確認の依頼などをする場合のフローも記載している．

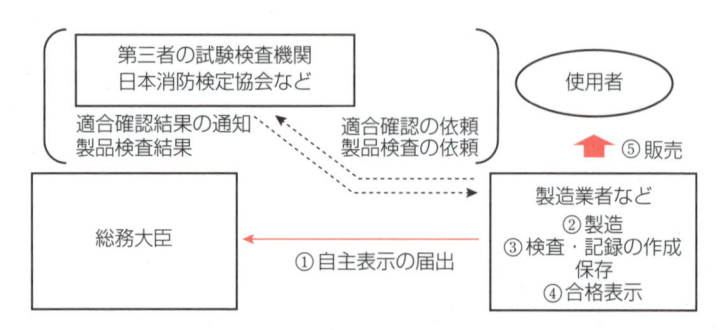

図 3.30　自主表示制度の流れ

2 自主表示対象機械器具等の範囲（令第 41 条）

　自主表示対象機械器具等には，次の 6 品目がある．
　①**動力消防ポンプ**，②**消防用ホース**，③**消防用吸管**，④**結合金具**（消防用ホースに使用する差込式またはねじ式のものおよび消防用吸管に使用するねじ式のもの），⑤**エアゾール式簡易消火具**，⑥**漏電火災警報器**

3 自主表示対象機械器具等に付される合格表示

自主表示対象機械器具等の技術上の規格を定める省令に適合しているものには，次の表示が付される．

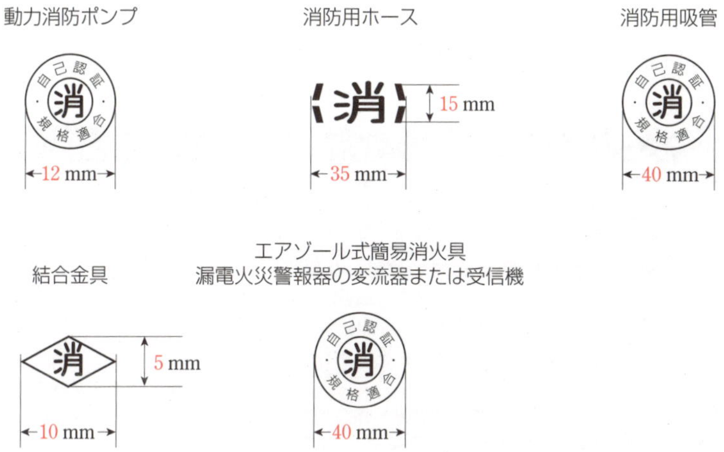

動力消防ポンプ　　　　　消防用ホース　　　　　　消防用吸管
←12 mm→　　　←35 mm→　15 mm　　←40 mm→

結合金具　　　　　エアゾール式簡易消火具
　　　　　　漏電火災警報器の変流器または受信機
←10 mm→　5 mm　　←40 mm→

図 3.31　合格表示（自主表示対象機械器具等）

③ 認定制度

法第17条の3の2に基づく消防用設備等の検査は，設置の段階から有効にその機能を発揮できることを確認するために行われるものであるが，設置された段階で技術基準への適合を確認することは防火対象物の関係者にとって極めて大きな負担となり，ときには困難でもある．このため，一定の要件を満たし，登録認定機関が消防用設備等またはこれらの部分である機械器具の技術基準への適合の認定を行い，認定された場合にはこれらに技術基準の全部または一部に適合している旨の表示を付す制度（**認定制度**）が，規則第31条の4に設けられている．

この表示が付されている消防用設備等またはこれらの部分である機械器具については，法第17条の3の2に基づく検査において技術基準に適合しているものとみなされる．

表示の様式は，消防法施行規則第31条の4第3項の表示の様式を定める件（平成12年消防庁告示第19号）により次のとおり定められている．

様式一　　　　　　　　　様式二

　　　　　　　　　　　　ショウボウチョウトウロク　登録認定機関名　ニンテイ

　　　　　　　　　　　　※様式二は，様式一により表示することが困難な場合

　認定されている消防用設備等またはこれらの部分である機械器具は，次のとおりである．

消防用設備等の種類	登録認定機関の名称
①屋内消火栓および連結送水管の放水口，②合成樹脂製の管および管継手，③ポンプを用いる加圧送水装置，④加圧送水装置の制御盤，⑤総合操作盤，⑥噴射ヘッド，⑦不活性ガス消火設備，ハロゲン化物消火設備および粉末消火設備（以下「不活性ガス消火設備等」という．）の音響警報装置，⑧不活性ガス消火設備等の容器弁および安全装置ならびに破壊板，⑨放出弁，⑩不活性ガス消火設備等の選択弁，⑪不活性ガス消火設備およびハロゲン化物消火設備の制御盤，⑫移動式の不活性ガス消火設備等のホース，ノズル，ノズル開閉弁およびホースリール，⑬定圧作動装置，⑭火災通報装置，⑮避難はしご，⑯すべり台，⑰避難ロープ，⑱救助袋，⑲開放型散水ヘッド，⑳パッケージ型消火設備，㉑中輝度蓄光式誘導標識および高輝度蓄光式誘導標識，㉒金属製管継手およびバルブ類，㉓圧力水槽方式の加圧送水装置，㉔パッケージ型自動消火設備	一般財団法人日本消防設備安全センター
電線（規則第12条第1項第4号ホ（ロ）ただし書に規定する電線および同項第5号ロただし書に規定する電線）	一般社団法人電線総合技術センター
スプリンクラー設備，連結散水設備および連結送水管に使用される送水口	一般社団法人日本消防放水器具工業会
避難器具用ハッチ	一般社団法人全国避難設備工業会
①キュービクル式非常電源専用受電設備，②低圧で受電する非常電源専用受電設備の配電盤および分電盤，③蓄電池設備，④誘導灯，⑤燃料電池設備	一般社団法人日本電気協会
①自動火災報知設備の地区音響装置，②非常警報設備の非常ベルおよび自動式サイレン，③非常警報設備の放送設備，④パッケージ型自動消火設備，⑤総合操作盤，⑥放水型ヘッド等を用いるスプリンクラー設備	日本消防検定協会
自家発電設備（規則第12条第1項第4号ロに規定する自家発電設備）	一般社団法人日本内燃力発電設備協会
電気エネルギーにより光を発する誘導標識	一般社団法人日本消防防災電気エネルギー標識工業会

要点のまとめ

☐ 型式適合検定の合格表示が付されていない検定対象機械器具等は， 販売 し，または 販売 の目的で 陳列 してはならず，また，その 設置 ，変更または修理の請負に係る工事に使用してはならない．

☐ 検定は， 型式承認 および 型式適合検定 の2段階で構成されている．

☐ 型式承認とは，検定対象機械器具等の型式に係る形状等が規格省令に適合している旨の承認をいい， 総務大臣 が行うものである．

☐ 型式適合検定とは，検定対象機械器具等の形状等が型式承認を受けた検定対象機械器具等の型式に係る形状等に適合しているかどうかについて行う検定をいい， 日本消防検定協会 または登録検定機関が行うものである．

☐ 自主表示とは，消防用機械器具等のうち，その形状等が，規格省令に適合しているかどうかについて， 製造事業者 などが自ら 確認 を行うものである．自主表示の合格表示が付されていない自主表示対象機械器具等は，検定対象機械器具等と同様に，販売，陳列，工事使用などが禁止されている．検定制度との違いは，製造事業者などが自ら規格省令への適合性を確認するという点である．

☐ 検定対象機械器具等（12品目）
① 消火器 ，② 消火器用 消火薬剤，③ 泡 消火薬剤，④ 感知器 または 発信機 ，⑤ 中継器 ，⑥ 受信機 ，⑦ 住宅用防災 警報器，⑧ 閉鎖型 スプリンクラーヘッド，⑨ 流水検知 装置，⑩ 一斉開放 弁，⑪ 金属製 避難はしご，⑫ 緩降機

☐ 自主表示対象機械器具等（6品目）
① 動力消防ポンプ ，② 消防用ホース ，③ 消防用吸管 ，④ 結合金具 （消防用ホースに使用する差込式またはねじ式のものおよび消防用吸管に使用するねじ式のもの），⑤ エアゾール式 簡易消火具，⑥ 漏電火災 警報器

3-1 各類に共通する部分 演習問題 検定制度など

【問 1】

消防法第21条の2の消防用機械器具等の検定制度について，次のうち正しいものはどれか．

(1) 型式承認は，検定対象機械器具等の型式に係る形状等が規格省令に適合している旨の承認をいい，日本消防検定協会又は登録検定機関が行う．
(2) 型式適合検定とは，検定対象機械器具等の形状等が型式承認を受けた検定対象機械器具等の型式に係る形状等に適合しているかどうかについて行う検定をいい，総務大臣が行うものである．
(3) 型式適合検定の合格表示が付されていない検定対象機械器具等は，販売し，又は販売の目的で陳列してはならず，また，その設置，変更又は修理の請負に係る工事に使用してはならない．
(4) 型式承認は，検定対象機械器具等の製造業者等が行った検定対象機械器具等についての試験結果及び意見を記載した書面により審査して行われる．

【問 2】

消防法第21条の2の検定対象機械器具等の型式承認を行う者は次のうちどれか．

(1) 都道府県知事　　(2) 総務大臣
(3) 消防庁長官　　　(4) 日本消防検定協会

問 1 (3)

1 検定制度は，「型式承認」および「型式適合検定」で構成され，型式適合検定の合格表示が付されていない検定対象機械器具等は，販売し，または販売の目的で陳列してはならず，また，その設置，変更または修理の請負に係る工事に使用してはならないこととされている．
2 型式承認は，検定対象機械器具等の型式に係る形状等が規格省令に適合している旨の承認で総務大臣が行い，その承認は，日本消防検定協会などが行った検定対象機械器具等についての試験結果および意見を記載した書面により審査して行われるものである．
3 型式適合検定は，検定対象機械器具等の形状等が型式承認を受けた検定対象機械器具等の型式に係る形状等に適合しているかどうかについて行う検定で日本消防検定協会などが行うものである．
4 したがって，(1)の「日本消防検定協会又は登録検定機関が行う」は「総務大臣」の，(2)の「総務大臣」は「日本消防検定協会又は登録検定機関」の，(4)の「検定対象機械器具等の製造業者等」は「日本消防検定協会又は登録検定機関」の誤りであり，(3)が正答である．

問 2 (2)

型式承認は，検定対象機械器具等の型式に係る形状等が規格省令に適合している旨の承認で，日本消防検定協会などが行った検定対象機械器具等についての試験結果および意見を記載した書面により審査して総務大臣が行うものであるので，(2)が正答である．

【問 3】

消防法第21条の2で定める「型式承認」と「型式適合検定」との関係について，正しいものは次のうちどれか．

(1) 型式承認を受けていなくても，型式適合検定に合格していれば，検定に合格した旨の表示を付し販売することができる．
(2) 型式承認を受けていれば，型式適合検定に合格しなくても，販売することができる．
(3) 型式承認を受けず，型式に係る形状等が規格省令に適合している旨を製造者が確認し，その旨を総務大臣に届け出れば販売することができる．
(4) 型式承認を受けていても，型式適合検定に合格しなければ，検定対象機械器具等の販売はできない．

【問 4】

次のもののうち，検定の対象となる機械器具等に該当するものは，どれか．
(1) 住宅用防災警報器
(2) 漏電火災警報器
(3) エアゾール式簡易消火具
(4) 消防用ホース

問 3 (4)

1　検定は，型式承認および型式適合検定の 2 段階で構成され，これをクリアしたものが販売等できることに着目すればよい．
2　(1)は，型式承認を受けていないものなので，販売できないのに販売できるとされているので，誤りである．(2)は，型式適合検定に合格していないので，販売できないのに販売できるとされているので，誤りである．(3)は，型式承認を受けていないので，販売できないのに販売できるとされているので，誤りである．(4)は，型式適合検定に合格していないので，販売できないとされているので，これが正答である．
3　また，(3)の「型式に係る形状等が規格省令に適合している旨を製造者が確認し，その旨を総務大臣に届け出れば販売することができる」は，自主表示対象機械器具等に係る自主表示制度の仕組みである．
4　型式承認と型式適合検定の流れは，図 3.28 のとおりである．

問 4 (1)

1　検定対象機械器具等には，次の 12 品目がある．
①消火器，②消火器用消火薬剤，③泡消火薬剤，④感知器または発信機，⑤中継器，⑥受信機，⑦住宅用防災警報器，⑧閉鎖型スプリンクラーヘッド，⑨流水検知装置，⑩一斉開放弁，⑪金属製避難はしご，⑫緩降機
2　自主表示対象機械器具等には，次の 6 品目がある．
①動力消防ポンプ，②消防用ホース，③消防用吸管，④結合金具，⑤エアゾール式簡易消火具，⑥漏電火災警報器
3　したがって，(1)が正答である．
4　検定対象機械器具等と自主表示対象機械器具等は，消防法施行令の一部を改正する政令（平成 25 年政令第 88 号）により，その範囲が変更され，平成 26 年 4 月 1 日から，自主表示対象機械器具等として「消防用ホース」，「結合金具」，「漏電火災警報器」と「エアゾール式簡易消火具」が追加され，検定対象機械器具等として「住宅用防災警報器」が追加されているので，注意する必要がある．

3-2 第7類に関する部分　漏電火災警報器を設置する防火対象物

① 防火対象物の要件

漏電火災警報器を設置する防火対象物の要件には，①構造要件，②面積要件および③電流要件がある．構造要件は，いわゆるラスモルタル造の防火対象物に設置するというものであり，次のとおりである．

間柱（壁下地材を取り付けるための柱と柱の間に建てる小柱），根太（床板を受ける横木），天井野縁（天井下地を張るために組む角材）または下地を，不燃材料または準不燃材料以外の材料でつくった鉄網入りの壁，床または天井を有する建築物である．

面積要件（延べ面積）と電流要件（契約電流容量）は，表3.13のとおりである．

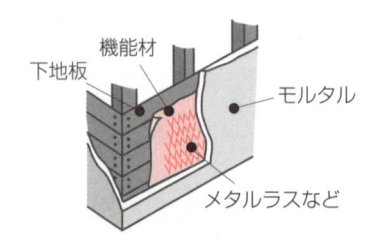

> **ラスモルタル造とは**
> 塗壁や塗天井用の下地にメタルラス，ワイヤラス，ラスボードなど（通称ラス）を使用し，ラスの上にモルタルを塗って仕上げる工法

図3.32　ラスモルタル造

1　令別表第1（17）項に掲げる建築物

文化財保護法（昭和25年法律第214号）の規定によって重要文化財，重要有形民俗文化財，史跡，重要な文化財として指定された建造物．

旧重要美術品等の保存に関する法律（昭和8年法律第43号）の規定によって重要美術品として認定された建造物．

2　令別表第1（5）項，（9）項に掲げる建築物

延べ面積が150 m² 以上の旅館など，公衆浴場．

3　令別表第1（1）項から（4）項まで，（6）項，（12）項，（16の2）項に掲げる防火対象物

延べ面積が300 m² 以上の劇場など，キャバレーなど，料理店など，百貨店など，病院など，自力避難困難者入所福祉施設など，工場など，地下街．

4 令別表第1（7）項，（8）項，（10）項，（11）項に掲げる建築物

　延べ面積が 500 m² 以上の小学校など，図書館など，車両の停車場など，神社など．

5 令別表第1（14）項，（15）項に掲げる建築物

　延べ面積が 1 000 m² 以上の倉庫，事務所などの事業所．

6 令別表第1（16）項イに掲げる防火対象物

　延べ面積が 500 m² 以上で，多数の者が出入りするものとして令で定める防火対象物の用途に供される部分の床面積の合計が 300 m² 以上の複合用途防火対象物．

7 令別表第1（1）項から（6）項まで，（15）項，（16）項に掲げる建築物

　契約電流容量が 50 A を超えるもの．

表3.13　漏電火災警報器の設置が必要な防火対象物

防火対象物	延べ面積	契約電流容量
劇場，映画館，演芸場，観覧場	300 m² 以上	50 A を超えるもの
公会堂，集会場		
キャバレー，カフェー，ナイトクラブなど		
遊技場，ダンスホール		
性風俗関連特殊営業を営む店舗など		
カラオケボックスなど		
待合，料理店など		
飲食店		
百貨店，マーケット，展示場など		
旅館，ホテル，宿泊所など	150 m² 以上	
寄宿舎，下宿，共同住宅		
病院，診療所，助産所	300 m² 以上	
自力避難困難者入所福祉施設など		
自力避難困難者入所福祉施設など以外の福祉施設（老人デイサービスセンターなど）		
幼稚園，特別支援学校		
小学校，中学校，高等学校，大学など	500 m² 以上	
図書館，博物館，美術館など		

表 3.13　漏電火災警報器の設置が必要な防火対象物（続き）

防火対象物	延べ面積	契約電流容量
公衆浴場のうち，蒸気浴場，熱気浴場など	150 m² 以上	
蒸気浴場，熱気浴場など以外の公衆浴場		
車両の停車場，船舶・航空機の発着場	500 m² 以上	
神社，寺院，教会など		
工場，作業場	300 m² 以上	
映画スタジオ，テレビスタジオ		
倉庫	1 000 m² 以上	
前各項に該当しない事業場		
複合用途防火対象物のうち，その一部が赤字の用途を含むもの	500 m² 以上（赤字の用途に供される部分の床面積の合計が 300 m² 以上）	50 A を超えるもの
地下街	300 m² 以上	
重要文化財，重要有形民俗文化財，史跡など	全部	

② 契約電流容量

　契約電流容量とは，電気事業者と防火対象物の関係者とが契約した電流容量をいい，「契約種別」として，定額電灯契約，従量電灯契約，臨時電灯契約，公衆街路灯契約，業務用電力契約，低圧電力契約，深夜電力契約などがある．同一建築物で契約種別の異なる電気が供給されているものは，そのうちの最大契約電流容量とされている．契約電流容量は，次により求める．

① 防火対象物の関係者と電気事業者間でなされた契約電流，契約容量および契約電力とし，契約電流にあってはその電流値，契約容量または契約電力にあっては標準電圧を 100 V または 200 V，力率を 1.0 として，3-1 式により求める．

$$契約電流容量 [\text{A}] = \frac{契約容量 [\text{kV} \cdot \text{A}] \text{ または契約電力} [\text{kW}] \times 1\,000}{標準電圧 (100\,\text{V} \text{ または } 200\,\text{V}) \times 力率 (1.0)}$$

3-1 式

　注1　電気方式が三相3線式の場合は，標準電圧に $\sqrt{3}$ を乗じること．
　注2　電気方式が三相単線式の場合は，標準電圧を 200 V とすること．

② 同一敷地内に防火対象物が2つ以上ある場合で，契約種別が1つである場合にあっては，当該防火対象物の契約電流容量を，当該防火対象物の低圧屋内電路に接続されている負荷設備総容量（kV・AまたはkW）から，3-2式により求める．

$$契約電流容量 [A] = \frac{負荷設備総容量 [kVA] \times 1\,000}{標準電圧（100\,V または 200\,V）\times 力率（1.0）} \times 0.6$$

3-2式

注1　電気方式が三相3線式の場合は，標準電圧に$\sqrt{3}$を乗じること．
注2　電気方式が三相単線式の場合は，標準電圧を200Vとすること．
注3　0.6は需要係数

③ 高圧または特別高圧の変電設備を有する防火対象物の契約電流容量は，低圧側において3-2式により求める．

④ 同一の防火対象物に，同一契約種別が2つ以上となる場合の契約電流容量は，その合計値とする．たとえば，共同住宅において，A戸，B戸，C戸がそれぞれⓐ，ⓑ，ⓒの従量電灯契約をしている場合，契約電流容量は，ⓐ＋ⓑ＋ⓒ [A]（アンペア）であり，この和が50 [A] を超えるときにあっては図3.33のとおり各配線に漏電火災警報器を，この和が50 [A] 以下のときにあっては図3.34のとおり漏電火災警報器を設置する必要がある．

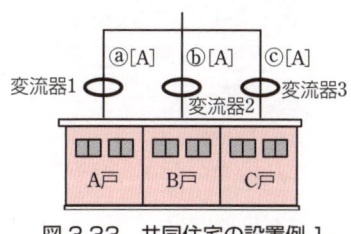

図3.33　共同住宅の設置例1

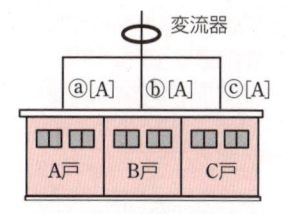

図3.34　共同住宅の設置例2

要点のまとめ

□漏電火災警報器を設置する防火対象物の要件
　[構造]，[面積(延べ面積)]，電流(契約電流容量)が[50]Aを超える

□ラスモルタル造の防火対象物
　[間柱]・[根太]・[天井野縁]・[下地]が不燃材料・準不燃以外の材料でつくった鉄網入りの[壁]・[床]・[天井]を有する建築物

□漏電火災警報器を設置する防火対象物

防火対象物	延べ面積	契約電流容量
劇場，映画館，演芸場，観覧場	300 m² 以上	50 A を超えるもの
公会堂，集会場		
キャバレー，カフェー，ナイトクラブなど		
遊技場，ダンスホール		
性風俗関連特殊営業を営む店舗など		
カラオケボックスなど		
待合，料理店など		
飲食店		
百貨店，マーケット，展示場など		
旅館，ホテル，宿泊所など	150 m² 以上	
寄宿舎，下宿，共同住宅		
病院，診療所，助産所	300 m² 以上	
自力避難困難者入所福祉施設など		
自力避難困難者入所福祉施設など以外の福祉施設（老人デイサービスセンターなど）		
幼稚園，特別支援学校		

防火対象物	延べ面積	契約電流容量
小学校，中学校，高等学校，大学など	500 m² 以上	
図書館，博物館，美術館など		
公衆浴場のうち，蒸気浴場，熱気浴場など	150 m² 以上	
蒸気浴場，熱気浴場など以外の公衆浴場		
車両の停車場，船舶・航空機の発着場	500 m² 以上	
神社，寺院，教会など		
工場，作業場	300 m² 以上	50 A を超えるもの
映画スタジオ，テレビスタジオ		
倉庫	1 000 m² 以上	
前各項に該当しない事業場		
複合用途防火対象物のうち，その一部が特定の用途を含むもの	500 m² 以上（赤字の用途に供される部分の床面積の合計が 300 m² 以上）	
地下街	300 m² 以上	
重要文化財，重要有形民俗文化財，史跡など	全部	

3-2 第7類に関する部分 演習問題 漏電火災警報器を設置する防火対象物

【問 1】

漏電火災警報器の設置義務がある建築物の構造に関する記述について，次のうち正しいものはどれか．
(1) 下地を準不燃材で造った鉄網入りの壁があること．
(2) 金属板張りの屋根があること．
(3) 下地を難燃材料としたラス入りの天井があること．
(4) 根太を不燃材料で造ったラスモルタルの床があること．

【問 2】

漏電火災警報器について，次のうち正しいものはどれか．
(1) 建築物における契約電流容量が60アンペア以下であれば設置義務は生じない．
(2) 壁，床又は天井のどれかが下地を不燃材料又は準不燃材料以外の材料で造ってあり，かつ，鉄網入りであれば設置しなければならない．
(3) 壁，床又は天井のどれかが不燃材料で造ってあれば設置義務は生じない．
(4) 壁，床又は天井の下地が不燃材料で造ってあっても，鉄網入りであれば，設置しなければならない．

問 1 (3)

1 　漏電火災警報器を設置しなければならない防火対象物の構造規制の要件は，「間柱，根太，天井野縁または下地」が「不燃材料または準不燃材料以外の材料でつくった鉄網入りの壁，床または天井を有する」かである．
2 　(1)と(4)は，「不燃材料または準不燃材料以外の材料」ではない「準不燃材料」，「不燃材料」なので構造規制の要件に該当しない．また，(2)は，「壁，床または天井」ではない「屋根」なので構造規制の要件に該当しない．
3 　(3)は不燃材料または準不燃材料以外の材料である難燃材料とされていることから，(3)が正答である．

問 2 (2)

1 　漏電火災警報器の電流規制（契約電流容量規制）は，防火対象物の用途により，規制対象となる．たとえば，小学校は「電流規制の対象外」であるが，「面積規制の対象」となり，劇場は「電流規制の対象」で，かつ，「面積規制の対象」である．
2 　漏電火災警報器の構造規制の要件は，「間柱，根太，天井野縁または下地」が「不燃材料または準不燃材料以外の材料でつくった鉄網入りの壁，床または天井を有する」かである．
3 　したがって，(1)は防火対象物の用途がわからないので誤り，(3)は「どれかが不燃材料」とされていることから「どれか以外のもの」が「不燃材料または準不燃材料以外の材料でつくった鉄網入りの壁，床または天井を有する」可能性があるので誤り，(4)は鉄網入りであるが，下地が不燃材料でつくってあるので設置義務が生じないので誤りである．
4 　(2)は，構造規制の要件であり，(2)が正答である．

【問 3】

漏電火災警報器を設置する必要がないものは次のうちどれか．

(1) 飛行機の格納庫　　(2) 航空機の発着場
(3) 地下街　　　　　　(4) 中学校

【問 4】

漏電火災警報器の設置の必要がない防火対象物として，次のうち正しいものはどれか．ただし，いずれの防火対象物も下地を難燃材料で造った鉄網入りの天井を有するものとする．

(1) 延べ面積 300 m² の小学校　　(2) 延べ面積 150 m² の旅館
(3) 延べ面積 300 m² の百貨店　　(4) 延べ面積 500 m² の神社

【問 5】

漏電火災警報器を設置する必要がない防火対象物は次のうちどれか．ただし，いずれの防火対象物も下地を難燃材料で造った鉄網入りの天井を有するものとする．

(1) 契約電流容量 60 アンペアのキャバレー
(2) 延べ面積 400 m² の劇場
(3) 契約電流容量 50 アンペアの中学校
(4) 重要文化財である建築物

【問 6】

漏電火災警報器を設置しなければならない防火対象物は次のうちどれか．

	用途	延べ面積	壁，床又は天井の構造
(1)	熱気浴場	150 m²	下地を木材で造った鉄網入りの床がある
(2)	集会場	200 m²	下地を木材で造った鉄網入りの壁がある
(3)	ホテル	2 000 m²	下地を不燃材料で造った鉄網入りの天井がある
(4)	キャバレー	1 000 m²	下地を準不燃材料で造った鉄網入りの壁がある

問 3 (1)

1　①自動車車庫または駐車場と，②飛行機または回転翼航空機の格納庫は，その構造，面積または契約電流容量に関係なく，漏電火災警報器の設置義務がない．

2　したがって，(1)が正答となる．

問 4 (1)

1　漏電火災警報器は，(1)の小学校にあっては延べ面積 500 m² 以上，(2)の旅館にあっては延べ面積 150 m² 以上，(3)の百貨店にあっては延べ面積 300 m² 以上，(4)の神社にあっては延べ面積 500 m² 以上のものに設置が必要となる．

2　したがって，(1)が正答となる．

問 5 (3)

1　漏電火災警報器の電流規制（契約電流容量規制）の要件は，50 A を超えるものである．

2　(1)のキャバレーと(2)の劇場にあっては延べ面積 300 m² 以上または契約電流容量 50 A を超えたもの，(3)の中学校にあっては延べ面積 500 m² 以上のもの，(4)の重要文化財である建築物にあっては全部のものに設置が必要となる．

3　したがって，(1)，(2)および(4)は設置義務があり，(3)の中学校には電流規制がないため，設置の必要がないことになる．

問 6 (1)

1　構造規制の要件は，「間柱，根太，天井野縁または下地」が「不燃材料または準不燃材料以外の材料でつくった鉄網入りの壁，床または天井を有する」かであるので，不燃材料とされている(3)と準不燃材料とされている(4)は設置を要しない．

2　面積規制では，(1)の熱気浴場にあっては延べ面積 150 m² 以上のもの，(2)の集会場にあっては延べ面積 300 m² 以上のものに設置が必要となる．

3　したがって，(1)が正答となる．

3-2 第7類に関する部分　設置場所，設置方法など

設置について

1 漏電火災警報器

漏電火災警報器は，次により設置することとされている．

① 漏電火災警報器は，建築物の屋内電気配線に係る火災を有効に感知することができるように設置すること．

② 漏電火災警報器は，設置基準細目により，次に掲げる場所には設けないこととされている．ただし，当該漏電火災警報器に防爆，防食，防湿，防振，静電的遮へいなどの防護措置が講じられたもの，または防護措置を施した場所に設けるものにあっては，これによらないことができる．

ア 可燃性蒸気，可燃性ガス，可燃性粉じんなどが多量に滞留するおそれのある場所

イ 火薬類を製造し，貯蔵し，または取り扱う場所

ウ 腐食性の蒸気，ガスなどが多量に発生するおそれのある場所

エ 湿度が高い場所

オ 温度変化の激しい場所

カ 振動が激しく，機械的損傷を受けるおそれのある場所

キ 大電流回路，高周波発生回路などからの影響を受けるおそれのある場所

2 受信機

受信機は，屋内の点検が容易な箇所に設けること．ただし，雨水などに対する適当な防護措置を講じた場合は，屋外の点検が容易な位置に設置することができる．

3 変流器

① 警戒電路に設ける変流器は，当該建築物の警戒電路における定格電流（負荷電流（せん頭負荷電流を除く）の総和としての最大負荷電流）以上の電流値を有するものを設けること．ただし，契約電流容量の 125 % 以上の電流値を有するものを設置した場合にあっては，警戒電路の定格電流以上のものを設置したものとみなすことができる．

回路方式により設置する場合　→　警戒電路の定格電流以上の電流値

(B種) 接地線方式により設置する場合　→　接地線に流れることが予想される電流以上の電流値

② 変流器は，建築物に電気を供給する屋外の電路（建築構造上屋外の電路に設けることが困難な場合には電路の引込口に近接した屋内の電路）またはB種接地線で，当該変流器の点検が容易な位置に堅固に取り付けること．

ア　低圧による引込方式（単相2線式）

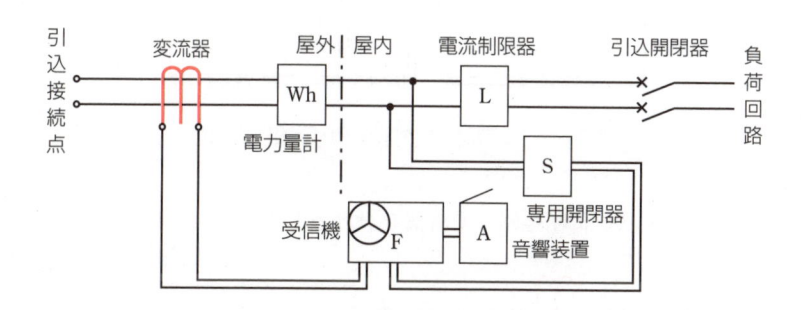

図3.35　変流器の屋外設置例

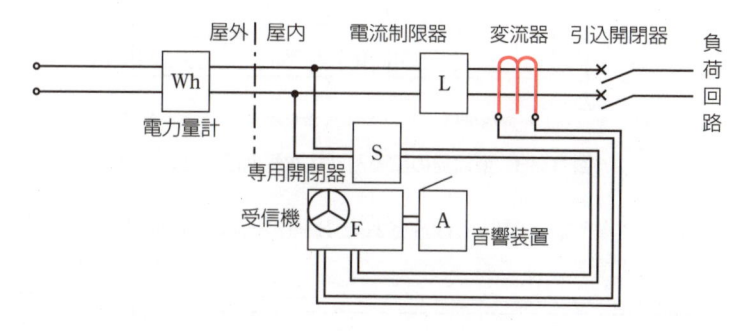

図3.36　変流器の屋内設置例

イ　低圧による引込方式（単相3線式）

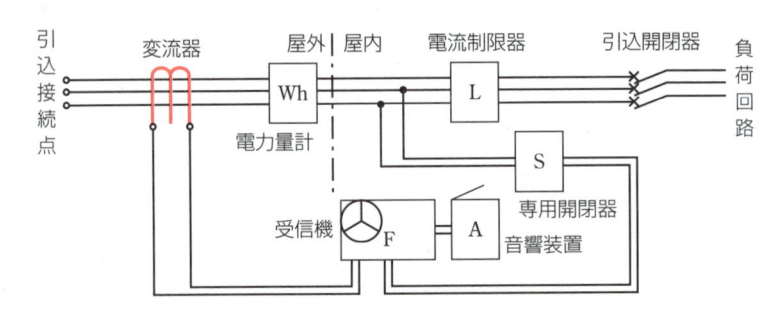

図3.37　変流器の屋外設置例（単相3線式）

ウ　変圧器の2次側低圧電路に変流器を設ける方式

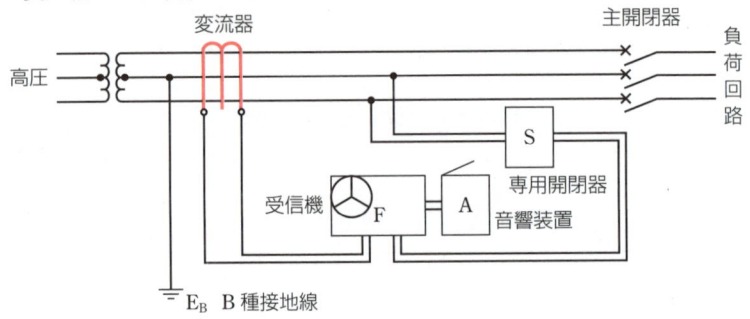

図3.38　変流器の設置例（2次側低圧電路）

エ　変圧器の2次側低圧電路に接続されたB種接地線に変流器を設ける方式

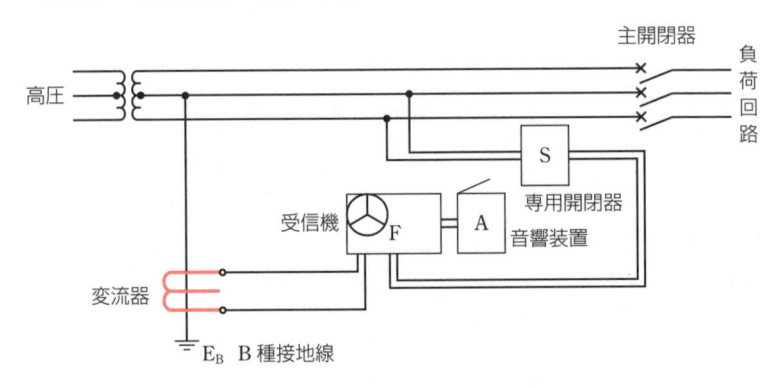

図3.39　変流器の設置例（2次側低圧電路B種接地線）

オ　金属管工事が行われている部分に変流器を設けるもの

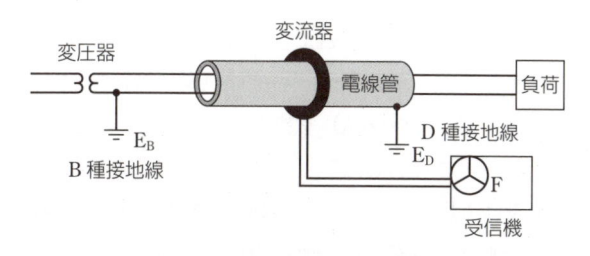

図3.40　変流器の設置例（金属管工事）

カ　三相変圧器と単相変圧器のB種接地線に変流器を設けるもの

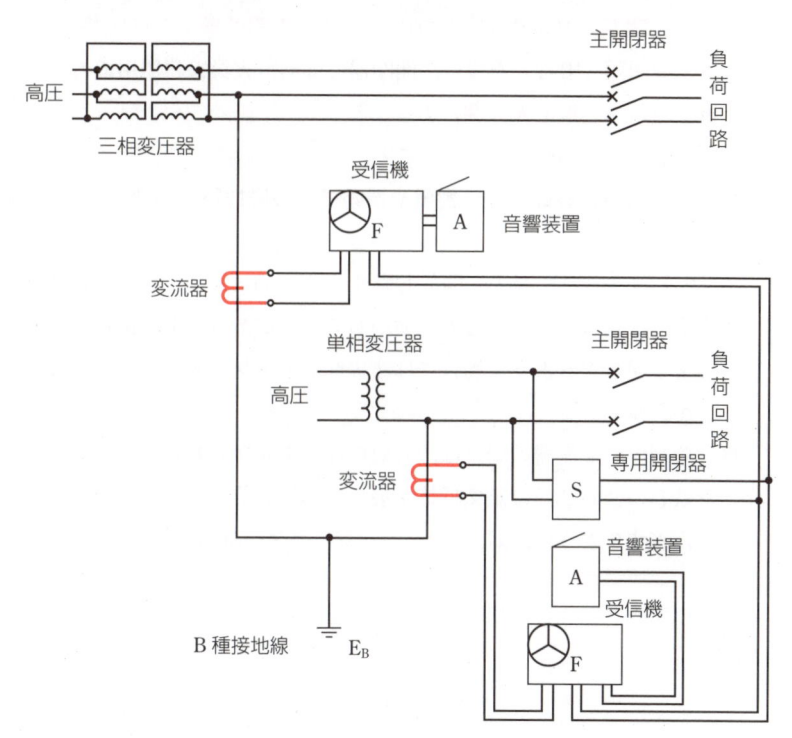

図3.41　変流器の設置例（2次側低圧電路B種接地線）

4 その他の基準

① 音響装置は，**防災センター**などに設け，その音圧および音色は，ほかの警報音または騒音と**明らかに区別**して聞き取ることができること．

② 　検出漏洩電流設定値（漏電火災警報器が警戒電路において一定の漏電が生じた場合に作動するようにあらかじめ設定しておく値）は，設置基準細目により，誤報が生じないように当該建築物の警戒電路の負荷，電線こう長などを考慮し，100 mA ～ 400 mA（B 種接地線に設けるものにあっては，400 mA ～ 800 mA）を標準とすること．
③ 　可燃性蒸気，可燃性粉じんなどが滞留するおそれのある場所に漏電火災警報器を設ける場合には，その作動と連動して電流の遮断を行う装置をこれらの場所以外の安全な場所に設けること．
④ 　操作電源については，電流制限器（電流制限器を設けていない場合にあっては，主開閉器）の 1 次側から専用回路として分岐し，その専用回路には，開閉器（定格 15 A のヒューズ付き開閉器または定格 20 A の配線用遮断器に限る）を設け，開閉器には漏電火災警報器用のものである旨を表示（白地に赤文字）すること．
⑤ 　変流器の取扱いは，次によること．
　ア 　変流器の鉄心は，強い衝撃や振動でその磁性特性が変化しやすく，取扱いに注意する必要がある．
　イ 　2 次側（出力）端子を開放したまま 1 次側に電流を流すと，2 次側端子には高電圧が発生して危険があることがあるので，電路に設置したまま通電するような場合には 2 次側端子をショートしておくことなどが必要である．
　ウ 　分割形の変流器の場合は，必要な性能を発揮させるため，分割された鉄心の合わせ部の磁気抵抗が最小である必要があり，合わせ面同士が密着するように，ねじやパッチン錠は完全に締めておく必要がある．

要点のまとめ

□漏電火災警報器を設けられない場所

可燃性蒸気などが多量に滞留する場所，火薬類の製造などをする場所，腐食性の蒸気などが多量に発生する場所，湿度が高い場所，温度変化の激しい場所，振動が激しく機械的損傷を受ける場所，大電流回路などからの影響を受ける場所

□受信機は，　屋内　の点検が　容易　な箇所に設置

□変流器は，建築物に電気を供給する　屋外　の電路（建築構造上屋外の電路に設けることが困難な場合には電路の引込口に近接した屋内の電路），または　B種　接地線で，当該変流器の点検が　容易　な位置に設置

・　回路　方式により設置する場合 → 警戒電路の定格電流以上の電流値

・　接地線　方式により設置する場合 → 接地線に流れることが予想される電流以上の電流値

□音響装置は，　防災センター　などに設け，その音圧および音色は，ほかの警報音または騒音と明らかに　区別　して聞き取ることができること．

□　検出漏洩電流　設定値は，設置基準細目により，誤報が生じないように当該建築物の警戒電路の負荷，　電線こう長　などを考慮し，　100　mA～　400　mAを，B種接地線に設けるものにあっては，　400　mA～　800　mAを標準とする．

□　可燃性蒸気　，　可燃性粉じん　などが滞留するおそれのある　場所　に漏電火災警報器を設ける場合には，その作動と連動して電流の遮断を行う装置をこれらの場所以外の安全な場所に設けること．

□操作電源

　電流制限器　（電流制限器を設けていない場合は主開閉器）の　1　次側から専用回路として分岐

専用回路には，　開閉器　を設け、開閉器には漏電火災警報器用のものである旨を　表示（白地に赤文字）　

開閉器は，定格　15　Aの　ヒューズ付開閉器　または定格　20　Aの　配線用遮断器

3-2 第7類に関する部分 演習問題 設置場所，設置方法など

【問 1】

漏電火災警報器の変流器の設置について，誤っているものは次のうちどれか．
(1) 変流器は，建築物に電気を供給する屋外の電路に堅固に設ける．
(2) B種接地線を有するものは，当該接地線に変流器を設ける．
(3) 建築構造上，屋外の電路に設けることが困難な場合は，電路の引込口に近接した屋内の電路に変流器を設けることができる．
(4) 変流器は，電気を供給する電路の引込口から1.5 m以上離れた屋内の電路に堅固に設ける．

【問 2】

漏電火災警報器の変流器の設置場所について誘導による注意事項として，誤っているものは次のうちどれか．
(1) 変流器の2次配線には，遮へいシールドのある電線やケーブルを用い，このシールドは接地する．
(2) 誘導障害を起こさせる電線や機器から，変流器やその2次配線をできるだけ離す．
(3) 変流器には，鉄板等で磁気遮へいの工事を行う．
(4) 変流器の取付金具には，B種接地工事を行う．

問 1 (4)

1　変流器の取付位置は，規則第24条の3第2号の規定のとおり，①建築物に電気を供給する屋外の電路またはB種接地線に取り付けることとされ，②建築構造上，屋外の電路に設けることが困難な場合には，電路の引込口に近接した屋内の電路に取り付けること，とされている．
2　したがって，(4)の引込口から離れた場所に設置するのは誤りである．

問 2 (4)

1　受信機の誤報の原因には，変流器に誤誘導信号が入ることにより起きる場合がある．誤誘導には，商用周波（電力会社から一般に供給されている電流・電圧の周波数），高調波（ある周波数成分をもつ波動に対してその整数倍の高次の周波数成分），高周波（比較的周波数の高いもので，一般的には無線周波数）など，いろいろなものがある．
2　(1)は高周波対策として一般的であり，(2)は大電流幹線や乾式変圧器などの商用周波対策として，(3)は周波数などに関係なく有効な対策である．(4)は，無意味な方法であり，取付金具には電気的な意味はなく，接地をとっても無駄であるので，これが誤りである．
3　高周波による誘導障害を排除する措置については，設置基準細目により，次のとおりとされている．
①　誘導防止用コンデンサを受信機の変流器接続用端子および操作電源用端子に入れること．
②　変流器の2次側配線は，次によること．
　ア　配線にはシールドケーブルを使用するか，配線相互間を密着して設けること．
　イ　配線こう長をできる限り短くすること．
　ウ　大電流回路からはできるだけ離隔すること．
③　その他必要に応じ静電誘導防止，電磁誘導防止などの措置を講じること．

【問3】
漏電火災警報器の変流器の取扱いについて，正しいものは，次のうちいくつあるか．
ア　分割形変流器の場合には，必要な性能を発揮させるため，分割された鉄心の合わせ部の磁気抵抗が最小となる必要があり，合わせ部分の面同士が密着するよう，ねじやパッチン錠を完全に締める必要がある．
イ　変流器の鉄心は，強い衝撃や振動でその磁性特性が変化しやすく，取り扱いに注意する必要がある．
ウ　出力端子を開放したままで1次側に電流を流すと，出力端子には，高電圧が発生し危険があるので，このような場合には，出力端子をショート，カバー等をする必要がある．
　(1)　1つ　　(2)　2つ　　(3)　3つ　　(4)　すべて誤り

【問4】
漏電火災警報器の受信機の設置場所として，最も適切なものは次のうちどれか．
(1)　湿度の高い場所又は温度の高い場所
(2)　大電流回路のある場所
(3)　屋内の乾燥した場所で点検が容易な場所
(4)　可燃性蒸気，可燃性ガス等が滞留するような場所

【問5】
警戒電路に変流器を設けた漏電火災警報器の検出漏洩電流設定値 [mA] として，適当なものは次のうちどれか．
(1)　30〜100　　(2)　100〜400
(3)　400〜800　　(4)　100〜800

問 3 (3)

1 アは，分割形変流器を分割した場合に注意する必要がある事項であり，合わせ部分の面同士をしっかりと密着させ，ねじなどでしっかりと締めて使用する．
2 イは，変流器の構造上，注意する事項で，落下などには特に注意すべき事である．
3 ウは，変流器の特性上，活線作業の際などに注意する事項であり，感電を防止するため必要である．
4 したがって，(3)が正答である．

問 4 (3)

1 漏電火災警報器は，原則として，次の場所には設けないこととされている．
①可燃性蒸気，可燃性ガス，可燃性粉じんなどが多量に滞留するおそれのある場所，②火薬類を製造し，貯蔵または取り扱う場所，③腐食性の蒸気，ガスなどが多量に発生するおそれのある場所，④湿度が高い場所，⑤温度変化の激しい場所，⑥振動が激しく，機械的損傷を受けるおそれのある場所，⑦大電流回路，高周波発生回路などからの影響を受けるおそれのある場所
2 また，受信機は屋内の点検が容易な箇所に設けることとされていることから，(3)が正答である．

問 5 (2)

検出漏洩電流設定値は，建築物の警戒電路の負荷，電線こう長などを考慮して警戒電路に設けるものにあっては 100 mA から 400 mA の，B種接地線に設けるものにあっては 400 mA から 800 mA の範囲内に設定することとされていることから，(2)が正答である．
ただし，警戒電路の特質などにより，これらによりがたい場合または電流設定値の切替装置のないものにあっては，これらによらないことができる．

【問 6】

漏電火災警報器の受信機の操作電源について，誤っているものは次のうちどれか．

(1) 操作電源は，原則として，電流制限器の1次側より分岐して設けること．
(2) 操作電源の開閉器には，「漏電火災警報器用」のものである旨を赤文字で表示されていること．
(3) 操作電源は，他の消防用設備等の電源と共用して使用することができる．
(4) 操作電源の回路には，定格15Aのヒューズ付開閉器又は定格20Aの配線用遮断器を設けること．

【問 7】

漏電火災警報器の設置について，誤っているものは次のうちどれか．

(1) 受信機は，容易に人が近づけない屋外に設置する．
(2) 変流器は，建築物の構造上やむを得ない場合を除き，屋外の電路に設置する．
(3) 変流器は，B種接地線に設けることもできるが，必ず点検が容易な場所に設置する．
(4) 音響装置は，防災センター等の常時人がいる場所に設置する．

【問 8】

漏電火災警報器の音響装置について，最も適切なものは次のうちどれか．

(1) 音響装置は，防災センター等に設けることが適当である．
(2) 音響装置は，ブザーでなければならない．
(3) 音響装置は，自動火災報知設備の音響装置があれば取り付けなくてもよい．
(4) 音響装置は，その音圧及び音色が他の機械の騒音と似ていてもなんとか区別できればよい．

問 6 (3)

1 操作電源については，通知により，電流制限器（電流制限器を設けていない場合にあっては，主開閉器）の1次側から専用回路として分岐し，その専用回路には，開閉器（定格15Aのヒューズ付き開閉器または定格20Aの配線用遮断器に限る）を設けることとされていることから，(1)と(4)は正しい．

2 開閉器には，漏電火災警報器用のものである旨を表示（白地に赤文字）することとされていることから，(2)も正しい．

3 (3)は，1のとおり，1次側から専用回路として分岐することとされていることから，共用して使用できないので，これが誤りである．

問 7 (1)

1 受信機は，原則として，屋内の点検が容易な場所に設けることとされているので，(1)が誤りである．

2 変流器は，建築物に電気を供給する屋外の電路（建築構造上屋外の電路に設けることが困難な場合にあっては，電路の引込口に近接した屋内の電路）またはB種接地線で，当該変流器の点検が容易な位置に堅固に取り付けることとされているので，(2)と(3)は，正しい．

3 音響装置は，常時人がいる場所（防災センターなどが設けられている場合には，当該室）にその音圧および音色が騒音などと区別して聞きとることができるように設けること，とされていることから，(4)は正しい．

問 8 (1)

1 音響装置の種類についての規制はない．このため，音響装置は，ベル，サイレンなどでもよいので，(2)は誤りである．

2 漏電火災警報器と自動火災報知設備では，その目的が異なる（漏電火災警報器は漏洩電流の発生を検知した旨を，自動火災報知設備は熱，煙または炎を感知して火災の発生した旨を防火対象物の関係者に報知するもの）ため，別々に設ける必要があることから，(3)は誤りである．

3 音響装置の音圧および音色は，ほかの警報音または騒音と明らかに区別して聞き取ることができること，とされていることから，(4)は誤りである．

4 音響装置は，防災センターなどに設けることとされていることから，(1)が正答である．

3-2 第7類に関する部分　機能試験の方法

機能試験

1 設置に係る工事が完了した場合の機能試験の方法

① 作動試験は，試験装置（試験用押しボタン，テストボタンなど）を操作し，赤色の表示灯の点灯および音響装置が鳴動することを確認する．

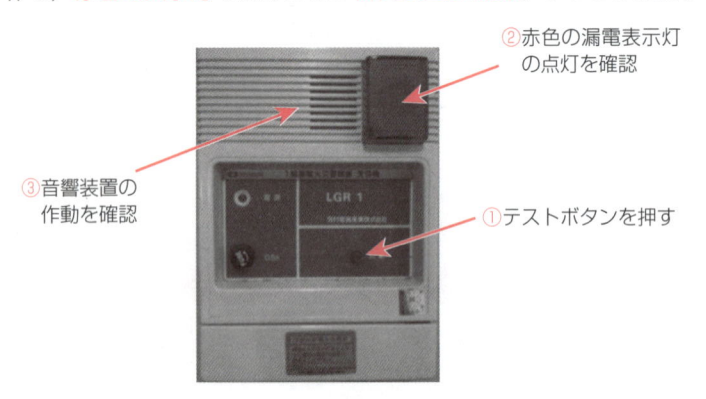

②赤色の漏電表示灯の点灯を確認
③音響装置の作動を確認
①テストボタンを押す

図3.42　漏電火災警報器の機能試験

② 漏洩電流検出試験は，図3.46の漏電火災警報器試験器を用いる試験方法，図3.47の疑似漏電試験法，図3.48の人工漏電法（電圧法）などにより，変流器の検出漏洩電流設定値に近い電流を徐々に流し，次の事項を確認する．

　ア　検出漏洩電流設定値の40％以上105％以下で受信機が作動すること．
　イ　漏電表示灯は，復帰操作を行うまで継続点灯していること．ただし，自己保持回路がないものにあっては，操作終了と同時に点灯が停止すること．

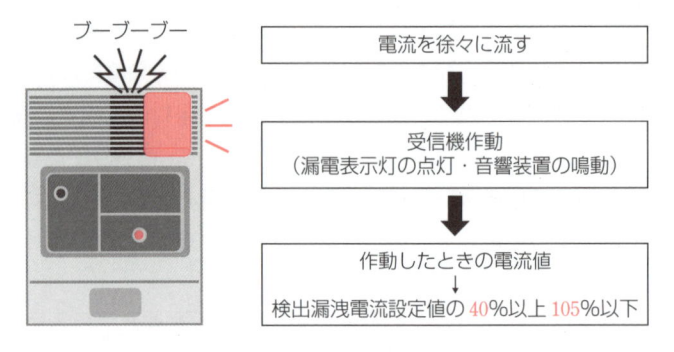

ブーブーブー

電流を徐々に流す
↓
受信機作動
（漏電表示灯の点灯・音響装置の鳴動）
↓
作動したときの電流値
↓
検出漏洩電流設定値の40％以上105％以下

図3.43　漏洩電流検出試験

③ 音響装置試験は，試験用押しボタンなどを操作し，音響装置を鳴動させ，次の事項を確認する．
　ア　音量および音色がほかの騒音などと区別して聞きとることができること．
　イ　音圧は，音響装置の中心から前面 1 m 離れた場所で騒音計（A 特性）により測定した値が，70 dB 以上であること．

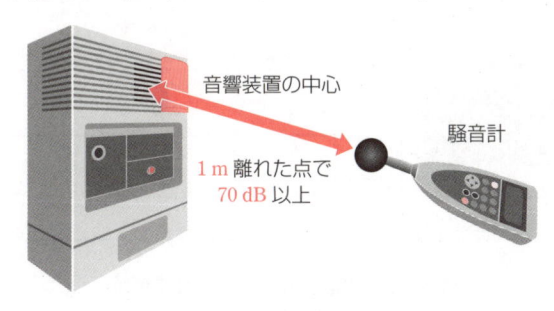

図 3.44　音響装置試験

　なお，暗騒音が多く，音響装置が鳴動していなくても騒音計の指針が振れている場合は，表 3.14 のとおり暗騒音の影響がある場合の補正を行うこととされている．
　暗騒音とは，測定対象としている音以外の騒音をいい，たとえば，音響装置が，鳴動しているときに 75 dB で，鳴動していないときが 70 dB の場合の補正は，表 3.14 のとおり，その差が 5 のため「-2」の補正が必要となり，補正した値は 75-2 = 73 dB となる．

表 3.14　暗騒音の影響のある場合の補正

（単位：dB）

対象の音があるときとないときの指示の差	3	4	5	6	7	8	9	10 以上
補正値	-3	-2			-1			0

2 総合点検の際の機能試験の方法

　作動範囲，漏電表示灯および音響装置の音圧は，図 3.46 の漏電火災警報器試験器を用いる試験方法などにより漏洩電流検出試験を行い，次により確認する．

① 作動電流値における作動電流を2～3回測定し，正常に作動し，すべての作動電流値が公称作動電流値（作動電流設定値）の40％以上110％以下の範囲であること．この範囲を超えている場合には，メーカに修理を依頼すること．

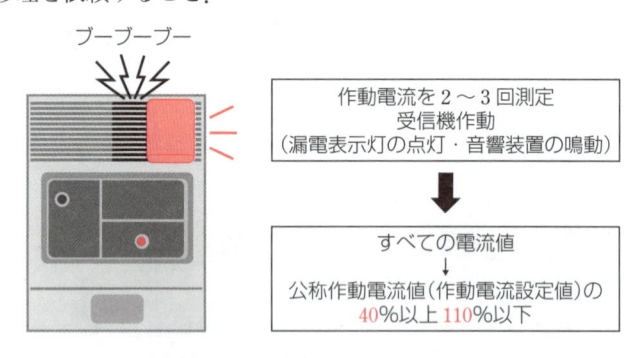

図 3.45　機能試験の公称作動電流値

② 漏電表示灯が正常に点灯すること．
③ 音響装置の取り付けられた位置の中心から前面1 m離れた位置で，騒音計（A特性）により測定した値が，70 dB以上であること．
④ 遮断機構を有する漏電火災警報器は，遮断が確実に行われること．
⑤ 漏洩電流検出試験は，負荷をできるだけ減らして測定することが望ましい．本当の漏電があると，試験用の分との合計で測定することになるので，判定に疑義のある場合には，負荷を完全に遮断し試験電流だけにして測定すること．

3-2 第7類に関する部分

漏電火災警報器試験器および試験ケーブルを使用

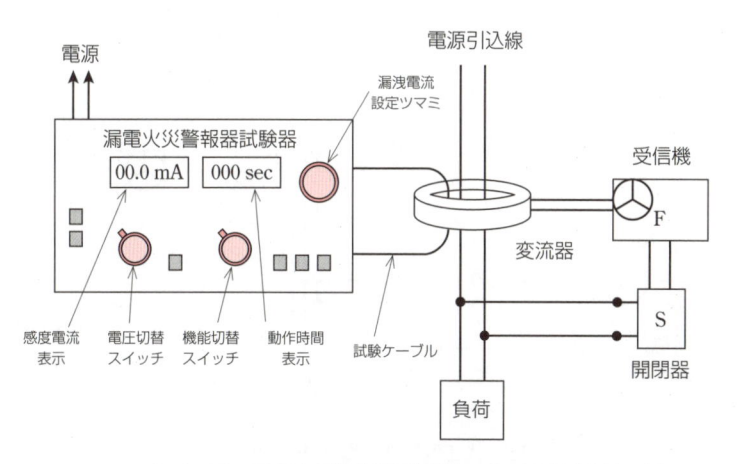

図 3.46　漏電火災警報器試験器を用いる試験方法の例

スライドトランス，電流計，可変抵抗器および試験ケーブルを使用

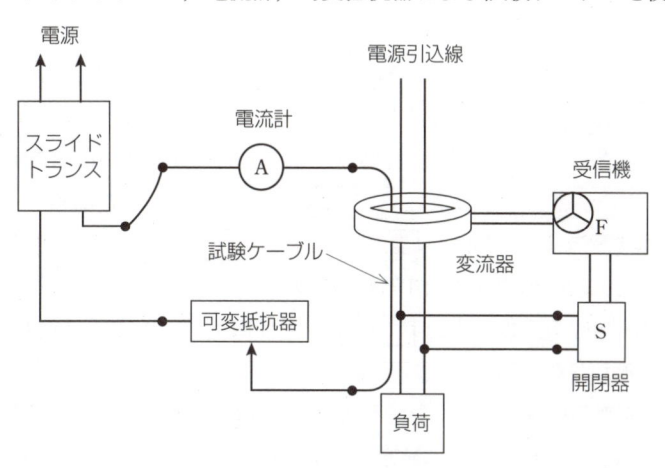

図 3.47　疑似漏電試験法の例

スライドトランス，電流計，電球および接地端子を使用

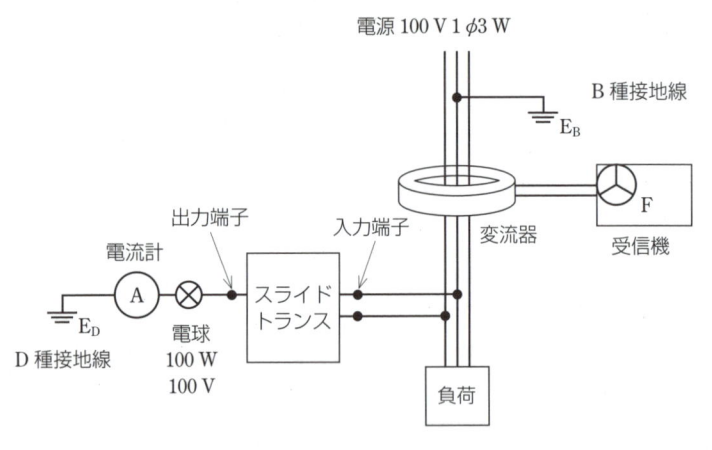

図 3.48 人工漏電法（電圧法）の例

要点のまとめ

□設置した場合の機能試験の方法

① 作動試験は，試験装置を操作し，　赤色　の表示灯の点灯と　音響装置　が鳴動することを確認

② 漏洩電流検出試験には，　漏電火災警報器　試験器を用いる試験方法，　疑似漏電　試験法，　人工漏電法（電圧法）　などがある．

③ 漏洩電流検出試験は，　変流器検出漏洩電流　設定値に近い電流を徐々に流し，次の事項を確認するものである．

・検出漏洩電流設定値の　40　％以上　105　％以下で受信機が作動すること．

・漏電表示灯が復帰操作を行うまで　継続　点灯していること．

④ 音響装置試験は，試験装置（試験用押しボタン，テストボタンなど）を操作し，音響装置を鳴動させ，次の事項を確認するものである．

・音響装置の中心から前面　1　m 離れた場所で　騒音計　（A 特性）により測定した音圧値が，　70　dB 以上であること．

・　音量　および　音色　がほかの騒音などと区別して聞きとることができること．

□総合点検の際の機能試験の方法

作動範囲，漏電表示灯および音響装置の音圧は，漏電火災警報器試験器などを用いて漏洩電流検出試験を行い，次の事項を確認するものである．

① 作動電流値における作動電流を2～3回測定し，正常に作動し，すべての作動電流値が 公称作動電流値（作動電流設定値） の 40 %以上 110 %以下の範囲であること．

② 漏電表示灯 が正常に点灯すること．

③ 音響装置の取り付けられた位置の中心から，前面 1 m 離れた位置で， 騒音計 （A 特性）により測定した値が， 70 dB 以上であること．

総合点検と設置等した際の漏洩電流検出試験の用語と電流値の範囲の違い

　　検出漏洩電流設定値　　⇔　　公称作動電流値（作動電流設定値）
　　　40 % 以上 105 % 以下　⇔　40 % 以上 110 % 以下

設置等した際の漏洩電流検出試験などは，直接，乙種第7類消防設備士の業務に関係しないが，問題としては出題されているので，注意する必要がある

3-2 第7類に関する部分 演習問題 機能試験の方法

【問 1】

漏電火災警報器の機器点検について，正しいものは次のうちどれか．
(1) B種接地線用変流器に漏洩電流を流して点検する．
(2) 試験装置を操作して点検する．
(3) 負荷電流を変流器に流して点検する．
(4) 変流器に高周波電流を流して点検する．

【問 2】

漏電火災警報器の総合点検について，最も適切なものは次のうちどれか．
(1) 漏電火災警報器試験器からの出力電流を変流器に流して測定する．
(2) 変流器に貫通している電線の1本に定格電流を流して測定する．
(3) 変流器の2次端子に公称作動電流値を流して測定する．
(4) B種接地線の場合には，200〜1 000 mAの電流を流して点検する．

問 1 (2)

1 (1)は総合点検で行う方法（漏洩電流を流して動作を確認する方法）であるため誤りである．(3)は負荷電流を流しても受信機は動作しないことから点検にはならない方法であるため誤りである．(4)は動作するが正しい漏電検出にはならないため誤りである．

2 (2)は，機器点検の受信機・試験装置の項に，所定の操作により，漏電表示灯が点灯し音響装置が鳴動することを確認する項目などがあり，これが正答である．

問 2 (1)

1 総合点検では，漏電火災警報器試験器などを用いて，漏洩電流検出試験を行い，作動電流値における作動電流を2〜3回測定し，正常に作動し，すべての作動電流値は，公称作動電流値（作動電流設定値）に対して＋10％，－60％の範囲であることを確認する．(2)の貫通している電線の定格電流とは負荷電流なので，作動しないため確認できない．(3)は警戒電路に電流を流していないので不適切である．(4)は方法としては問題ないが，測定することが含まれていないことから不適切である．

2 (1)は漏電火災警報器試験器からの疑似電流を変流器に貫通した試験用ケーブルに流し，受信機が作動したとき電流値を試験器に内蔵された電流計で読み取るものであり，これが正答である．

3 なお，この漏洩電流検出試験には，漏電火災警報器試験器を用いる方法のほか，疑似漏電試験法や人工漏電法（電圧法）がある．

【問 3】

漏電火災警報器の音響装置の音圧測定について，正しいものは次のうちどれか．
(1) 音響装置の取り付けられた位置の中心から前面1.5 m 離れた位置に騒音計を置いて測定する．
(2) 音響装置の取り付けられた位置の中心に騒音計を密着させて測定する．
(3) 周囲の騒音が大きい場合には暗騒音の影響があるときの補正を行う．
(4) 漏電火災警報器の音響装置の音圧は60 dB 以上である．

【問 4】

漏電火災警報器の音響装置の音圧測定について，正しいものは次のうちどれか．
(1) 音響装置の取り付けられた位置の中心から前面1.0 m 離れた位置に騒音計を置いて測定する．
(2) 音響装置の取り付けられた位置の中心に騒音計を密着させて測定する．
(3) 音響装置の使用電圧90％の電圧における音圧を測定する．
(4) 騒音計は，B特性を用いる．

【問 5】

漏電火災警報器の音響装置の音圧測定について，次の記述のア，イ及びウの組合せで正しいものはどれか．
　音響装置の取り付けられた位置の中心から前面 ア m 離れた位置で，騒音計の イ を用いて測定した音圧値は， ウ dB 以上であること．

	ア	イ	ウ
(1)	0.5	A特性	60
(2)	1	B特性	70
(3)	0.5	B特性	60
(4)	1	A特性	70

問 3 (3)

1　音圧測定は，音響装置の取り付けられた位置の中心から前面 1 m 離れた位置に騒音計を置いて測定し，70 dB 以上であることを確認することから，(1)，(2)および(4)は誤りである．

2　(3)の暗騒音の影響がある場合の補正については，表のとおり行うこととされている．

(単位：dB)

対象の音があるときとないときの指示の差	3	4	5	6	7	8	9	10以上
補正値	－3	－2		－1				0

3　したがって，たとえば，音響装置の鳴らないときに 72 dB を指示し，鳴ったときには 76 dB であったならば，76 － 72 ＝ 4 dB が表の上段（指示の差）であるから，下段の補正値は － 2 となり，補正した値は 76 － 2 ＝ 74 dB となる．

問 4 (1)

1　音圧測定は，音響装置の取り付けられた位置の中心から前面 1 m 離れた位置で，騒音計（A 特性）を用いて測定し，70 dB 以上であることを確認することから，(2)および(4)は誤りである．

2　音圧測定の際の電圧値については，特に示されていないことから，使用電圧で行うので，(3)も誤りである．

問 5 (4)

1　音圧測定は，音響装置の取り付けられた位置の中心から前面 1 m 離れた位置で，騒音計（A 特性）を用いて測定し，70 dB 以上であることを確認することから，(4)が正答である．

2　なお，漏電火災警報器については，1 級受信機および 2 級受信機の区分について新規格により見直しが行われ，平成 26 年 4 月から，その区分がないことに注意する必要がある．

【問 6】

漏電火災警報器の総合点検の判定方法に関する記述のうち，誤っているものは次のうちどれか．
(1) 漏電表示灯が正常に点灯すること．
(2) 音響装置の取り付けられた位置の中心から前面1m離れた位置で，騒音計（A特性）により測定した値が，60 dB以上であること．
(3) 遮断機構を有する漏電火災警報器は，遮断が確実に行われること．
(4) すべての作動電流値が公称作動電流値（作動電流設定値）の40%以上110%以下の範囲であること．

【問 7】

三相3線式電路に使用している漏電火災警報器の漏洩電流検出試験について，次のうち正しいものはどれか．
(1) 変流器に挿入している3本の電線に全負荷電流を流して試験を行う．
(2) 変流器に挿入している3本の電線のうち，2本の電線に全負荷電流を流して試験を行う．
(3) 変流器に挿入している3本の電線のうち，1本の電線に全負荷電流を流して試験を行う．
(4) 変流器に挿入している3本の電線のほかに，1本の電線を通して試験を行う．

問 6 (2)

1　総合点検は，作動範囲，漏電表示灯および音響装置の音圧について，漏電火災警報器試験器を用いる試験方法などにより漏洩電流検出試験を行い，次の事項を判定する．
　①　正常に作動し，すべての作動電流値が公称作動電流値（作動電流設定値）の 40 % 以上 110 % 以下の範囲であること．
　②　漏電表示灯が正常に点灯すること．
　③　音響装置の取り付けられた位置の中心から前面 1 m 離れた位置で，騒音計（A 特性）により測定した値が，70 dB 以上であること．
2　したがって，(1)，(3)および(4)は正しく，(2)が誤りとなる．

問 7 (4)

1　漏洩電流検出試験は，漏電火災警報器試験器，スライドトランスなどを用いて，擬似的に漏洩電流を発生させ，漏電火災警報器が正常に作動し，作動するときの電流値が公称作動電流値の一定範囲内にあることを確認する試験である．
2　したがって，(1)から(3)までの警戒電路に全負荷電流を流すという方法は，誤りであり，図 3.46 のとおり，1 本の電線（試験ケーブル）を通して行う(4)が正答である．

3-2 第7類に関する部分　配線など

① 配線

漏電火災警報器および音響装置の配線は，工事の種類に応じ，表 3.15 および表 3.16 の電線を使用する．

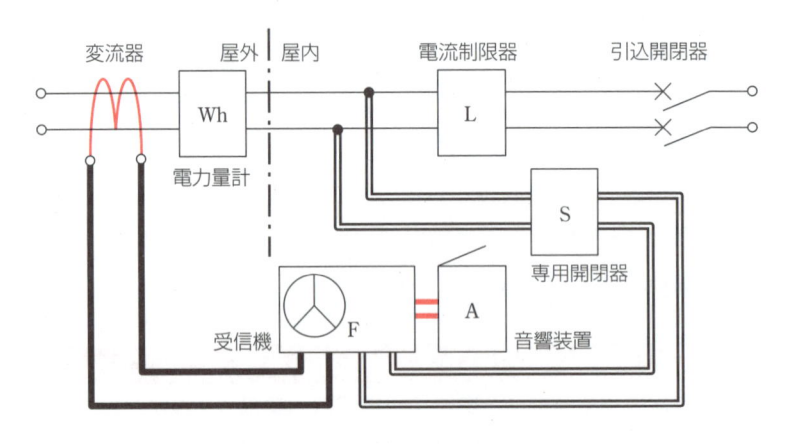

図 3.49　配線の一例

表 3.15　漏電火災警報器に使用する電線

工事の種類	電線の種類	電線の太さ
操作電源の配線	JIS C 3307（600 V ビニル絶縁電線（IV）） JIS C 3342（600 V ビニル絶縁ビニルシースケーブル（VV）） JCS 416（600 V 耐燃性ポリエチレン絶縁電線（EM-IE）） JCS 417（600 V 耐燃性架橋ポリエチレン絶縁電線（EM-IC）） JCS 418 A（600 V 耐燃性ポリエチレンシースケーブル）	導体直径 **1.6** mm 以上

工事の種類	電線の種類	電線の太さ
変流器の2次側屋内配線	JIS C 3306（ビニルコード）	断面積 0.75 mm² 以上
	JIS C 3307（600 V ビニル絶縁電線（IV）） JIS C 3342（600 V ビニル絶縁ビニルシースケーブル（VV）） JCS 416（600 V 耐燃性ポリエチレン絶縁電線（EM-IE）） JCS 417（600 V 耐燃性架橋ポリエチレン絶縁電線（EM-IC）） JCS 418 A（600 V 耐燃性ポリエチレンシースケーブル）	導体直径 1.0 mm 以上
	JCS 396 A（警報用ポリエチレン絶縁ケーブル）　※1	導体直径 0.5 mm 以上
変流器の2次側屋内または屋外配線	JIS C 3340（屋外用ビニル絶縁電線（OW））	導体直径 2.0 mm 以上
	JIS C 3307（600 V ビニル絶縁電線（IV）） JIS C 3342（600 V ビニル絶縁ビニルシースケーブル（VV）） JCS 416（600 V 耐燃性ポリエチレン絶縁電線（EM-IE）） JCS 417（600 V 耐燃性架橋ポリエチレン絶縁電線（EM-IC）） JCS 418 A（600 V 耐燃性ポリエチレンシースケーブル）	導体直径 1.0 mm 以上
	JCS 396 A（警報用ポリエチレン絶縁ケーブル）　※1	導体直径 0.5 mm 以上
変流器の2次側架空配線	JIS C 3307（600 V ビニル絶縁電線（IV））	導体直径 2.0 mm 以上の硬銅線　※2
	JIS C 3340（屋外用ビニル絶縁電線（OW））	導体直径 2.0 mm 以上
	JIS C 3342（600 V ビニル絶縁ビニルシースケーブル（VV）） JCS 418 A（600 V 耐燃性ポリエチレンシースケーブル）	導体直径 1.0 mm 以上
	JCS 396 A（警報用ポリエチレン絶縁ケーブル）　※1	導体直径 0.5 mm 以上
地中配線	JIS C 3342（600 V ビニル絶縁ビニルシースケーブル（VV）） JCS 418 A（600 V 耐燃性ポリエチレンシースケーブル）	導体直径 1.0 mm 以上

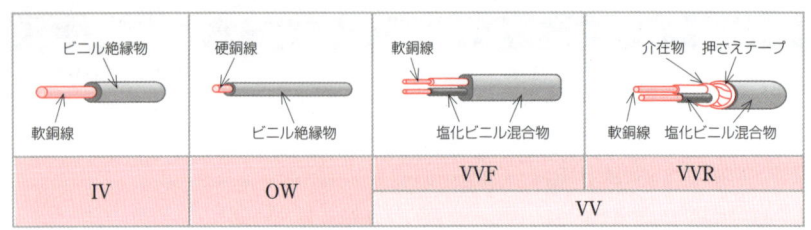

図 3.50　電線の一例

表 3.16　音響装置に使用する電線

工事の種類		電線の種類	電線の太さ
使用電圧 60 V を超えるもの	地中配線	JIS C 3342（600 V ビニル絶縁ビニルシースケーブル（VV）） JCS 418 A（600 V 耐燃性ポリエチレンシースケーブル）	導体直径 1.6 mm 以上
	架空配線	JIS C 3340（屋外用ビニル絶縁電線（OW））	導体直径 2.0 mm 以上
	上記以外	JIS C 3307（600 V ビニル絶縁電線（IV）） JCS 416（600 V 耐燃性ポリエチレン絶縁電線（EM-IE）） JCS 417（600 V 耐燃性架橋ポリエチレン絶縁電線（EM-IC）） JCS 418 A（600 V 耐燃性ポリエチレンシースケーブル）	導体直径 1.6 mm 以上
使用電圧 60 V 以下のもの　※3		JCS 396 A（警報用ポリエチレン絶縁ケーブル）	導体直径 0.5 mm 以上

備考 1：表中「※1」は，屋内型変流器の場合に限る．
備考 2：表中「※2」は，径間が 10 m 以下の場合は，導体直径 2.0 mm 以上の軟銅線とすることができる．
備考 3：表中「※3」は，使用電圧 60 V 以下の配線に使用する電線については，本表に掲げる JCS 396 A 以外の規格に適合する電線で，それぞれに掲げる導体直径または導体の断面積を有するものを使用できるものとする．
備考 4：表中「JCS」とは，日本電線工業会規格をいう．

② 電気設備技術基準

1 電圧の区分

電圧は，電気設備に関する技術基準を定める省令（昭和40年通商産業省令第61号）により，表3.17のとおり区分される．

表3.17 電圧の区分

区分	交流	直流
低圧	600 V以下のもの	750 V以下のもの
高圧	600 Vを超え7 000 V以下のもの	750 Vを超え7 000 V以下のもの
特別高圧	7 000 Vを超えるもの	7 000 Vを超えるもの

2 接地工事

接地工事には，4種類あり，その接地抵抗値および接地線の種類は，表3.18のとおりである．

表3.18 接地抵抗値および接地線の種類

種類	接地抵抗値 R	接地線の種類
A種接地工事	高圧・特別高圧の電圧が高い機器の鉄台・金属製外箱などの接地 $R \leq 10\ \Omega$	引張り強さ1.04 kN以上の金属線 直径2.6 mm以上の軟銅線
B種接地工事	高圧・特別高圧と低圧を結合する変圧器の中性点の接地 $R \leq \dfrac{150}{\text{一線地絡電流 [A]}}$ （送電線などの電線の距離・サイズなどにより150の値は変動）	引張り強さ2.46 kN以上の金属線 直径4 mm以上の軟銅線
C種接地工事	300 Vを超える低圧の機器の鉄台・金属製外箱などの接地 $R \leq 10\ \Omega$ （0.5秒以内に自動的に回路を遮断する装置を施設するときは $R \leq 500\ \Omega$）	引張り強さ0.39 kN以上の金属線 直径1.6 mm以上の軟銅線
D種接地工事	300 V以下の機器の鉄台・金属製外箱などの接地 $R \leq 100\ \Omega$ （0.5秒以内に自動的に回路を遮断する装置を施設するときは $R \leq 500\ \Omega$）	引張り強さ0.39 kN以上の金属線 直径1.6 mm以上の軟銅線

接地抵抗値は，接地抵抗計（アーステスタ），接地棒などを使用し測定する．

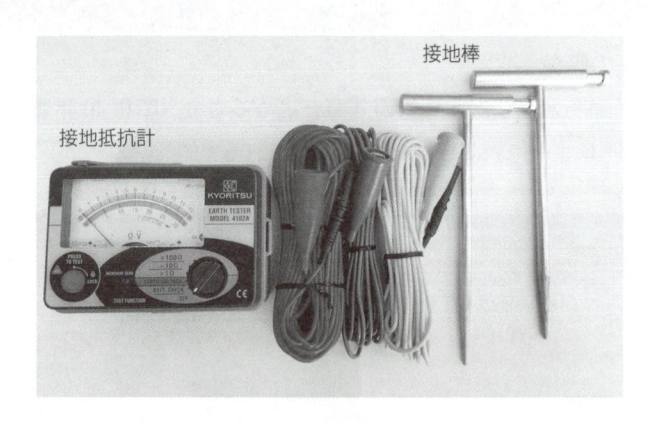

③ 配線の絶縁抵抗

電源回路，操作回路，表示灯回路，警報回路などの電圧回路について大地間および配線相互間の絶縁抵抗は，絶縁抵抗計を用いて測定し，測定値が表3.19に掲げる数値以上であることを確認する．ただし，試験を行うことにより障害を与えるおそれのある電子部品などを使用している回路においては省略することができる．

表3.19 電路の絶縁抵抗値

電路の使用電圧の区分		絶縁抵抗値 [MΩ]
300 V 以下	対地電圧が 150 V 以下のもの	0.1
	対地電圧が 150 V を超え 300 V 以下のもの	0.2
300 V を超えるもの		0.4

なお，この試験は，ほかの法令に基づく試験と兼ねて行うことができる．

要点のまとめ

□配線は，操作電源の配線など工事の種類に応じ，一定の種類のものを使用
□電圧の区分

区分	交流	直流
低圧	**600** V 以下のもの	**750** V 以下のもの
高圧	**600** V を超え **7 000** V 以下のもの	**750** V を超え **7 000** V 以下のもの
特別高圧	**7 000** V を超えるもの	**7 000** V を超えるもの

□接地工事

種類	接地抵抗値 R
A 種接地工事	高圧・特別高圧の電圧が高い機器の鉄台・金属製外箱などの接地 $R \leq \mathbf{10}\ \Omega$
B 種接地工事	高圧・特別高圧と低圧を結合する変圧器の中性点の接地 $R \leq \dfrac{\mathbf{150}}{\text{一線地絡電流 [A]}}$
C 種接地工事	**300** V を超える低圧の機器の鉄台・金属製外箱などの接地 $R \leq \mathbf{10}\ \Omega$
D 種接地工事	**300** V 以下の機器の鉄台・金属製外箱などの接地　$R \leq \mathbf{100}\ \Omega$

3-2 第7類に関する部分 演習問題 配線など

【問 1】

接地工事に関する次の文章の（　）内に当てはまる用語として，正しいものは，次のうちどれか．

300 V 以下の機器の鉄台・金属製外箱等の接地は，（　　　）により行い，その接地抵抗値は，100 Ω（0.5 秒以内に自動的に電路を遮断する装置を施設するときは，500 Ω）以下としなければならない．

(1) A 種接地工事　　(2) B 種接地工事
(3) C 種接地工事　　(4) D 種接地工事

【問 2】

漏電火災警報器を設置した状態で，受信機の電源側配線と大地間及び変流器の 2 次側配線と大地間を直流 500 V の絶縁抵抗計で測定した場合，何 MΩ 以上なければならないか．ただし，対地電圧は 150 V 以下とする．

(1) 0.1　　(2) 0.2　　(3) 1　　(4) 5

問 1 (4)

1 接地工事の種類および接地抵抗値は,「電気設備技術基準とその解釈(電技解釈)」において定められ,表 3.18 のとおり,A 種接地工事,B 種接地工事,C 種接地工事および D 種接地工事の 4 種類がある.
2 設問は,「300 V 以下の機器の鉄台・金属製外箱等」,「接地抵抗値は,100 Ω 以下」なので,D 種接地工事であることがわかる.
3 4 種類の接地工事については,それぞれ,対象となる機器,接地抵抗値を覚える必要がある.

問 2 (1)

1 電源回路,操作回路,表示灯回路,警報回路などの電圧電路については,大地間および配線相互間の絶縁抵抗を絶縁抵抗計により測定することとされ,その測定値は,次表に掲げる数値以上とされている.ただし,試験を行うことにより障害を与えるおそれのある電子部品などを使用している回路においては省略することができ,この試験は,ほかの法令に基づく試験と兼ねて行うことができる.

電路の使用電圧の区分		絶縁抵抗値
300 V 以下	対地電圧が 150 V 以下の場合	0.1 MΩ 以上
	対地電圧が 150 V を超え 300 V 以下	0.2 MΩ 以上
300 V を超えるもの		0.4 MΩ 以上

2 この表について,漏電火災警報器に着目した場合には,次のとおりとなる.

測定箇所		絶縁抵抗値
使用電圧が 150 V 以下	電源回路および音響装置回路の配線と大地間	0.1 MΩ 以上
使用電圧が 150 V を超え 300 V 以下	電源回路の配線と大地間	0.2 MΩ 以上
変流器回路の配線と大地間		0.1 MΩ 以上

3章のまとめ

3章の確認　各類に共通する部分

☐ **特定防火対象物**

防火対象物のうち、 多数の者 が出入りするものとして令第34条の4に定められているもの

(1) 項	イ	劇場，映画館，演芸場，観覧場
	ロ	公会堂，集会場
(2) 項	イ	キャバレー，カフェー，ナイトクラブなど
	ロ	遊技場，ダンスホール
	ハ	性風俗関連特殊営業を営む店舗など
	ニ	カラオケボックスなど
(3) 項	イ	待合，料理店など
	ロ	飲食店
(4) 項		百貨店，マーケット，展示場など
(5) 項イ		旅館，ホテル，宿泊所など
(6) 項	イ	病院，診療所，助産所
	ロ	自力避難困難者入所福祉施設など
	ハ	自力避難困難者入所福祉施設など以外の福祉施設（老人デイサービスセンター，軽費老人ホーム，老人福祉センターなど）
	ニ	幼稚園，特別支援学校
(9) 項イ		公衆浴場のうち，蒸気浴場，熱気浴場など
(16) 項イ		複合用途防火対象物のうち，その一部が特定防火対象物の用途に供されているもの
(16の2) 項		地下街
(16の3) 項		準地下街

⇨ P.147, 148, 149参照

☐ **消防同意の時期**

消防同意の時期は 建築物 の 工事着手 前

☐ **消防同意の通知期間**

・都市計画区域などにおける一般の建築物などの確認の場合
　… 3 日以内
・その他の確認の場合… 7 日以内

⇨ P.160, 161参照

268

3章のまとめ

□**防火管理者が必要な防火対象物**

①収容人員 10 人以上の自力避難困難者入所福祉施設など，②自力避難困難者入所福祉施設などがある複合用途防火対象物または③地下街
収容人員 30 人以上の特定防火対象物（自力避難困難者入所福祉施設などを除く）
収容人員 50 人以上の非特定防火対象物
収容人員 50 人以上の新築工事中の建築物で，外壁，床，屋根を有する部分が①地階を除く階数が 11 以上で，延べ面積が 10 000 m² 以上の建築物，②延べ面積が 50 000 m² 以上の建築物または③地階の床面積の合計が 5 000 m² 以上の建築物で，電気工事などの工事中のもの
収容人員 50 人以上の建造中の旅客船で，甲板数が 11 以上の進水後の旅客船でぎ装中のもの

➡ P.166，167 参照

□**防火管理者の業務**

[消防計画] の作成，[消防計画] に基づく消火，通報および [避難] の訓練の実施，[消防用設備等] の点検および [整備]，[火気] の使用・取扱いに関する [監督]，避難・防火上必要な設備等の [維持管理]，[収容人員] の管理など

➡ P.167 参照

□**総括防火管理者が必要な防火対象物**

高層建築物
地階を除く階数が 3 以上で収容人員 10 人以上の①自力避難困難者入所福祉施設など，②自力避難困難者入所福祉施設などがある複合用途防火対象物
地階を除く階数が 3 以上で収容人員 30 人以上の特定防火対象物（自力避難困難者入所福祉施設など，地下街，準地下街を除く）
地階を除く階数が 5 以上で収容人員 50 人以上の特定用途部分がない複合用途防火対象物
消防長などが指定する地下街
準地下街

➡ P.167，168 参照

□**防炎対象物品**

① [カーテン]
② 布製の [ブラインド]

③ 暗幕
④ じゅうたんなど
⑤ 展示用の 合板
⑥ どん帳その他舞台において使用する 幕
⑦ 舞台において使用する 大道具用の合板
⑧ 工事用シート

➡ P.174, 175 参照

□防炎防火対象物
① 高層建築物
② 特定防火対象物
③ 工事中の 建築物など
④ 映画スタジオ または テレビスタジオ
⑤ 複合用途防火対象物 の部分で特定防火対象物および映画スタジオなどの用途のいずれかに該当する用途に供されるもの

➡ P.177 参照

□危険物施設

製造所	
貯蔵所	屋内貯蔵所，屋外貯蔵所，屋内タンク貯蔵所，屋外タンク貯蔵所，地下タンク貯蔵所，簡易タンク貯蔵所，移動タンク貯蔵所
取扱所	給油取扱所，販売取扱所，移送取扱所，一般取扱所

➡ P.180, 181, 182 参照

□製造所等の設置許可の申請先

設置場所	申請先
消防本部および消防署がある市町村の区域（移送取扱所を除く）	市町村長
消防本部および消防署がない市町村の区域（移送取扱所を除く）	都道府県知事
1つの市町村の区域のみに設置される移送取扱所	市町村長
2つ以上の市町村の区域にわたり設置される移送取扱所	都道府県知事
2つ以上の都道府県の区域にわたり設置される移送取扱所	総務大臣

➡ P.182, 183 参照

3章のまとめ

□ 消防用設備等

消防の用に供する設備	消火設備	①消火器・簡易消火用具，②屋内消火栓設備，③スプリンクラー設備，④水噴霧消火設備，⑤泡消火設備，⑥不活性ガス消火設備，⑦ハロゲン化物消火設備，⑧粉末消火設備，⑨屋外消火栓設備，⑩動力消防ポンプ設備
	警報設備	①自動火災報知設備，②ガス漏れ火災警報設備，③漏電火災警報器，④消防機関へ通報する火災報知設備，⑤非常警報器具，⑥非常警報設備
	避難設備	①避難器具，②誘導灯，誘導標識
消防用水		①防火水槽，②これに代わる貯水池などの用水
消火活動上必要な施設		①排煙設備，②連結散水設備，③連結送水管，④非常コンセント設備，⑤無線通信補助設備

➡ P.188 参照

□ 消防用設備等の設置単位

消防用設備等の設置は，一棟一設置単位
例外　①　開口部のない　耐火　構造の床または壁で区画されている場合
　　　②　複合用途防火対象物　の場合
　　　③　地下街　と特定防火対象物が一体の場合
　　　④　建築物が　渡り廊下　などにより接続されている場合

➡ P.189, 190, 191 参照

□ 既存防火対象物に対する適用除外および用途変更の場合の特例

既存防火対象物については，原則として，　従前の規定　を適用
例外　①　一部の　消防用設備等　の場合
　　　②　改正　前の基準法令に適合していない場合
　　　③　改正　後に一定規模以上の　増築　などを行った場合
　　　④　いったん　基準法令　に適合するに至った場合
　　　⑤　特定防火対象物　の場合

➡ P.191, 192 参照

□ 消防用設備等の設置の届出が必要な防火対象物

　　①　自力避難困難者入所福祉施設　など，　自力避難困難者入所福祉施設　などがある複合用途防火対象物，　地下街　または　準地下街

271

② 延べ面積が 300 m²以上の特定防火対象物（①および⑤を除く）
③ 消防長などが指定する非特定防火対象物で延べ面積が 300 m²以上のもの
④ 特定一階段等防火対象物
⑤ 平成27年4月1日からは，カラオケボックスなど，旅館など，病院など，自力避難困難者入所福祉施設など以外の福祉施設およびこれらの用途がある複合用途防火対象物，地下街または準地下街が追加

□届出などが必要な消防用設備等
　① 簡易消火用具 以外の消火設備，② 非常警報器具 以外の警報設備，③ 避難設備 ，④ 消防用水 ，⑤ 消火活動 上必要な施設

□点検の種類
　点検には， 機器 点検（6ヶ月ごと）と 総合 点検（1年ごと）がある．

□点検の報告期間
防火対象物の関係者は，消防用設備等について点検した結果を，維持台帳に記録するとともに，特定防火対象物にあっては 1 年に 1 回，非特定防火対象物にあっては 3 年に 1 回ごとに， 消防長 （消防本部がない市町村にあっては，市町村長）または消防署長に提出する．

□消防設備士などによる点検が必要な防火対象物
　① 延べ面積が 1 000 m²以上の 特定防火対象物
　② 消防長 などが指定する延べ面積が 1 000 m²以上の 非特定防火対象物
　③ 特定一階段等防火対象物

⇨ P.198, 199, 200 参照

□着工届の提出
甲種消防設備士は，工事整備対象設備等の設置の 工事 に着手しようとする日の 10 日前までに，着工届を消防長（消防本部がない市町村にあっては，市町村長）または消防署長に届け出なければならない．

□消防設備士の講習の義務
消防設備士は，都道府県知事が行う工事整備対象設備等の工事または整備

に関する講習を，免状交付を受けた日以後における最初の4月1日から [2] 年以内に，以後 [5] 年以内ごとに受けなければならない．

➡ P.208 参照

□**検定対象機械器具等の販売などの規制**

型式適合検定の合格表示が付されていない検定対象機械器具等は，[販売] し，または [販売] の目的で陳列してはならず，また，その [設置]，変更または修理の請負に係る工事に使用してはならない．

□**検定の様式**

検定は，[型式承認] および [型式適合検定] の2段階で構成されている．

➡ P.216，217 参照

3章の確認　第7類に関する部分

□**漏電火災警報器を設置する防火対象物の要件**

[構造]，[面積（延べ面積）]，電流（契約電流容量）が [50] Aを超える

□**ラスモルタル造の防火対象物**

[間柱]・[根太]・[天井野縁]・[下地] が不燃材料・[準不燃] 材料以外の材料でつくった鉄網入りの [壁]・[床]・[天井] を有する建築物

➡ P.226，227，228，229 参照

□**受信機の設置箇所**

受信機は，[屋内] の点検が容易な箇所に設置

□**変流器の設置箇所**

変流器は，建築物に電気を供給する [屋外] の電路（建築構造上屋外の電路に設けることが困難な場合には電路の引込口に近接した屋内の電路）または [B種] 接地線といった，当該変流器の点検が [容易] な位置に設置

・[回路] 方式により設置する場合 → 警戒電路の定格電流以上の電流値

- [B種接地線] 方式により設置する場合 → 接地線に流れることが予想される電流以上の電流値

□音響装置の設置場所など

音響装置は，[防災センター] などに設け，その音圧および音色は，ほかの警報音または騒音と明らかに [区別] して聞き取ることができること．

□検出漏洩電流の設定

[検出漏洩電流] 設定値は，設置基準細目により，誤報が生じないように当該建築物の警戒電路の負荷，[電線こう長] などを考慮し，[100] mA〜[400] mA を，B種接地線に設けるものにあっては，[400] mA〜[800] mA を標準とする．

□漏電火災警報器に遮断装置を設ける場合

[可燃性蒸気]，[可燃性粉じん] などが滞留するおそれのある [場所] に漏電火災警報器を設ける場合には，その作動と連動して電流の遮断を行う装置をこれらの場所以外の安全な場所に設けること．

⇒ P.236, 237, 238, 239, 240 参照

□作動試験の方法

作動試験は，試験用押しボタンなどを操作し，[赤] 色の表示灯の点灯と [音響装置] が作動することを確認

□漏洩電流検出試験

漏洩電流検出試験には，[漏電火災警報器試験器] を用いる試験方法，[疑似漏電] 試験法，[人工漏電法（電圧法）] などがある．

□漏洩電流検出試験方法（設置した場合）

漏洩電流検出試験は，[変流器検出漏洩電流] 設定値に近い電流を徐々に流し，検出漏洩電流設定値の [40] %以上 [105] %以下で受信機が作動することおよび漏電表示灯が復帰操作を行うまで継続点灯していることを確認

□漏洩電流検出試験方法（総合点検の場合）

漏洩電流検出試験により作動電流値における作動電流を2〜3回測定し，正常に作動し，すべての作動電流値が [公称作動電流値] （作動電流設定値）の [40] %以上

☐ 110 %以下の範囲であることを確認

☐音響装置試験

音響装置試験は，試験用押しボタンなどを操作し，音響装置を鳴動させ，音響装置の中心から前面 1 m離れた場所で 騒音計 （A特性）により測定した音圧値が， 70 dB以上であること．

⇒ P.248，249，250，251，252参照

☐電圧の区分

区分	交流	直流
低圧	600 V以下のもの	750 V以下のもの
高圧	600 Vを超え 7 000 V以下のもの	750 Vを超え 7 000 V以下のもの
特別高圧	7 000 Vを超えるもの	7 000 Vを超えるもの

☐接地工事

種類	接地抵抗値 R
A種接地工事	高圧・特別高圧の電圧が高い機器の鉄台・金属製外箱などの接地　$R \leq 10\,\Omega$
B種接地工事	高圧・特別高圧と低圧を結合する変圧器の中性点の接地　$R \leq \dfrac{150}{\text{一線地絡電流［A］}}$
C種接地工事	300 Vを超える低圧の機器の鉄台・金属製外箱などの接地　$R \leq 10\,\Omega$
D種接地工事	300 V以下の機器の鉄台・金属製外箱などの接地　$R \leq 100\,\Omega$

⇒ P.263参照

◻漏電火災警報器を設置する防火対象物

防火対象物	延べ面積	契約電流容量
劇場，映画館，演芸場，観覧場	300 m² 以上	50 A を超えるもの
公会堂，集会場	^	^
キャバレー，カフェー，ナイトクラブなど	^	^
遊技場，ダンスホール	^	^
性風俗関連特殊営業を営む店舗など	^	^
カラオケボックスなど	^	^
待合，料理店など	^	^
飲食店	^	^
百貨店，マーケット，展示場など	^	^
旅館，ホテル，宿泊所など	150 m² 以上	^
寄宿舎，下宿，共同住宅	^	^
病院，診療所，助産所	300 m² 以上	^
自力避難困難者入所福祉施設など	^	^
自力避難困難者入所福祉施設など以外の福祉施設（老人デイサービスセンターなど）	^	^
幼稚園，特別支援学校	^	^
小学校，中学校，高等学校，大学など	500 m² 以上	—
図書館，博物館，美術館など	^	—
公衆浴場のうち，蒸気浴場，熱気浴場など	150 m² 以上	—
蒸気浴場，熱気浴場など以外の公衆浴場	^	—
車両の停車場，船舶・航空機の発着場	500 m² 以上	—
神社，寺院，教会など	^	—
工場，作業場	300 m² 以上	—
映画スタジオ，テレビスタジオ	^	—
倉庫	1 000 m² 以上	—
前各項に該当しない事業場	^	—
複合用途防火対象物のうち，その一部が特定の用途を含むもの	500 m² 以上（赤字の用途に供される部分の床面積の合計が 300 m² 以上）	50 A を超えるもの
地下街	300 m² 以上	—
重要文化財，重要有形民俗文化財，史跡など	全部	—

⇒ P.227, 228 参照

4 実技試験

1 鑑別等試験 ………… P 278

4 実技試験

4-1 鑑別等試験　重要事項

① 試験器，測定器具などの用途

漏電火災警報器に使用される試験器，測定器具，工具類には，次のものがあり，それぞれの名称および用途は，次のとおりである．

名称	漏電火災警報器試験器
用途	漏電火災警報器の受信機の「漏洩電流検出試験」の際に用いる．

名称	回路計（テスタ，マルチメータ）
用途	受信機の端子間の電圧や電流，抵抗を測定する際に用いる．

名称	絶縁抵抗計（メガー）
用途	受信機の端子外箱間，端子間などの絶縁性能を測定する際に用いるもので，抵抗値（絶縁抵抗値）を測定する．

名称	接地抵抗計（アーステスタ）
用途	接地棒などを使用して，接地抵抗（地面に対する抵抗）を測定する際に用いる．

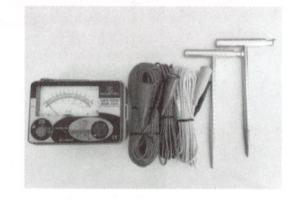

名称	クランプメータ（架線電流計）
用途	電流を測定する際に用いるもので，回路を切断したりすることなく，通電状態で電線を挟み測定する．

名称	騒音計（サウンドレベルメータ）
用途	受信機の音響装置の音圧を測定する際に用いる．

4-1 鑑別等試験

名称	スライドトランス（スライダック）
用途	電圧を調整する際に用いる．

名称	計器用変流器（電流変成器，カレントトランス，CT，変流器）
用途	測定したい交流電流が大きくて，交流電流計の測定範囲を拡大したい際に用いる．

名称	検電器
用途	電路の充電の有無の確認，絶縁耐力試験の際に用いる．

名称	ノギス
用途	長さを測定する際に用いる．

名称	マイクロメータ
用途	長さを測定する際に用いる．

名称	プライヤ
用途	開口範囲を大きくするため，ジョイント部分がスライド構造となっているもので，大きなものを挟む際に用いる．

名称	圧着ペンチ
用途	電線に圧着端子を圧着取り付けする際に用いる．

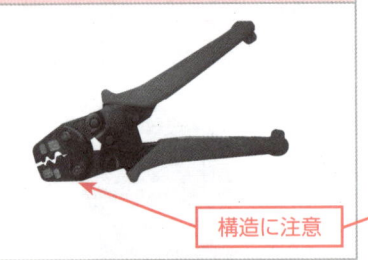

名称	ワイヤストリッパ
用途	被覆電線などの被覆を剥がす際に用いる．

構造に注意

名称	ワイヤカッタ（ケーブルカッタ）
用途	主に銅線ケーブルを切断する際に用いる．

名称	パイプカッタ
用途	電線管などの周囲を回転させて切断加工する際に用いる．

名称	モンキーレンチ
用途	複数のサイズのボルトに使用できるレンチの1種で，ボルトを回す際に用いる．

名称	ドライバ
用途	ねじを締め付けて固定したり緩めて外したりする作業の際に用いるもので，マイナスドライバ，プラスドライバ，六角ドライバなどがある．

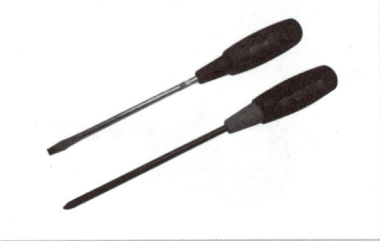

名称	ラジオペンチ
用途	切る，曲げる，挟むなどができるように先端が細くなっているペンチで，複数のサイズのボルトに使用でき，配線や小さな部品をつかむ際に用いる．

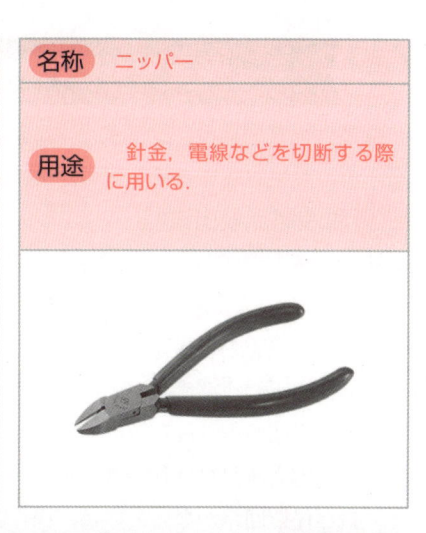

名称	ニッパー
用途	針金，電線などを切断する際に用いる．

② 図記号

本書で使用する図記号は，表4.1のとおりである．

表4.1　図記号一覧

名称	図記号	適用
漏電火災警報器変流器	⌇	定格を右下に傍記． 屋外型は「W」，分割型は「C」を傍記．
漏電火災警報器受信機	⊗F	回線数を右下に傍記．
音響装置	A	
電流制限器	L	
電力量計	Wh	
開閉器	S	
漏電遮断器	E	
接地極	⏊	A種は「E_A」，B種は「E_B」，C種は「E_C」，D種は「E_D」を記載．

③ 漏電火災警報器の設置・点検

　漏電火災警報器は，図3.35から図3.41までの例に示す方法などにより設置され，設置および点検などの際には，次の機能試験が行われる．

1 漏洩電流検出試験

漏電火災警報器試験器を使用する方法（図3.46），疑似漏電試験法による方法（図3.47），人工漏電法（電圧法）による方法（図3.48）により行う．

① 設置に係る工事が完了した場合

　変流器検出漏洩電流設定値に近い電流を徐々に流し，次の事項を確認する．

　ア　検出漏洩電流設定値の40%以上105%以下で受信機が作動すること．

　イ　漏電表示灯は，復帰操作を行うまで継続点灯していること．ただし，自己保持回路がないものは，操作終了と同時に点灯が停止すること．

② 総合点検の場合

　作動電流値における作動電流を2～3回測定し，正常に作動し，すべての作動電流値が公称作動電流値（作動電流設定値）の40%以上110%以下の範囲であることを確認する．

2 騒音計を使用した音響装置試験

　試験用押しボタンなどを操作し，音響装置を鳴動させ，次の事項を確認する．

　ア　音量および音色がほかの騒音などと区別して聞きとることができること．

　イ　音圧は，音響装置の中心から前面1 m離れた場所で騒音計（A特性）により測定した値が，70 dB以上であること．

　なお，❶の試験器として掲げた接地抵抗計を使用する接地抵抗試験，絶縁抵抗計を使用する絶縁抵抗試験などを覚える必要がある．

① 接地抵抗試験

　電路に接続されている機械器具について，接地抵抗計を用いて接地抵抗値を測定し，表3.18に掲げる接地抵抗値以上であることを確認する．

② 絶縁抵抗試験

　電源回路，操作回路，表示灯回路，警報回路などの電圧回路について大地間および配線相互間の絶縁抵抗は，絶縁抵抗計を用いて測定し，対地電圧が150 V以下のものにあっては0.1 MΩ以上，対地電圧が150 Vを超え300 V以下のものにあっては0.2 MΩ以上，300 Vを超えるものにあっては0.4 MΩ以上であることを確認する．

要点のまとめ

□漏電火災警報器に使用される測定器具
　回路計，　接地　抵抗計，　絶縁　抵抗計，騒音計，検電器，ノギス，マイクロメータ

□漏電火災警報器に使用される工具類
　ニッパ，　ラジオ　ペンチ，　圧着　ペンチ，ワイヤストリッパ，プライヤ，　ワイヤ　カッタ，　パイプ　カッタ

□漏洩電流検出試験には，　漏電火災警報器　試験器を使用する方法，　疑似漏電　試験法による方法，　人工漏電法　（電圧法）による方法がある．

□設置に係る工事が完了した場合の漏洩電流検出試験
　　変流器検出漏洩　電流設定値に近い電流を徐々に流し，次の事項を確認するものである．
　・検出漏洩電流設定値の　40　％以上　105　％以下で受信機が作動すること．
　・漏電表示灯が復帰操作を行うまで継続点灯していること．

□総合点検の場合の漏洩電流検出試験
　作動電流値における作動電流を2～3回測定し，正常に作動し，すべての作動電流値が　公称作動電流値　（作動電流設定値）の　40　％以上　110　％以下の範囲であることを確認する．

□音響装置試験は，テストボタンなどを操作し，音響装置を鳴動させ，次の事項を確認するものである．
　・音響装置の中心から前面　1　m離れた場所で　騒音計　（A特性）により測定した音圧値が，　70　dB以上であること．
　・音量および音色がほかの騒音などと区別して聞きとることができること．

□接地抵抗計を使用する　接地抵抗　試験
□絶縁抵抗計を使用する　絶縁抵抗　試験

4-1 鑑別等試験　演習問題

【問　1】
　下図の電気設備工事に用いる工具について，それぞれの名称を語群から選び，記号で回答欄に記入しなさい．

① ②

③  ④

＜語群＞

　ア：プライヤ　　　　イ：ニッパ　　　　ウ：パイプカッタ
　エ：ラジオペンチ　　オ：圧着ペンチ　　カ：ワイヤストリッパ
　キ：ノギス　　　　　ク：ワイヤカッタ

＜回答欄＞

①	②	③	④

問 1

①	②	③	④
エ	イ	オ	カ

1　①の**ラジオペンチ**は，「電線や部品をつかむため先端が細くなっているペンチで，その切断，細工，加工，部品挿入などに用いる」もの，②の**ニッパ**は，「針金，電線などを切断するために用いる」もの，③の**圧着ペンチ**は，「電線に圧着端子を圧着取り付けするために用いる」もの，④の**ワイヤストリッパ**は，被覆電線などの被覆を剥がすために用いる」ものである．

2　圧着ペンチとワイヤストリッパは，外観上似ているので注意する必要がある．

【問 2】

下の図は，JIS C 0303（構内電気設備の配線用図記号）に定められたもので，それぞれの名称を語群から選び，回答欄に記号で答えなさい．

(1) E　　(2) S　　(3) L　　(4) ⊖F

<語群>
ア：配線用遮断器　　イ：漏電遮断器　　ウ：開閉器
エ：電流制限器　　オ：漏電火災警報器受信機　　カ：接地端子

<回答欄>

(1)	(2)	(3)	(4)

【問 3】

次の図は，漏電火災警報器を設ける警戒電路である．次の各設問について，それぞれ回答欄に⇦の位置の記号を記入しなさい．

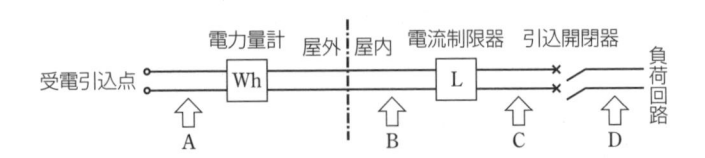

(1) 変流器を設置する場合，最も不適当な位置はどれか．
(2) 操作電源を分岐する場合，最も適当な位置はどれか．

<回答欄>

(1)	(2)

問 2

(1)	(2)	(3)	(4)
イ	ウ	エ	オ

　漏電火災警報器における設備図には，JIS C 0303 に定められている記号によるほか，次の記号が使用されている．

名称	図記号	適用	参考例
漏電火災警報器変流器		定格を右下に傍記．屋外型は「W」を傍記．分割形は「C」を傍記．	屋外型変流器 100 A 100 W 分割形変流器 200 A 200 C
漏電火災警報器受信機	F	回線数を右下に傍記．	
音響装置	A		

問 3

(1)	(2)
D	B

1　変流器は，建築物に電力を供給する電路の引込部の外壁などに近接した電路（図では A の位置）または B 種接地線で，点検が容易な位置に設置することとされていることから，D が正答である．
2　操作電源は，電流制限器（電流制限器が設けられていない場合には，主開閉器）の一次側（図では B の位置）から専用回路として分岐することとされていることから，B が正答である．

【問 4】

漏電火災警報器における受信機の回路構成について，図の □ 欄に入る名称を語群のAから，○欄に入る信号の流れる方向を語群のBから選び，それぞれ記号で答えなさい．

ただし，破線の左側を電源部，右側を検出増幅部とする．

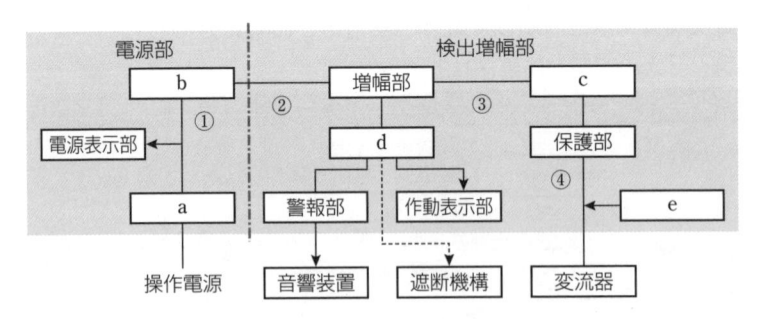

<語群>

A（名称）
　ア：受信部　　イ：感度調整部　　ウ：整流部
　エ：継電器　　オ：変圧部　　　　カ：試験装置

B（信号）
　ア：↑　　イ：→　　ウ：↓　　エ：←

<回答欄>

名称	a	b	c	d	e
信号	①	②	③	④	

問 4

名称	a	b	c	d	e
	オ	ウ	イ	エ	カ
信号	①	②	③	④	
	ア	イ	エ	ア	

1 受信機の内部構造は，下図のとおりである．

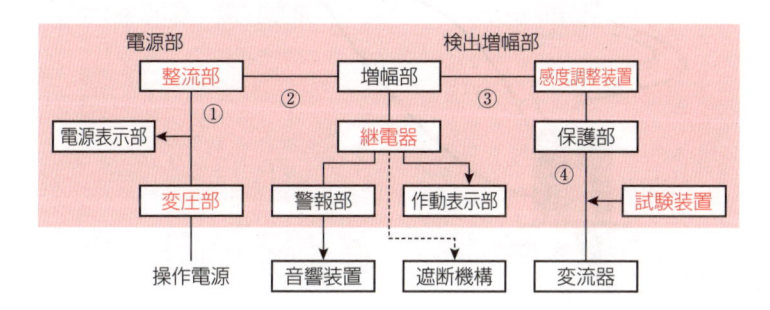

```
         電源部              検出増幅部
                                              
        ┌─────┐      ┌─────┐      ┌───────────┐
        │ 整流部 │──────│ 増幅部 │──────│ 感度調整装置 │
        └─────┘  ②  └─────┘  ③  └───────────┘
           │①         │              │
        ┌─────┐      ┌─────┐      ┌─────┐
        │電源表示部│    │ 継電器 │     │ 保護部 │
        └─────┘      └─────┘      └─────┘
           │        ┌──┼──┐          │④
        ┌─────┐  ┌─────┐ ┌───────┐  ┌───────┐
        │ 変圧部 │  │警報部│ │作動表示部│←─│試験装置│
        └─────┘  └─────┘ └───────┘  └───────┘
           │        │        │          │
        ┌─────┐  ┌─────┐ ┌───────┐  ┌─────┐
        │操作電源│  │音響装置│ │遮断機構│   │ 変流器 │
        └─────┘  └─────┘ └───────┘  └─────┘
```

2 変圧部および整流部は，増幅部を駆動させるための直流電源装置である．

3 変流器で生じた漏洩電流は，受信機の入力信号となり，保護部に入力され，保護部は通常の入力信号の場合には増幅部へ信号を発信し，過大な入力信号の場合には保護部で一定の範囲の電圧以下に制限し増幅部へ信号を発信する．

4 感度調整部は，作動電流値を調整するための切替回路で，一般的にはロータリースイッチなどによる抵抗の切替が用いられている．

4 増幅部に入力された信号は，トランジスタなどにより増幅され，継電器などを作動させ，表示灯（漏電表示灯）の点灯，音響装置の鳴動を行い，遮断機構を作動させる信号を発信する．

5 試験装置は，公称作動電流値に対応する設計出力電圧の 2.5 倍以下の電圧を加えて，増幅部，音響装置，作動表示灯（漏電表示灯）の作動を確認できる．

【問 5】

次の図は漏電火災警報器の「ある試験」を行う方法を示したものである．次の各設問に答えなさい．

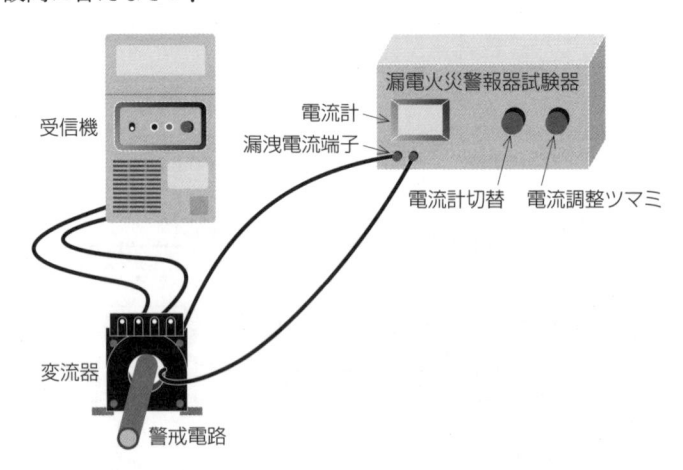

(1) この試験の名称を答えなさい．
(2) この試験の合否の判定について，次の文中の　　　　内に当てはまる語句又は数値を，語群から選び記号で答えなさい．

音響装置及び　①　が作動する電流値は，　②　設定値に対して　③　％以上　④　％以下であること．

<語群>

ア：漏電表示灯　　　イ：電源表示灯　　　ウ：警戒電路
エ：検出漏洩電流　　オ：作動電流　　　　カ：100
キ：105　　　　　　ク：40　　　　　　　ケ：50　　　　コ：80

<回答欄>

設問(1)				試験
設問(2)	①	②	③	④

問 5

設問(1)	漏洩電流検出			試験
設問(2)	①	②	③	④
	ア	エ	ク	キ

1 この試験は，図から，漏洩電流検出試験であることがわかるが，総合点検の際の漏洩電流検出試験なのか，設置に係る工事が完了した際の漏洩電流検出試験なのかは図ではわからない．
2 しかし，＜語群＞を見ると，「105」があり，「110」がないことから，設置に係る工事が完了した場合における機能試験に実施する漏洩電流検出試験であることが判明する．
その試験方法および合否の判定方法は，次のとおりである．
① 漏電火災警報器試験器などにより，変流器に検出漏洩電流設定値に近い電流を徐々に流した場合，受信機が正常に作動（赤色の表示灯の点灯および音響装置の鳴動）することを確認するとともに，作動したときの電流値を測定する．
② 受信機が正常に作動したときの電流値が検出漏洩電流設定値に対して，40％以上105％以下であることを確認する．
③ 表示灯は，復帰操作を行うまで継続点灯していること．ただし，自己保持回路がないものにあっては，操作終了と同時に点灯が停止することを確認する．
④ 遮断機構付のものにあっては，遮断後も作動表示灯が継続して点灯していることを確認する．
3 なお，現状では，受信機には遮断機構付のものはない．

【問 6】

次の図は漏電火災警報器の設置状況と漏洩電流検出試験の状況を示したものである．図では，各端子が未接続状態であるが，この端子を適切に接続した場合，ⓐからⓔまでの各端子の接続先はどの端子になるのか語群から選び記号で答えなさい．なお，語群中の「変流器→○」とは，ある端子から変流器を通って○端子に接続されることを示し，また，重複回答を可とする．

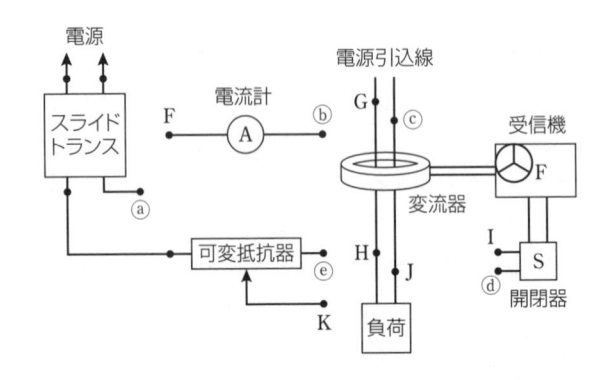

<語群>

ア：B　　イ：E　　ウ：F　　エ：G　　オ：I　　カ：J
キ：K　　ク：変流器→ⓔ　　ケ：変流器→K　　コ：接続不要

<回答欄>

ⓐ	ⓑ	ⓒ	ⓓ	ⓔ

問 6

ⓐ	ⓑ	ⓒ	ⓓ	ⓔ
ウ	ケ	コ	カ	コ

1　設問の図の漏洩電流検出試験は，スライドトランス（スライダック），電流計（ミリアンペア計），可変抵抗器および試験用ケーブルを用いた「疑似漏電試験法」である．

2　疑似漏電試験法による回路は，下図のとおり，スライドトランス－電流計－可変抵抗器－スライドトランスで構成されることから，スライドトランスの一方の端子ⓐを電流計の端子Fに接続し，電流計の端子ⓑに試験用ケーブルを接続し，そのケーブルを変流器の貫通孔に通し，可変抵抗器の一方の端子K（抵抗値を可変できる端子に限る）に接続し，可変抵抗器のもう一方の端子をスライドトランスの端子に接続させることとなる．設問にはないが，端子Hと端子Iは，接続する．

3　なお，電流値の測定は，可変抵抗器を操作して，電流を検出漏洩電流設定値に近い値に徐々に上昇させて，受信機が作動したときに行う．

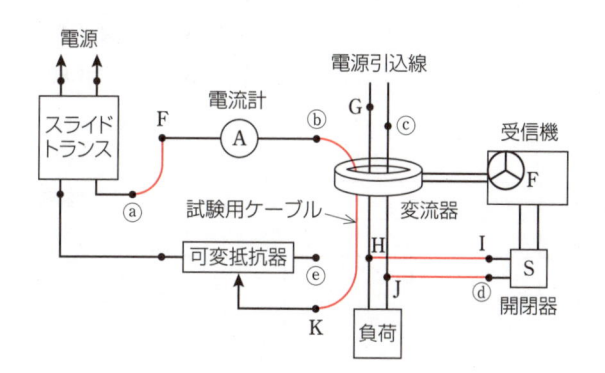

【問 7】

次の図は漏電火災警報器の「ある試験」を行う際に用いる測定器具である．次の各設問に答えなさい．

(1) この試験の名称を答えなさい．
(2) この測定器具の名称を答えなさい．
(3) この試験の合否の判定について，次の文中の ☐ 内に当てはまる語句又は数値を，語群から選び記号で答えなさい．

音響装置の取り付けられた位置の中心から前面 ① m 離れた位置で，測定器を用いて測定した値は ② dB 以上であること．

<語群>

| ア：10 | イ：5 | ウ：70 | エ：85 | オ：1 |
| カ：3 | キ：60 | ク：2 | ケ：65 | コ：80 |

<回答欄>

設問(1)		試験
設問(2)		
設問(3)	①	②

問 7

設問(1)	音響装置		試験
設問(2)	騒音計		
設問(3)	①		②
	オ		ウ

1　この試験は，漏電火災警報器の設置に係る工事が完了した場合に用いられる「漏電火災警報器試験基準」の音響装置試験（法第17条の3の2に基づく消防機関の検査項目）や「点検基準」の音響装置の音圧の点検に関するものであり，その試験方法および合否の判定方法は，次のとおりである．
　① 試験装置を操作し，音響装置を鳴動させ，音量および音色がほかの騒音などと区別して聞きとることができることを確認するとともに，音響装置が鳴動したときの音圧を騒音計（A特性）で測定する．
　② 音圧は，音響装置の中心から前面1m離れた場所で測定した値が70dB以上であることを確認する．
2　音響装置の音圧については，平成26年4月1日に施行された「新規格」において，2級受信機が廃止されていることから，70dB以上である．

【問 8】

次の図は漏電火災警報器の「ある試験」を行う際に用いる測定器具である．次の各設問に答えなさい．

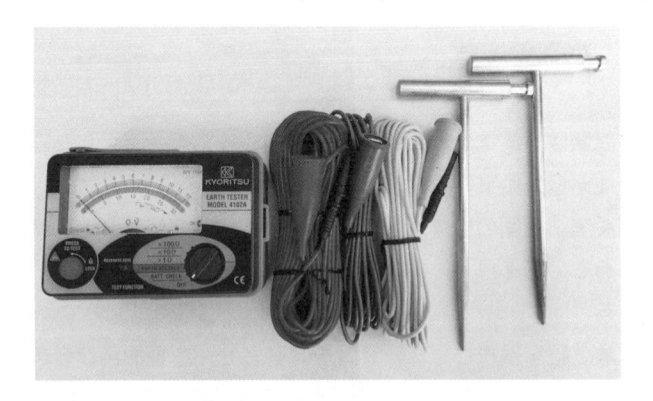

(1) この試験の名称を答えなさい．
(2) この測定器具の名称を答えなさい．

＜回答欄＞

設問(1)	試験
設問(2)	

問 8

設問(1)	接地抵抗 試験
設問(2)	接地抵抗計

1 この試験は，漏電火災警報器の設置に係る工事が完了した場合に用いられる「配線の試験基準」の接地抵抗試験に関するものであり，その試験方法および合否の判定方法は，次のとおりである．
　① 電路に接続されている機械器具について，接地抵抗計を用いて接地抵抗値を測定する．
　② 測定値は，表3.18に掲げる数値であることを確認する．
2 接地抵抗計は，絶縁抵抗計と構造などが似ているものである．
　設問のように「接地棒」があるものであれば容易に判断できるが，近年では補助接地棒が不要な機器もあるので，注意する必要がある．

【問 9】

次の図は漏電火災警報器の「ある試験」を行う際に用いる測定器具である．次の各設問に答えなさい．

(1) この試験と測定器具の名称を答えなさい．
(2) この測定器具を用いて，受信機の電源側配線と大地間を直流 500 V で測定した場合，何 Ω 以上でなければならないか答えなさい．ただし，対地電圧は 150 V 以下とする．

＜回答欄＞

設問(1)	試験	
設問(2)		

問 9

設問(1)	絶縁抵抗	試験	絶縁抵抗計（メガー）
設問(2)	0.1 MΩ		

1 この試験は，漏電火災警報器の設置に係る工事が完了した場合に用いられる「配線の試験基準」の絶縁抵抗試験に関するものであり，その試験方法および合否の判定方法は，次のとおりである．
 ① 電源回路，操作回路，表示灯回路，警報回路などの電圧回路について大地間および配線相互間の絶縁抵抗を絶縁抵抗計を用いて測定する．
 ② 測定値は，表 3.19 に掲げる数値であることから「0.1 MΩ 以上」となる．
2 漏電火災警報器に着目すると，表 3.19 は下表のとおりとなる．

測定箇所		絶縁抵抗値
使用電圧が 150 V 以下	電源回路および音響装置回路の配線と大地間	0.1 MΩ 以上
使用電圧が 150 V を超え 300 V 以下	電源回路の配線と大地間	0.2 MΩ 以上
変流器回路の配線と大地間		0.1 MΩ 以上

3 絶縁抵抗計は，接地抵抗計と構造などが似ているので注意する必要がある．

【問 10】

次の図は漏電火災警報器の「ある試験」を行う方法を示したものである．次の各設問に答えなさい．

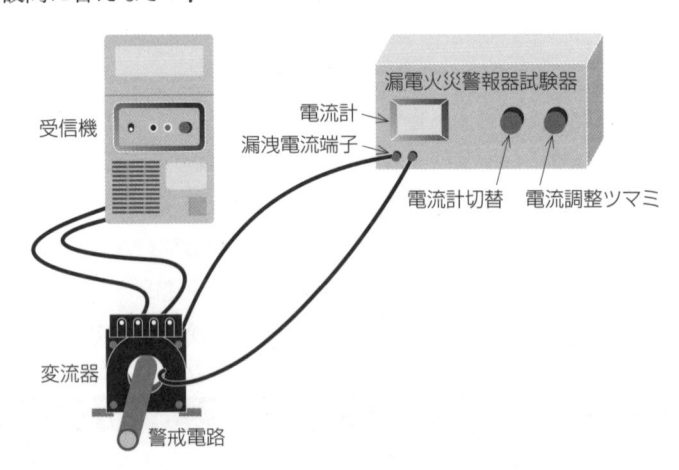

(1) この試験の名称を答えなさい．
(2) この試験の合否の判定について，次の文中の 　　　 内に当てはまる語句又は数値を，語群から選び記号で答えなさい．

　　作動電流値における作動電流を2〜3回測定し，正常に作動し，すべての作動電流値が公称作動電流値の ① ％以上 ② ％以下の範囲であり，音響装置の取り付けられた位置の中心から，前面 ③ m離れた位置で，騒音計（A特性）により測定した値が， ④ dB以上であること．

<語群>

| ア：60 | イ：100 | ウ：3 | エ：70 | オ：50 |
| カ：1 | キ：110 | ク：40 | ケ：90 | コ：2 |

<回答欄>

設問(1)				試験
設問(2)	①	②	③	④

問 10

設問(1)	漏洩電流検出			試験
設問(2)	①	②	③	④
	ク	キ	カ	エ

1　この試験は，図から，漏洩電流検出試験であることがわかるが，総合点検の際なのか，設置に係る工事が完了した際なのか図ではわからない．しかし，設問には「公称作動電流値」という用語が，また，＜語群＞には「110」があり，「105」がないことから，総合点検の際の漏洩電流検出試験であることが判明する．

2　その点検方法および合否の判定方法は，次のとおりである．
　①　作動範囲，漏電表示灯および音響装置の音圧は，漏電火災警報器試験器などを用いて漏洩電流検出試験を行い，次により確認する．
　②　作動電流値における作動電流を2～3回測定し，正常に作動し，すべての作動電流値が公称作動電流値（作動電流設定値）の40％以上110％以下の範囲であること．
　③　漏電表示灯が正常に点灯すること．
　④　音響装置の取り付けられた位置の中心から，前面1m離れた位置で，騒音計（A特性）により測定した値が，70dB以上であること．

【問 11】

次の図は漏電火災警報器の設置方法を示したものである．回答欄に正しいものは○，誤っているものは×で答えなさい．

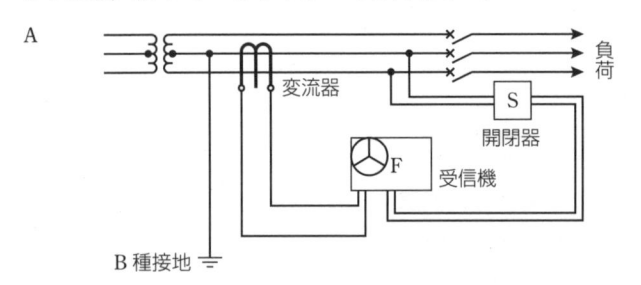

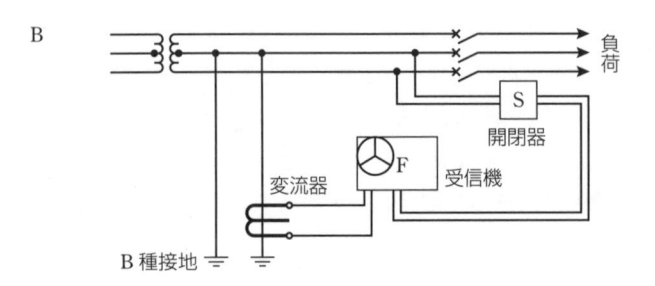

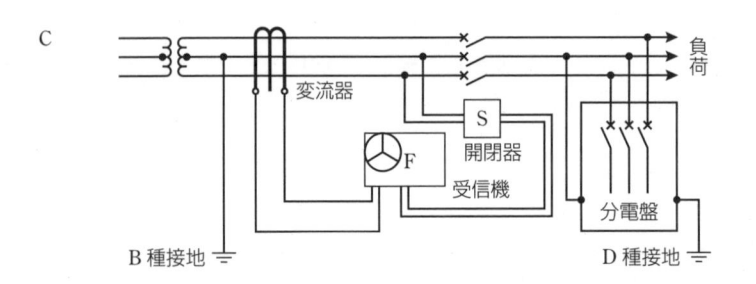

A

B

C

<回答欄>

A	B	C

問 11

A	B	C
×	×	×

1　Aは，中性線の負荷電流により誤作動を起こすので，下図のとおり警戒電路の3本の電線を変流器の貫通孔に通す必要があるので，誤りとなる．

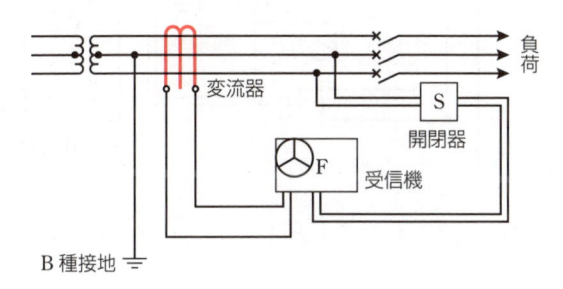

2　Bは，中性線の負荷電流により，AB間に電流が分流して，誤作動を起こす．また，漏電が発生しても作動しないことがある．Bは，下図のとおりB部分の線を切るとともに，変流器をAの接地線に設ける必要があるので，誤りとなる．

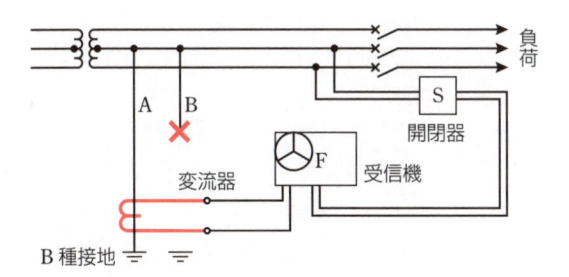

次ページに続く

問 11 の続き

3 Cは，分電盤と中性線を接続した場合であり，負荷電流が中性線，分電盤，D種接地線の回路とB種接地線の回路に分流して誤作動を起こすので，下図のとおり分電盤と中性線の接続を分離してD種接地を独立させる必要があるので，誤りとなる．

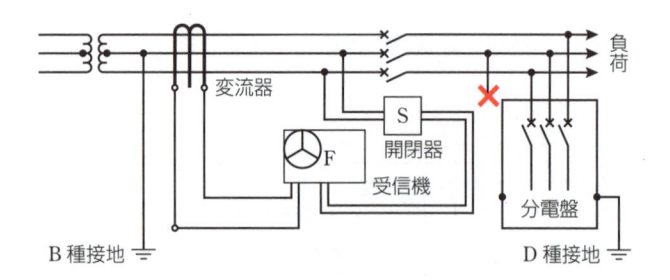

4 この設問には，「正しいもの」と「誤っているもの」とあるが，回答のとおりすべてが「×」で「○」のないものが出題されたり，反対に，すべてが「○」で「×」のないものが出題されたりする．

5 また，回答のとおり，図面に「×」で誤りを指摘させたり，修正させる設問もある．

4章のまとめ

□**漏洩電流検出試験**

漏洩電流検出試験には，　漏電火災警報器　試験器を使用する方法，　疑似漏電　試験法による方法，　人工漏電法　（電圧法）による方法がある．

□**設置に係る工事が完了した場合の漏洩電流検出試験**

　変流器検出漏洩　電流設定値に近い電流を徐々に流し，次の事項を確認するものである．

- 検出漏洩電流設定値の　40　%以上　105　%以下で受信機が作動すること．
- 漏電表示灯が　復帰　操作を行うまで継続点灯していること．

□**総合点検の場合の漏洩電流検出試験**

作動電流値における作動電流を2〜3回測定し，正常に作動し，すべての作動電流値が　公称作動電流値（作動電流設定値）　の　40　%以上　110　%以下の範囲であることを確認する．

□**音響装置試験**

音響装置試験は，試験用押しボタンなどを操作し，音響装置を鳴動させ，次の事項を確認するものである．

- 音響装置の中心から前面　1　m離れた場所で　騒音計　（A特性）により測定した音圧値が，　70　dB以上であること．
- 　音量　および　音色　がほかの騒音などと区別して聞きとることができること．

□**接地抵抗試験**

接地抵抗試験は，電路に接続されている機械器具について，　接地抵抗計　を用いて接地抵抗値を測定し，表3.18に掲げる接地抵抗値以上であることを確認する．

□**絶縁抵抗試験**

絶縁抵抗試験は，電源回路，操作回路，表示灯回路，警報回路などの電圧回路について大地間および配線相互間の絶縁抵抗は，　絶縁抵抗計　を用いて測定し，測定値が表3.19に掲げる数値以上であることを確認する．

➡ P.282 参照

さくいん

◆ あ
アーステスタ ………… 80, 278
圧着ペンチ ……………… 280

位相 …………………… 53
一次電池 ……………… 71
一棟一設置単位 ………… 189
インピーダンス ………… 60

オームの法則 …………… 14
屋外型 ………………… 98
屋外における火災予防の命令
　　………………………… 159
屋内型 ………………… 98
乙種消防設備士 ………… 209
音響装置 ……………… 101
音響装置試験 …………… 249
音響装置の音圧 ………… 107

◆ か
回路計 ………… 81, 278
火災予防措置命令 ……… 160
架線電流計 …… 80, 278
型式承認 ……………… 216
型式適合検定 ………… 216
角速度 ………………… 52
過入力電圧試験 ………… 126
ガルバノメータ ………… 38
カレントトランス … 81, 279
過漏電試験 …………… 111
関係者 ………………… 146
関係のある場所 ………… 147

貫通形 ………………… 99
感度調整装置 ………… 101
管理権原者 …………… 166

危険物 ………… 150, 180
危険物施設 …………… 181
危険物取扱者 ………… 183
既存防火対象物に対する適用除外
　　………………………… 191
機能試験 ……………… 248

クーロンの法則 ………… 42
クランプメータ … 80, 278
繰返し試験 …………… 126

ケーブルカッタ ………… 280
計器用変流器 …… 81, 279
警報設備 ……………… 188
契約電流容量 …… 226, 228
検出漏洩電流設定値 …… 248
検定 …………………… 216
検定対象機械器具等 …… 217
検電器 …………… 81, 279
検流計 ………………… 38

工具 …………………… 278
工事整備対象設備等 …… 209
甲種消防設備士 ………… 209
公称作動電流値 ………… 125
公称作動電流値
　（作動電流設定値）…… 250
合成静電容量 …………… 24

合成抵抗 …………………… 15	受信機の機能試験の方法 … 125
高層建築物 ………………… 148	瞬時値 ……………………… 53
交流回路 …………………… 52	準不燃材料 ………………… 149
誤差率 ……………………… 84	消火活動上必要な施設 …… 188
コンデンサ ………………… 24	消火設備 …………………… 188
	衝撃試験 …………… 112, 126
◆ さ	衝撃波耐電圧試験 … 112, 127
最大値 ……………………… 53	消防計画 …………………… 166
サウンドレベルメータ	消防署長 …………………… 158
……………………… 81, 278	消防設備士 ………………… 208
査察 ………………………… 159	消防対象物 ………………… 146
山林 ………………………… 147	消防団 ……………………… 158
	消防団長 …………………… 158
磁界 ………………………… 48	消防長 ……………………… 158
試験器 ……………………… 278	消防同意 …………………… 160
試験装置 …………… 101, 248	消防の組織 ………………… 158
指示電気計器 ……… 82, 108	消防の用に供する機械器具等
指示電気計器の分類 ……… 82	……………………………… 152
自主表示 …………………… 218	消防の用に供する設備 …… 188
自主表示対象機械器具等 … 218	消防法の目的 ……………… 146
市町村条例（附加条例）… 191	消防本部 …………………… 158
実効値 ……………………… 54	消防用設備等 ……… 150, 188
指定可燃物 ………………… 150	消防用設備等の設置維持命令
指定数量 …………… 150, 180	……………………………… 200
周囲温度試験 ……… 110, 126	消防用設備等の設置単位 … 189
周期 ………………………… 52	消防用水 …………………… 188
集合型受信機 ……………… 100	少量危険物 ………………… 150
集合型受信機の機能 ……… 126	資料提出命令 ……………… 159
周波数 ……………………… 52	振動試験 …………… 112, 126
ジュールの法則 …………… 42	
受信機 …………… 96, 100, 236	スイッチ …………………… 108
受信機に必要な機能 ……… 124	図記号 ……………………… 281

スライダック …………279	蓄電池 ………………… 71
スライドトランス …………279	着工届 …………………208
	直流回路 ……………… 28
正極 …………………… 71	直列抵抗器 …………… 77
正弦波交流 …………… 52	
製造所等 ………………181	テスタ ……………… 81, 278
製造所等の設置および変更 …182	鉄損 …………………… 70
静電容量 ……………… 24	電圧降下防止試験 ………113
絶縁体 ………………… 64	電圧の区分 ……………263
絶縁耐力試験 ……… 112, 127	電解液 ………………… 71
絶縁抵抗計 ………… 80, 278	電気抵抗 ……………… 65
絶縁抵抗試験 ……… 112, 127	電気抵抗率 …………… 65
接地工事 ………………263	点検 ……………………199
接地端子 ………………106	電源電圧変動試験 ………126
接地抵抗計 ………… 80, 278	点検などが必要な防火対象物
設置の届出 ……………198	……………………199
接頭語の例 …………… 15	点検の種類・期間など ……200
	電源表示 ………………124
騒音計 ……………… 81, 278	電源表示灯 ……………101
騒音計を使用した音響装置試験	電源変圧器 ……………107
……………………282	点検報告の期間 …………200
総括防火管理者 …………167	電磁継電器 ……………107
相互誘導 ……………… 70	電磁誘導 ……………… 49
相対誤差 ……………… 84	電磁力 ………………… 48
測定器具 ………………278	電流変成器 ………… 81, 279
	電力 …………………… 42
◆ た	電力量 ………………… 43
耐熱クラス …………… 64	電路開閉試験 …………110
立入検査 ………………159	
単位の例 ……………… 15	銅損 …………………… 71
短絡電流強度試験 ………111	導体 …………………… 64
	特殊消防用設備等 ………152

特定一階段等防火対象物 …198
特定防火対象物 …… 147, 166
届出などが必要な消防用設備等
　……………………………199
届出などが必要な防火対象物
　……………………………198
ドライバ ………………280

◆ な
難燃材料 …………………150

二次電池 ……………… 71
ニッパー ………………281

ノギス ……………………279

◆ は
配線 ………………………260
配線の絶縁抵抗 …………264
パイプカッタ ……………280
倍率器 …………………… 77
半導体 …………………… 64

皮相電力 ………………… 60
非特定防火対象物 … 147, 167
避難上又は消火活動上有効な
　開口部を有しない階 ……150
避難設備 …………………188
表示灯 ……………………107
表示灯の明るさ …………108
表示例（受信機）…………128
表示例（変流器）…………113

負荷損 …………………… 71
負極 ……………………… 71
複合用途防火対象物 ………148
普通階 ……………………150
舟車 ………………………147
不燃材料 …………………149
プライヤ …………………279
ブリッジ回路 …………… 38
フレミングの左手の法則 … 48
フレミングの右手の法則 … 49
分割形 …………………… 99
分流器 …………………… 76

平衡条件 ………………… 38
変圧器 …………………… 70
変圧比 …………………… 70
変流器 …81, 96, 98, 236, 279
変流器と受信機に共通する構造
　……………………………106
変流器の機能 ……………108

ホイートストンブリッジ … 38
防炎対象物品 ……………174
防炎防火対象物 …… 148, 177
防火管理者 ………………166
防火対象物 ………………146
報告 ………………………199
防水試験 …………………112

◆ ま
マイクロメータ …………279
マルチメータ ……… 81, 278

309

さくいん

右ねじの法則 …………… 48

無効電力 ………………… 60
無窓階 …………………… 150
無負荷損 ………………… 70

メガー ……………… 80, 278
免状の交付 ……………… 210

モンキーレンチ ………… 280

◆ や

有効電力 ………………… 60
誘導リアクタンス ……… 55

用途変更の場合の特例 …… 192
容量リアクタンス ……… 55

◆ ら

ラジオペンチ …………… 281
ラスモルタル造 ………… 226

力率 ……………………… 61

漏洩電流検出試験 … 248, 282
老化試験 ………………… 111
漏電火災警報器
　……………… 96, 188, 236
漏電火災警報器試験器 …… 278
漏電火災警報器を設置する
　防火対象物の要件 …… 226
漏電検出の原理 ………… 97
漏電表示灯 ……………… 101

◆ わ

ワイヤカッタ …………… 280
ワイヤストリッパ ……… 280

◆ 英数字

B種接地線 ……………… 97
CT ……………………… 279

© 消防設備士問題研究会 2015

要点ガッチリ 消防設備士7類

2015年10月13日　第1版第1刷発行
2017年 6月 2日　第1版第2刷発行

著　者　消防設備士問題研究会
発行者　田　中　久　喜
発　行　所
株式会社 電気書院
ホームページ　www.denkishoin.co.jp
（振替口座　00190-5-18837）
〒101-0051　東京都千代田区神田神保町1-3 ミヤタビル2F
電話(03)5259-9160／FAX(03)5259-9162

印刷　株式会社創英
Printed in Japan／ISBN978-4-485-23021-3

- 落丁・乱丁の際は，送料弊社負担にてお取り替えいたします。
- 正誤のお問合せにつきましては，書名・版刷を明記の上，編集部宛に郵送・FAX（03-5259-9162）いただくか，当社ホームページの「お問い合わせ」をご利用ください。電話での質問はお受けできません。また，正誤以外の詳細な解説・受験指導は行っておりません。

JCOPY 〈(社)出版者著作権管理機構　委託出版物〉

本書の無断複写（電子化含む）は著作権法上での例外を除き禁じられています。複写される場合は，そのつど事前に，(社)出版者著作権管理機構（電話：03-3513-6969，FAX：03-3513-6979，e-mail：info@jcopy.or.jp）の許諾を得てください。また本書を代行業者等の第三者に依頼してスキャンやデジタル化することは，たとえ個人や家庭内での利用であっても一切認められません。

書籍の正誤について

万一，内容に誤りと思われる箇所がございましたら，以下の方法でご確認いただきますようお願いいたします．

なお，正誤のお問合せ以外の書籍の内容に関する解説や受験指導などは**行っておりません**．このようなお問合せにつきましては，お答えいたしかねますので，予めご了承ください．

正誤表の確認方法

最新の正誤表は，弊社Webページに掲載しております．「キーワード検索」などを用いて，書籍詳細ページをご覧ください．

正誤表があるものに関しましては，書影の下の方に正誤表をダウンロードできるリンクが表示されます．表示されないものに関しましては，正誤表がございません．

弊社Webページアドレス
http://www.denkishoin.co.jp/

正誤のお問合せ方法

正誤表がない場合，あるいは当該箇所が掲載されていない場合は，書名，版刷，発行年月日，お客様のお名前，ご連絡先を明記の上，具体的な記載場所とお問合せの内容を添えて，下記のいずれかの方法でお問合せください．

回答まで，時間がかかる場合もございますので，予めご了承ください．

郵便で問い合わせる　郵送先　〒101-0051
東京都千代田区神田神保町1-3
ミヤタビル2F
㈱電気書院　出版部　正誤問合せ係

FAXで問い合わせる　ファクス番号　03-5259-9162

ネットで問い合わせる　弊社Webページ右上の「**お問い合わせ**」から
http://www.denkishoin.co.jp/

お電話でのお問合せは，承れません

(2015年10月現在)